中国保险业发展改革报告

（1979～2003）

吴定富　主编

图书在版编目(CIP)数据

中国保险业发展改革报告/吴定富主编. - 北京:中国经济出版社,2004.6

ISBN 7-5017-6434-4

Ⅰ.中… Ⅱ.吴… Ⅲ.保险业—经济发展—研究报告—中国 Ⅳ.F842

中国版本图书馆CIP数据核字(2004)第044011号

出版发行: 中国经济出版社(100037·北京市西城区百万庄北街3号)
网　　址: www.economyph.com
责任编辑: 毛增余　彭彩霞(010-68319287　68354371)
责任印制: 常　毅
封面设计: Oak
经　　销: 各地新华书店
承　　印: 北京中科印刷有限公司
开　　本: 889mm×1194mm　1/16　　**印　张:** 15　**字　数:** 248千字
版　　次: 2004年6月第1版　　**印　次:** 2004年6月第1次印刷
印　　数: 3000册
书　　号: ISBN 7-5017-6434-4/F·5181　**定　价:** 89.00元

服务热线:68344225　68353507　68341876　68341879　68353624

牢固树立全面协调可持续的发展观
抓住机遇　加快发展　做大做强保险业

——吴定富主席在2004年全国保险工作会议上的讲话

（代　序）

同志们：

今天上午，国务院召开了全国银行、证券、保险工作会议，温家宝总理作了重要讲话，对去年的金融工作进行了全面总结，提出了今年和今后一个时期金融工作的指导方针和主要任务。温家宝总理的讲话总揽全局，内涵丰富，体现了求真务实的精神，对进一步促进我国金融业改革发展将起到重要作用，对做好保险工作具有很强的指导意义。我们一定要认真学习，深刻领会，全面贯彻落实。这次全国保险工作会议的主要任务是：以邓小平理论和"三个代表"重要思想为指导，深入学习贯彻十六届三中全会和全国银行、证券、保险工作会议精神，总结去年工作，分析面临的形势，进一步统一思想，提高认识，明确今年的主要任务。下面，我讲几点意见。

一、2003年保险业基本情况

一年来，在党中央、国务院的正确领导下，保险业认真贯彻落实"三个代表"重要思想和十六大精神，以改革促发展，以开放求发展，以结构调整实现可持续发展，以加强和改善监管促进健康发展，较好地完成了去年全国保险工作会议部署的各项任务，行业上下形成了抓改革、促发展的良好氛围。全国保费收入3880.4亿元，同比增长27.1%。其中，财产险保费收入869.4亿元，同比增长11.7%；寿险保费收入2669.5亿元，同比增长28.7%；健康及意外险保费收入341.5亿元，同比增长69.7%。2003年我国保险密度达到287.44元，保险深度为3.33%，保险公司总资产达到9122.8亿元，同比增长41.5%。保险业呈现出蓬勃发展的良好局面。总结去年的工作，主要取得以下几个方面的成绩。

(一)学习实践"三个代表"重要思想和十六大精神在认识上达到新高度

按照党中央的统一部署,全行业迅速兴起学习贯彻"三个代表"重要思想的新高潮,紧密结合保险业实际,在解放思想中统一思想,认识上达到新高度。主要表现在:

思想观念发生深刻变化。一是政治意识明显增强。坚持正确的政治方向,从政治的高度认识和处理问题,坚决贯彻执行党中央、国务院关于保险工作的重大方针和工作部署。出台的政策措施,推出的产品服务,都把维护最广大人民群众的根本利益作为出发点和落脚点。二是大局意识明显增强。牢固树立想全局、干本行,干好本行、服务全局的意识,紧紧围绕党和国家的中心任务开展工作,努力发挥保险业促进改革、保障经济、稳定社会、造福人民的作用。三是责任意识明显增强。深刻认识到我国保险业基础差、底子薄,地区发展不平衡,总体发展水平低,同国家和人民的要求相比还有很大差距,增强了加快发展的紧迫感和责任感。

保险理论创新取得成果。以"三个代表"重要思想为根本指针,结合我国保险业实际,积极探索具有时代特点和中国特色的保险发展道路,对如何认识我国保险业、怎样发展我国保险业、发展一个什么样的保险业等基本问题有了更加深刻的认识。一是作出了我国保险业仍处于发展初级阶段的重要判断,基本特征是总体规模小,在国民经济中的比重低,功能和作用发挥不充分。二是提出了当前保险业的主要矛盾是发展水平与国民经济、社会发展和人民生活的需求不相适应。三是明确了保险业的首要任务是加快发展,尽快做大做强。四是发展了保险功能理论,提出现代保险不仅具有经济补偿功能和资金融通功能,还具有社会管理功能,为保险业全方位、多层次、宽领域挖掘发展潜力,拓宽发展空间提供了理论指导。

对我国保险业发展规律有了进一步的认识和把握。总结改革开放20多年来保险业发展的经验,适应新形势、新任务,对社会主义市场经济条件下保险业发展规律的认识不断深化,提出了要处理好八个方面的关系。一是处理好保险业与经济社会的关系,必须将保险业置身于经济和社会发展的全局,自觉服从经济和社会发展的需要。二是处理好经济效益与社会效益的关系,实现经济效益与社会效益的有机统一。三是处理好保险业做大与做强的关系,既要做大又要做强,不断提高保险业整体实力和竞争能力。四是处理好加强监管与加快发展的关系,寓监管于服务之中,为发展创造良好环境。五是处理好加快发展与防范风险的关系,既不能因为有风险而不敢发展,也不能为了发展而不顾风险。六是处理好发达地区和欠发达地区保险市场发展的关系,鼓励东部沿海发达地区继续保持良好的发展势头,加快中西部等欠发达地区保险业发展。七是处理好加强监管与鼓励创新的关系,保险监管部门既要支持和鼓励保险创新,又要努力防范化解创新可能带来的风险。八是处理好长远与当前的关系,克服短期行为,开发好、利用好、保护好保险资源,实现保险业可持续发展。

(二)体制改革取得重大突破

为解决保险业发展的体制性障碍,不断深化改革,增强保险业加快发展的动力。

国有保险公司改革取得重要进展。保监会把推动国有保险公司股份制改革作为监管创新的重要举措和防范风险的治本之策,列为全年工作的重中之重,有效发挥指导、监督和协调的作用。国有保险公司认真贯彻落实国务院批准的股份制改革方案,一手抓改革,一手抓发展,克服非典疫情和国际资本市场波动带来的不利影响,克服时间紧、任务重、要求高,又没有现成经验可以借鉴的实际困难,大胆探索,努力工作,积极推进股份制改革。中国人保、中国人寿和中国再保险三家公司全部完成重组改制工作。中国人民财产保险股份有限公司在香港上市,成为第一家在境外上市的国有金融企业。中国人寿保险股份有限公司在纽约和香港两地同步上市,创造了当年全球资本市场首次公开发行融资额的最高纪录。通过上市,两家公司共筹集资金折合人民币 354 亿元,增强了资本实力,提高了偿付能力和抵御风险的能力,优化了股权结构,为进一步转换经营机制,提高竞争能力奠定了坚实基础。

股份制保险公司通过吸收外资和民营资本参股,引进境外战略投资者,逐步优化股权结构,发挥外资和民营股东在完善公司治理结构和加强内控建设方面的积极作用,切实在转换经营机制上下功夫,企业的竞争力进一步提高。

保险资金运用管理体制改革取得突破。经国务院批准,中国人保控股公司和中国人寿保险(集团)公司设立保险资产管理公司,对保险资金实行专业化管理和集中统一运用,在探索保险资金管理体制改革方面迈出了重要步伐。

(三)推出一系列促进发展的举措

保监会坚持市场化原则,出台了一系列加快发展的政策措施,努力为市场主体服务，创造良好发展环境。

一是稳步推进条款费率管理制度改革。车险条款费率管理制度改革在全国范围内推开，经过大量深入细致的工作，市场运行基本平稳。航空意外险改革逐步推进。通过改革，保险公司更加尊重市场规律，注重产品开发和客户服务。保险产品种类逐步增加，费率趋于合理，较好地满足了社会需求。

二是放宽中资保险公司分支机构经营区域。凡在省、自治区、直辖市设有分支机构的，可以通过专业保险中介公司或者设立营销服务部的方式在该行政辖区内开展业务，改变了部分地区经营主体偏少的局面，促进了市场竞争。

三是放宽保险公司高级管理人员任职资格限制。在从业年限、工作经历以及高管人员的任职审批范围等方面做了合理调整，为保险公司吸引人才，提高保险从业人员整体素质创造了条件。

四是拓宽保险资金运用渠道。保险公司投资企业债券的范围由4个行业扩大到所有AA级以上的企业债券，投资比例由不超过总资产的10%提高到20%。

五是完善市场准入机制，增加经营主体。支持股份制保险公司发展服务网点，把保险中介机构审批纳入日常工作程序，共批设保险公司分支机构316个，保险专业中介机构922家。

六是努力拓宽保险服务领域。通过举办企业年金论坛、健康险论坛、现代保险功能论坛，联合开展地震保险、农业保险等重大理论和实践课题研究等多种方式，积极与相关部委加强沟通协调，取得他们对保险业改革发展的理解和支持，推动相关业务的发展。

七是发挥新闻宣传的作用，为保险业发展营造良好的舆论环境。加强对行业宣传工作的指导，建立了保监会新闻发言人制度。保险新闻报道坚持正确的舆论导向，服务于保险业改革发展的大局，取得明显宣传效果，扩大了保险的社会影响。据不完全统计，去年仅中央和首都的新闻单位采写的保险新闻报道就4000多篇。

八是积极争取各级政府对保险业发展的支持。保监会派出机构主动向地方政府汇报工作，得到地方政府重视。四川、湖南省政府还把保险业发展纳入当地经济社会发展总体规划，并制定了促进保险业发展的指导意见。

各保险公司改革发展迈出新步伐。一是制定科学的发展战略，积极调整业务结构，加大产品开发力度，效益观念明显增强。二是适应业务发展需要，增设分支机构，服务网络布局更加合理，服务功能不断增强。三是加强内部管理，强化业务和财务风险控制。四是大多数保险公司保持了较高的业务增长速度和良好的发展势头。如新华人寿、泰康人寿和太平人寿等公司的保费收入翻了一番。

(四)保险的作用得到较好发挥,保险业的社会地位进一步提高

保险业立足于为经济社会发展全局服务,努力发挥保险的各项功能和作用,取得明显成绩。

在经济补偿方面,去年各保险公司共支付赔款和给付 841 亿元,同比增长 19%,特别是在一些重大灾害事故发生后,保险公司及时赔付,在灾后重建、恢复正常的生产生活秩序方面发挥了重要作用。如淮河流域水灾赔付 5 亿多元,上海地铁 4 号线透水事故预赔 1.35 亿元。出口信用保险公司成立两年来,为 70 多亿美元的出口和投资提供收汇保障,为 40 多项大型中长期外贸及投资项目提供保险支持,向企业支付赔款 1 亿多美元,较好地发挥了支持对外贸易的作用。

在资金融通方面,截至 2003 年年底,保险资金运用余额 8739 亿元,为国家经济建设提供了大量资金。其中,4550 亿元存入银行,1400 亿元购买国债。保险公司持有的企业债券占企业债券总量的一半,持有的证券投资基金占整个证券市场基金份额的 26.3%,保险公司已成为资本市场主要的机构投资者,为资本市场的发展和稳定发挥了积极作用。

在发挥社会管理功能方面,各保险公司普遍加强了防灾防损和社会保障等方面的服务,保险承担起更多的社会责任。特别是在抗击非典斗争中,保险业反应快、介入早,共向 313 例非典患者赔付 500 多万元,向社会捐款 1000 多万元,向医护人员捐赠保险保额 2 亿多元,树立了负责任、献爱心的行业形象,表现出"服务大局、勇担责任、团结协作、为民分忧"的行业精神,增强了全社会战胜非典的信心,得到社会普遍认可。

随着保险作用的进一步发挥,社会对保险的认识逐步加深,保险业的社会影响日益扩大。一是保险业的发展得到了党中央、国务院的高度重视。2003 年,温家宝总理和黄菊副总理多次对保险工作作出重要批示,提出明确要求。黄菊同志还亲自出席国有保险公司股份制改革工作座谈会并作重要讲话。国务委员唐家璇同志专门为在京的保险系统干部职工作国际形势报告。特别是就在这次会议召开的前几天,温家宝总理和黄菊副总理又在保监会的工作汇报上作了重要批示。二是十六届三中全会《关于完善社会主义市场经济体制若干问题的决定》有 7 处直接提到保险,从全局的高度肯定了保险业在完善社会主义市场经济体

制和全面建设小康社会中的重要作用。三是中央把保监会调整为国务院直属正部级事业单位,增设派出机构,提高部分派出机构行政级别,增加内设机构和人员编制。这些都充分体现了党中央、国务院对保险业的亲切关怀和殷切期望,是对我们极大的支持和鼓舞。

(五)对外开放呈现新特点

保险业按照统筹国内发展和对外开放的要求,以开放求发展,不断为加快发展注入新的活力。认真履行加入世贸组织承诺,进一步扩大保险市场对外开放。2003年,共批准3家外国保险公司进入我国保险市场,批准10个外资保险公司营业机构开业。外资保险公司业务范围和经营区域进一步扩大,允许外国非寿险公司在华设立独资子公司,允许在华外资非寿险公司向国内客户提供除法定业务外的全部非寿险服务,对外开放城市增加到15个。与此同时,对外交流合作得到加强,成功获得国际保险监督官协会2006年年会举办权。

总的来说,去年保险市场对外开放呈现以下几个特点:一是外国保险经纪公司第一次获准在我国设立营业机构。二是引进了在农业保险、养老保险、再保险等方面有专长的外国保险公司。三是外资保险公司首次在重庆、成都等西部地区设立营业机构,开展业务。

(六)保险监管不断加强

保监会坚持一手抓促进发展、一手抓防范风险的工作方针,把防范化解风险和保护被保险人利益作为监管工作的出发点和落脚点,以加强和改善保险监管促进保险业健康发展。

偿付能力监管迈出实质性步伐。发布了《保险公司偿付能力额度及监管指标管理规定》,建立了偿付能力预警指标体系,符合我国国情的偿付能力监管制度框架初步建立。在全面分析各保险公司偿付能力的基础上,对偿付能力不足和监管指标严重超标的10多家公司采取了要求提交解释报告、监管谈话等措施,有关公司已积极采取措施改善了偿付能力状况。偿付能力监管这一重要的监管手段开始发挥作用。

市场行为监管进一步加强。一是加强制度建设。下发实施了《财产保险公司分支机构监管指标》、《财产保险公司分险种监管报表》,明确和规范监管重点和标准。出台了《人身保险新型产品精算规定》,与人民银行联合下发《关于加强银行代理人身保险业务管理的通知》,规范新型寿险产品和银行保险业务。编写了寿险现场检查手册,统一现场检查的标准和程序。二是根据保险市场存在的突出问题,有重点、有针对性地开展专项检查,认真妥善处理信访投诉,整顿和规范市场秩序,维护了保险市场的稳定和被保险人的利益。三是加大了保险违法违规行为的处罚力度。去年,共查处市场违规案件 466 起,处理相关责任人 37 名。

国务院向国有保险公司派驻的监事会以财务监督为重点,深入开展专项检查,在确保国有资产保值增值、督促国有公司规范经营等方面发挥了积极作用。

(七)党的建设和队伍建设呈现新面貌

适应社会主义市场经济条件下保险业发展的新形势,不断加强保险系统党的建设。一是加强思想政治建设。按照中央的统一部署,在全系统迅速兴起学习贯彻“三个代表”重要思想新高潮的活动。保监会党委带头认真学习,并采取召开中心组扩大会议、举办辅导报告等多种形式,组织保险系统深入学习,努力做到用“三个代表”重要思想和十六大精神武装头脑,指导实践,推动工作。二是加强领导班子建设。保监会新的党委成立后,进一步完善了党委各项会议和工作制度,认真贯彻落实民主集中制,增强了班子的凝聚力和战斗力。结合股份制改革,调整加强国有保险公司领导班子。三是认真落实保监会新“三定”方案和派出机构新编制方案,顺利完成派出机构的更名、挂牌和干部任命等工作,监管干部队伍的工作作风和精神面貌有了明显转变。四是工会、共青团等群团组织围绕中心工作,开展丰富多彩的活动,增强了凝聚力和向心力。

同时,我们也清醒地认识到,目前保险业还存在一些突出的矛盾和问题。一是产品结构单一,服务水平低,不能满足人民群众日益增长的保险需求。二是保险市场违法违规行为仍然存在,欺诈误导投保人的现象时有发生,诚信建设有待加强。三是保险监管的理念、方式和手段与保险业快速发展的形势还不适应。四是保险公司的内控机制仍然比较薄弱。对此,我们必须高度重视,认真对待,切实加以解决。

总之,2003 年保险业改革发展的成绩显著,是我国保险业发展具有历史意义的一年。这些成绩的取得,是党中央、国务院正确领导的结果,是保险业全体干部职工辛勤努力、团结拼搏、共同奋斗的结果。借此机会,我代表中国保监会,向在座的各位同志,向保险业广大干部职工表示衷心感谢并致以崇高敬意!

二、认清形势，统一思想，进一步提高对加快发展的必要性、紧迫性和可行性的认识

深刻分析和认识当前形势，对于做好当前和今后一段时期的保险工作，具有十分重要的意义。

（一）保险业面临极为难得的发展机遇

党的十六大提出，本世纪头二十年对我国来说是一个必须紧紧抓住并且可以大有作为的重要战略机遇期。保险业置身于经济和社会发展的大局，也面临着十分重要的历史机遇。

国际政治经济环境对我国保险业发展十分有利。和平与发展仍是当今时代的主题。以胡锦涛同志为总书记的党中央冷静观察，沉着应对，把握机遇，因势利导，在复杂的国际环境中正确处理各种国际关系，为我国社会主义建设事业创造了一个非常好的国际环境。当前，世界经济已经进入一个新的增长期。去年以来，全球经济和贸易出现增长趋势，美、日、欧三大经济体经济加快复苏。有关国际组织预测，今年世界经济形势将继续走好。

国内政治经济环境对保险业发展十分有利。改革开放以来，我国经济社会发展取得举世公认的伟大成就，胜利实现了现代化建设第二步战略目标，人民生活显著改善，总体达到小康水平。国家统计局数据显示，2003 年我国国内生产总值达 11.67 万亿元，人均国内生产总值首次突破 1000 美元大关，支撑经济增长的物质和技术基础不断增强，标志着我国经济进入新的发展阶段。国际经验表明，在这个阶段，人们的消费需求开始升级，生活要求出现多样化，对住宅、汽车、文化教育、医疗卫生、养老保健等改善生活质量的需求将明显提高。特别是十六大提出全面建设小康社会的宏伟目标，到 2020 年，经济总量将比 2000 年翻两番，这意味着我国经济在今后的十几年中将保持年均 7.2%的增长速度。十六届三中全会又提出以“五个统筹”为核心的发展观，实现经济、社会和人的全面发展。这些都与保险业息息相关，保险业迎来了大发展的最好时期。

良好的机遇和环境来之不易，一定要倍加珍惜。历史经验告诉我们，抓住了机遇，就能赢得历史性发展，错过了机遇，再发展就很难了。因此，必须从战略的高度，充分认识抓住机遇、加快发展的重要性。

(二)必须充分认识加快发展的必要性

改革开放20多年来,保险业保持了30%以上的年均增长速度,是国民经济中发展最快的行业之一。保险业之所以能保持这么快的发展速度,最根本的原因还是经济社会发展和人民生活需要保险。随着社会主义市场经济体制的逐步完善,保险需求将越来越大。

完善市场体系需要大力发展保险市场。保险市场是要素市场的有机组成部分。大力发展保险市场,是完善市场体系的客观要求。保险市场与资本市场、货币市场的有机结合、协调发展,有利于优化金融资源配置,促进金融运行和金融市场的稳定,防范系统性风险。

完善社会保障体系需要保险业加快发展。保险是社会保障体系的重要组成部分。基本的社会保险、企业的补充保险和个人购买的商业保险是组成一个国家养老与健康保障体系的三大支柱。目前我国社会保障体系还不完善,需要大力发展商业性养老、健康保险,以有效缓解政府压力,提高社会保障水平,增进人民福利。

非公有制经济发展和经济结构调整需要保险的支持。十六届三中全会强调,非公有制经济是促进我国社会生产力发展的重要力量。非公有制企业作为自主经营、自负盈亏的市场主体,更需要保险来防范风险、保障经营。西部大开发、振兴东北老工业基地等战略措施的实施,要求保险业提供相应的保险保障。

健全农业支持保护体系需要保险发挥作用。农业保险是市场经济国家扶持农业发展的通行做法。通过政策性农业保险,可以在世贸组织规则允许的范围内,替代直接补贴对我国农业实施合理有效的保护,减轻加入世贸组织带来的冲击,减少自然灾害对农业生产的影响,稳定农民收入,促进农业和农村经济的发展。去年,温家宝总理和黄菊、回良玉副总理分别对发展农业保险作出重要批示。十六届三中全会明确提出要探索建立政策性农业保险制度。因此,发展农业保险,为农业和农村经济发展提供风险保障,是保险业面临的新任务,也是保险业义不容辞的责任。

经济社会协调发展需要保险承担更多责任。保险业作为经营与管理风险的特殊行业,与经济和社会发展的各个领域联系十分密切。随着经济社会的协调发展和政府职能的不断转变,客观上要求保险在应对公共突发事件和辅助社会管理等方面承担更多的责任。

(三)必须充分认识加快发展的紧迫性

尽管这些年保险业保持了较快的发展速度,但同经济社会发展对保险的需求相比,同保险业应当承担的责任相比,差距还很大。主要表现在两个方面:

一是保险业规模小,与经济社会的发展不相适应。从保险深度看,2002年,世界平均为8.1%,我国为3%,世界排名第48位,而我国国内生产总值排名第6位。从保险密度看,世界平均为423美元,我国是29美元,排名第71位。

二是保险的功能和作用没有得到充分发挥。综观发达国家的经验,保险业在国民经济和社会发展中的作用举足轻重。在欧洲,保险赔款占灾害损失的比例为20%。而在我国,这一比例仅为1%。去年末,重庆开县发生的井喷事故,造成了重大人员伤亡和财产损失,社会影响非常大,但保险赔付只有二十多万元。保险还没有渗透到经济的各行各业、社会的各个领域、生活的各个方面,作用发挥得还不够。

如果不尽快扭转这种局面,保险业为全局服务就只能是一句空话,就不能在全面建设小康社会的伟大征程中担负起应有的责任。因此,保险业的当务之急就是加快发展。

(四)必须充分认识加快发展的可行性

当前,保险业加快发展具备四大有利条件:一是经过二十多年的快速发展,保险业的自身实力明显增强,为进一步加快发展打下了坚实基础。二是通过体制改革和机制转换,保险公司的竞争意识和效益观念明显增强,经营管理水平逐步提高,应对国际竞争的能力得到加强。三是我们积累了在市场经济条件下发展保险业的宝贵经验,驾驭市场的能力不断增强。四是保险法制体系初步建立,保险监管不断加强和改善,防范化解风险的能力逐步提高。

在发展的过程中,总会遇到这样那样的困难和问题。目前,大家普遍反应的制约保险业加快发展的问题主要有三个:一是资本金不足,二是资金运用渠道不畅,三是人才缺乏。对此,我们必须全面、客观地分析。

关于资本金问题。现在保险公司可以有多种方式补充资本金。一是通过定向募集的方式增资扩股。当前,国内外投资者普遍看好我国保险业的发展前景,向保险业投资入股的积极性非常高。保监会将修订《向保险公司投资入股暂行规定》,为吸纳各方面资金进入保险业创造条件。二是采取公开发行股票的方式。中国人民财产保险股份有限公司和中国人寿保险股份有限公司通过境外上市,偿付能力分别达到监管标准的1.9倍和5.6倍,为大家开了头、探了路。保监会鼓励和支持符合条件的保险公司在境内外上市。三是其他的融资方式也可以研究探索。比如一些保险公司提出通过发行次级债券等方式来补充资本金,充实偿付能力,我们将予以支持。

关于资金运用问题。保险资金运用是保险市场联系资本市场和货币市场的重要环节,也是保险业发挥资金融通功能,支持国家经济建设的重要途径。近年来,随着保险业可运用资金大量增加,国务院开始逐步放宽保险资金运用渠道。在银行存款、买卖政府债券和金融债券等资金运用渠道的基础上,又允许保险公司进入全国银行间同业拆借市场,从事债券买卖业务,购买AA级以上的企业债券;参加证券交易所债券交易;购买证券投资基金等。当前,进一步拓宽保险资金运用渠道的有利条件很多。一是去年年底国务院常务会议原则通过的《投资体制改革方案》,提出鼓励和促进保险资金间接投资基础设施,为更好地运用保险资金提供了良好机遇。二是国务院十分重视保险资金运用管理体制改革,原则上同意保险公司只要符合条件,就可设立保险资产管理公司。保监会将尽快出台《保险资产管理公司管理规定》,加快保险资产管理公司组建步伐。特别是最近出台的《国务院关于推进资本市场改革开放和稳定发展的若干意见》明确提出:"支持保险资金以多种方式直接投资资本市场","使基金管理公司和保险公司为主的机构投资者成为资本市场的主导力量",为保险资金运用体制改革和发展指明了方向,为保险资金发挥更大的作用开辟了新的道路。我们要在控制好风险的前提下,尽快制定保险资金以各种方式直接投资资本市场的实施方案,增加保险投资的机会和分散投资风险的工具。当前,保险资金运用面临的最关键的问题不是渠道问题,而是能不能有效防范资金运用风险,能不能用好保险资金的问题。

关于人才问题。人才问题是关系保险事业发展的关键问题。保险业有150多万从业人员,有一大批政治思想素质高、业务能力强、懂经营、会管理的人才,但大家仍然感到人才缺乏,这主要还是一个用人观念的问题。只要我们转变用人观念,拓宽选人视野,完善用人机制,人才就会脱颖而出。当然,随着保险业快速发展,保险业务创新大量涌现,保险的技术含量不断提高,确实出现了部分专业岗位人才紧缺的现象。对这个问题,解决的办法很多。比如,通过实践锻炼可以造就人才。我国搞改革开放,走中国特色的社会主义道路,当初大家都没有经验，就是靠在实践中摸索，在实践中培养人才。我国保险业从小到大，绝大部分人才也是在实践中培养的。保险业发展的过程，就是培养人才的过程。发展我国保险业，始终要靠到群众中去发现人才，在实践中培养人才，在发展中造就人才。又比如，通过专业培训可以培养人才。培训是提高人才素质、促进人才成长的必要途径。通过健全保险教育培训体系，有针对性地开展多层次、多渠道、多种方式的专业培训，可以在较短时期内培养一大批保险业急需的各类人才。再比如，通过吸收引进可以聚集人才。坚持按需引进、突出重点、讲求实效的思路，广开进贤之路，大力引进各个行业和境内外的优秀人才聚集到保险业来，让一切有利于保险业快速发展的知识、技术和管理等生产要素充分发挥作用。保监会将进一步修改完善《保险公司高级管理人员任职资格管理规定》。只要我们认真贯彻落实全国人才工作会议精神，用“三个代表”重要思想统领人才工作，坚持以人为本，关心人才、尊重人才，紧紧抓住吸引、培养、用好人才三个环节，就一定能够造就一支适应保险业改革发展需要、素质优良、结构合理、作风过硬的人才队伍，形成保险业人才辈出、群星灿烂的良好局面，为加快发展提供坚强的人才保证和广泛的智力支持。

当前，对保险业发展的形势，还存在一些疑虑和模糊认识：

一是有的同志认为我国保险业发展得已经不错了，加快发展还有没有必要。这是一种满足现状、小富即安的思想。的确，近年来保险业发展很快，取得了明显成绩。但越是形势好，越要保持清醒的头脑。胡锦涛总书记前不久在中纪委第三次全体会议上深刻分析了当前党员干部队伍中存在的一些突出问题，首先就批评了不思进取、得过且过、停滞不前、庸碌无为的思想作风，我们必须认真对照，引以为戒，牢固树立发展这个党执政兴国的第一要务的指导思想，一步一个脚印地做好工作，扎扎实实地把保险业的改革发展推向前进。

二是有的同志认为我国保险市场已经饱和了，加快发展有没有可能性。这里，可以看两组数据。第一，从居民储蓄动机调查来看，以养老、教育、防病等为目的的储蓄比例超过40%，而且这一比例还有逐步上升的势头。在发达国家，上述预防性储蓄资金通常用于购买保险。根据这个比例来推算，有4万多亿居民储蓄与保险具有较大的相关性和可替代性，相当于我国保险业现有总资产的四到五倍。第二，从医疗费用支出情况来看，2002年我国个人负担的医疗费用超过3000亿元，由商业保险承担的医疗费用支出仅占医疗费用支出的6%，由商业医疗保险提供保障的人群只占全国总人口的3%左右。这些数据充分表明，我国保险市场不仅没有饱和，而且还有很大潜力和发展空间。

三是有的同志认为我国保险业的发展速度已经很快了，加快发展有没有风险。这些同志的担心有一定的道理。但是，大家更要清醒地看到，不发展、发展速度慢，我们面临的风险会更大。从国际经验看，不论是一个国家还是一个行业，在发展过程中，都会经历高速发展的时期或若干高速发展的阶段。如日本、韩国、东南亚一些国家和地区，以及计算机、通讯、生物技术等新兴行业，就是如此。对保险业来说，发展速度是否适当，会不会产生大的风险，主要有三个标准：第一，是否有利于增强保险业的整体实力和竞争能力。第二，是否能够满足经济社会和人的全面发展对保险的需求。第三，是否超出了行业可承受的能力。现在，我国保险业加快发展的各种条件具备，内外环境有利，天时、地利、人和的因素都有，保持速度比较快、效益比较好、风险比较小的发展态势，是完全可能的，也是可以做得到的。我们一定要有这个雄心壮志。

当前，各行各业发展都很快，保险业如果不适应经济社会快速发展的形势，差距会越来越大，作用会越来越小。因此，我们必须着眼于服务经济社会发展的大局，着眼于保险业的长远发展，调动一切积极因素，尽最大努力，千方百计加快发展，尽快把保险业做大做强，这样才能无愧于国家和人民的厚望，无愧于这个伟大的时代。

三、2004 年保险工作

2004 年保险工作的总体要求是：以邓小平理论和“三个代表”重要思想为指导，全面贯彻十六大、十六届三中全会和全国银行、证券、保险工作会议精神，树立科学的发展观，以改革开放为动力，以结构调整为主线，以市场体系建设为基础，坚持防范化解风险，充分调动一切积极因素，抢抓机遇，发奋图强，促进保险业持续快速协调健康发展，为完善社会主义市场经济体制和全面建设小康社会做出新的贡献。

做好 2004 年的保险工作，必须坚持以下五项原则：一是坚持为经济和社会发展的全局服务。二是坚持把创新作为保险业发展的不竭动力。三是坚持从我国社会主义初级阶段的国情和保险业发展实际出发。四是坚持依法监管依法经营。五是坚持保险监管为保险业发展服务。

按照上述总体要求和基本原则，2004 年主要抓好以下几个方面的工作：

(一)深化改革,推动保险业快速发展

改革是发展的强大动力。必须加大改革力度和深度,全面推进保险业各项改革,着力解决束缚保险业发展的体制和机制性障碍。

继续深化保险企业改革,探索保险经营的有效方式。按照资本充足、内控严密、运营安全、服务和效益良好的要求,逐步建立符合社会主义市场经济发展要求的现代保险企业。一是巩固国有保险公司股份制改革成果,继续落实各项改革措施,将改革不断引向深入。抓紧推进中华联合财产保险公司的股份制改革,全面完成国有保险公司股份制改革任务。二是抓住完善公司治理结构这个关键,切实转换经营机制。保监会将研究制定《保险公司治理结构指引》,引导保险公司建立规范高效的内部运作机制,形成权力机构、决策机构、监督机构和经营管理者之间的制衡机制。优化董事会成员结构,加强董事教育,避免短期行为。三是加强内控制度建设,健全内控机制,提高风险控制能力与资产运营质量。完善《保险公司内部控制制度建设指导原则》,并抓好落实。建立责任追究制度,强化高级管理人员的领导责任,强化保险公司对分支机构和代理人的管控责任,强化关键业务岗位的管理责任,使内控制度切实发挥作用,确保运营安全。四是鼓励和支持保险公司经营方式的创新。一些符合市场经济发展方向和金融稳定原则的创新,只要条件成熟,就可进行尝试。

认真贯彻落实《行政许可法》,深化行政审批制度改革。近年来,保监会按照国务院的统一部署,积极推进行政审批制度改革,取得很大进展,两批共取消 86 项审批项目。2004 年 7 月 1 日,《中华人民共和国行政许可法》将正式实施。这是规范政府行为的一部重要法律,对于完善社会主义市场经济体制,适应加入世贸组织后对外开放的新形势,具有十分重要的意义。保险监管部门要深刻领会这部法律的立法宗旨、精神实质和具体规定,采取更有力的措施,加快监管创新和职能转变。一是全面清理不符合《行政许可法》规定的行政许可,该废止的要坚决废止,该修订的要抓紧修订。二是加快配套制度建设,完善审批程序,严格时限要求,提高审批效率。三是加强执法监督,强化责任意识,确保权力与责任的统一,真正做到有权必有责、用权受监督。

(二)完善保险市场体系,促进保险业持续发展

建立统一开放、竞争有序的现代保险市场体系,是优化保险资源配置,发挥

市场在资源配置中基础性作用的前提和基础。

培育保险市场,促进市场竞争。一是对保险公司的发展实施分类指导。第一,培育和发展具有国际竞争力的大型保险企业集团。允许保险公司根据市场定位和业务发展需要,整合内部资源,设立各类保险专业子公司,成为主业突出、优势互补的企业集团,增强整体实力。允许保险公司依法兼并、收购,实现股权有序流转。第二,采取多种方式引导社会资源向中小保险公司倾斜,使其尽快发展壮大,鼓励中小保险公司走专业化发展道路,增强市场竞争能力。第三,完善保险市场准入机制,批设新的保险公司,为保险市场注入活力。有侧重地批设专业性养老保险公司、健康保险公司、农业保险公司。逐步建立和完善保险市场退出机制。二是积极培育再保险市场。支持保险公司和其他各类投资主体参股或设立再保险公司,增强我国再保险市场整体承保能力。加强境外分保业务的监管,鼓励优先国内分保。三是规范发展保险中介市场。鼓励和促进专业保险中介机构创新经营模式,发挥专业经营优势,形成规模。按照职业化、专业化的方向,稳步推进保险营销体制改革。在全国范围内推广中介服务发票。加强执法检查,打击保险欺诈行为,规范保险中介市场秩序。四是注重发挥保险行业协会和保险学会的作用。明确保险行业协会在市场经济条件和保险业快速发展的新形势下的职能定位,发挥其在自律、维权、协调、宣传、交流等方面的作用。加强对保险学会研究工作的管理、指导和协调,使之成为推进保险理论创新的重要阵地。

大力推进保险产品创新,提高服务水平。保险业要加快发展,尽快做大做强,必须把产品创新摆在更加突出的位置。我国的保险产品体系是在计划经济体制下形成的,随着市场经济体制的确立以及人们生活方式和价值观念的转变,保险产品越来越不适应人民群众日益增长的保险需求,成为妨碍保险业加快发展的重要因素。各保险公司推出的产品数量虽然很多,但真正贴近群众生活,符合市场需求的产品并不多。要根本改变现状,关键在于创新。必须从战略的高度,逐步形成以社会需求为导向的保险产品创新体系,围绕我国经济和社会生活的重大变化,围绕城乡居民的消费习惯和消费热点,围绕国家宏观经济政策和产业政策调整,加大产品创新力度,变"我提供什么你买什么"为"你需要什么我开发什么",使保险产品从卖方市场向买方市场转变。一是鼓励保险公司开发个性化产品,满足社会多样化需求。二是大力调整产品结构,发掘和培育新的业务增长点,积极参与企业年金在东北三省的综合试点工作,积极发展银行保险业务。

三是创新监管方式,支持产品创新。修改和完善保险产品审批备案管理制度,鼓励保险公司建立贴近市场,效率高、反应快的产品开发机制。四是积极推行保险条款的通俗化和标准化,使保险条款通俗易懂,方便购买。五是鼓励保险公司利用现代信息技术,拓展网上保险、远程理赔等新的服务方式。

加强保险诚信建设,树立良好社会形象。诚信对每个行业都很重要,对保险行业尤为重要,是保险业的生命线。目前,保险经营中存在的违规经营、理赔难和销售误导等问题,严重影响了保险业的形象。必须大力加强保险诚信建设,建立健全由法律制度、市场监督和信用评价组成的保险诚信体系。一是培育保险诚信文化。大力倡导诚信观念,加强诚信教育,提高保险从业人员的职业道德水平,使诚实守信成为保险从业人员的自觉行动。二是逐步建立保险信用评价体系,发挥信用中介机构在保险诚信建设中的积极作用。三是强化失信惩戒机制。有效发挥法律和市场对失信行为的双重惩戒作用,严肃惩处市场主体的失信行为,维护行业形象。

(三)扩大开放,提高保险业整体竞争力

对外开放是我国的基本国策。实践证明,保险市场对外开放对提高我国保险业整体水平,加快保险业发展起到了积极作用。要继续推进保险业对外开放,充分利用国际国内两个市场、两种资源,提高保险业国际化水平。

认真履行加入世贸组织的承诺。按照承诺的时间进度和开放范围,逐步取消外资保险公司经营地域限制,允许外资保险公司向居民提供健康险、团体险和养老金(年金)服务。出台《〈外资保险公司管理条例〉实施细则》,规范外资保险公司的准入和经营行为,依法保障保险业对外开放政策的贯彻落实。

更好地发挥外资保险公司的作用。重点引进在健康保险、农业保险和巨灾保险等方面有专长的外国保险机构,鼓励和支持外资保险公司到我国西部和东北老工业基地等地区开展保险业务,促进我国保险市场产品结构和区域结构的调整。

支持"走出去"战略。允许具备条件的中资保险公司到国际资本市场融资,通过资本运作等多种方式,主动参与国际竞争。支持保险公司到境外开展业务。做好对境外中资保险机构的监管与服务工作。

(四)加强和改善监管,为保险业加快发展创造良好环境

做好监管工作,必须坚持寓监管于服务之中的指导思想,切实把监管职能转

到主要为市场主体服务和创造良好发展环境上来。保监会将通过行业规划、政策引导、市场监管、信息发布以及规范市场准入等手段，调控保险市场，防范化解风险，促进保险业健康发展。

加强发展规划的研究制定和保险市场宏观调控。一是启动保险业"十一·五"规划和中长期发展规划的制定工作。在广泛调研的基础上，对保险业的中长期发展目标、发展战略、发展步骤和发展措施进行统筹规划，着重研究解决保险业长远发展的战略性、宏观性和政策性问题。二是研究建立保险市场宏观调控机制。建立科学的保险市场宏观调控指标体系，利用经济、法律和行政等多种手段，对保险市场进行宏观调控，防止保险市场大起大落，保持市场稳定运行，维护国家金融安全。

加强保险法制建设。出台《保险违法行为处罚办法》，为规范市场行为和有效实施保险监管提供法律保障。推动《机动车辆强制责任保险条例》的立法工作。修订《保险公司管理规定》等规章制度，提高依法行政水平。加强法制教育，提高监管干部依法行政水平。

加强保险监管的基础工作。一是加快保险业电子化建设步伐，提高保险监管信息化水平。二是建立规范统一的保险统计指标体系、报表体系和报送制度，统一业务数据统计口径，改进数据采集方式，提高统计数据的及时性、准确性和可比性。三是建立保险业信息披露制度。增加保险公司信息披露范围，规范信息披露程序，提高保险市场透明度，增强公众对保险市场的信心。四是配合国家五年规划的编制，做好首次在保险行业开展的经济普查工作。

加强偿付能力和资金运用监管。逐步建立符合我国保险业实际的偿付能力监管制度体系，提高偿付能力监管水平。一是加强偿付能力监管的制度建设。抓紧制定监管会计准则。出台《非寿险责任准备金提取办法》，统一非寿险业务准备金的计提标准和计提方式。出台《保险保障基金管理办法》，健全保险保障基金制度。二是加强保险资金运用监管。积极探索与保险资金运用渠道相适应的监管方式和手段，建立动态的保险资金运用风险监控模式。全面推行保险业资产负债管理，建立投资决策、投资交易和资金托管三分离的防火墙制度。加强与有关部委和监管部门的交流合作，加大监控力度，切实防范系统性风险。

加强和改善市场行为监管。一是统筹安排，对市场反映强烈和投诉集中的问题有针对性地实施检查。今年现场检查的重点是查处弄虚作假和欺诈误导。二是实行保险公司违规处罚信息通报制度，定期在行业内通报保险公司的受处罚情况，必要时向社会公开。在机构、产品和高级管理人员的审批备案等方面，把总公司对分支机构的管控能力作为重要的考核因素。三是加强对上市保险公司的监管，防止出现小问题引发大反应。四是规范车贷险、银行保险、住房按揭险等业务的发展，严格控制经营风险。五是重视信访投诉工作，及时发现保险市场的苗头性问题，防患于未然。

(五)加强保险系统党的建设，为加快保险业发展提供思想政治保证

坚持党要管党、从严治党的方针，切实加强保险系统党建工作。一是以提高思想政治素质和工作能力为重点，进一步加强领导班子建设。二是认真贯彻落实《中国共产党党内监督条例(试行)》，健全民主集中制，发展党内民主，推动党内监督工作有序开展。三是进一步深化保险系统干部人事制度改革。加大选拔任用优秀年轻干部的力度，增强干部队伍活力。四是建立保监会机关与派出机构、监管部门与保险公司的干部交流制度，加大干部交流力度。五是切实加强党风廉政建设，深入开展反腐败斗争。结合保险行政审批制度改革和国有保险公司体制改革，严格执行中纪委提出的四大纪律八项要求，抓好保险系统廉洁自律工作。六是进一步加强作风建设，牢记"两个务必"，保持谦虚谨慎、不骄不躁的作风，保持艰苦奋斗的作风，大力弘扬求真务实的精神，大兴求真务实之风。

同志们，保险业改革发展的任务艰巨而光荣，让我们在"三个代表"重要思想和十六届三中全会精神指引下，紧密团结在以胡锦涛同志为总书记的党中央周围，与时俱进，开拓创新，抢抓机遇，扎实工作，振奋精神，奋发有为，努力开创保险工作新局面，为完善社会主义市场经济体制和全面建设小康社会做出新贡献！

目　录

牢固树立全面协调可持续的发展观
　抓住机遇　加快发展　做大做强保险业(代　序) …………………… 吴定富(1)

第一章　综合篇

1. 我国保险业发展形势分析 …………………………………………………… (3)
　1.1　我国保险业发展的历史回顾 …………………………………………… (3)
　1.2　2003 年我国保险市场运行的概况 ……………………………………… (7)
　1.3　当前我国保险市场存在的主要问题 …………………………………… (15)
2. 我国保险业发展前景展望 ………………………………………………… (18)
　2.1　我国保险业发展面临的环境 …………………………………………… (18)
　2.2　我国保险业发展前景展望 ……………………………………………… (20)

第二章　改革开放篇

1. 我国保险业改革的历史、现状及展望 …………………………………… (29)
　1.1　我国保险业改革进程的简要回顾 ……………………………………… (29)
　1.2　2003 年我国保险业改革取得的成绩 …………………………………… (32)
　1.3　今后一个时期保险业改革展望 ………………………………………… (35)
2. 我国加入 WTO 后保险业面临的机遇与挑战 …………………………… (39)
　2.1　保险业对外开放的历史、现状及展望 ………………………………… (39)
　2.2　我国保险业对外开放的现状 …………………………………………… (44)
　2.3　我国保险业对外开放展望 ……………………………………………… (46)

第三章　法制篇

1. 我国保险法制建设的历史回顾 …………………………………………… (57)

1.1 初创阶段(1949～1958年) …… (57)
1.2 停滞阶段(1958～1978年) …… (57)
1.3 发展阶段(1978年以后) …… (58)
2. 我国保险法制建设的现状 …… (59)
2.1 保险法制体系建设的基本情况 …… (59)
2.2 2003年的保险立法情况 …… (65)
2.3 保险执法和普法工作 …… (69)
2.4 对我国保险法制建设状况的基本评价 …… (69)
3. 我国保险法制建设展望 …… (70)
3.1 制定相关法律法规和规章 …… (71)
3.2 清理修改现有的规章和规范性文件 …… (75)
3.3 积极配合国家司法机关,加快推进保险法的司法解释工作 …… (75)

第四章　监管篇

1. 我国保险监管历史回顾 …… (80)
1.1 保险监管机构的发展 …… (81)
1.2 保险监管内容的发展 …… (82)
1.3 保险监管方法的发展 …… (85)
2. 我国保险监管的现状 …… (85)
2.1 监管组织不断完善 …… (86)
2.2 监管理念不断创新 …… (86)
2.3 监管目标逐步明确 …… (87)
2.4 监管手段不断加强、改善 …… (88)
2.5 监管服务水平不断提升 …… (90)
2.6 监管方式不断改进 …… (91)
2.7 存在问题 …… (91)
3. 我国保险监管展望 …… (93)
3.1 监管思路将进一步明确统一 …… (93)
3.2 监管法规将进一步健全完善 …… (94)
3.3 宏观调控将逐步加强 …… (94)
3.4 市场行为监管将继续加强 …… (95)

3.5 偿付能力监管将逐步有效落实 …… (96)
3.6 新的监管课题将不断涌现 …… (96)
3.7 基础建设将不断夯实 …… (98)
3.8 行业自律和社会监督作用将进一步发挥 …… (98)

第五章 财产保险篇

1. 我国财产保险市场的历史回顾 …… (103)
1.1 我国财产保险市场的发展历程 …… (103)
1.2 财产保险市场发展的基本评价 …… (106)
2. 我国财产保险市场的现状分析 …… (109)
2.1 2003年财产险市场基本状况 …… (109)
2.2 2003年财产险市场主要特点 …… (112)
3. 我国财产保险市场发展的前景展望 …… (119)
3.1 财产保险市场环境分析 …… (119)
3.2 财产保险市场需求分析 …… (121)
3.3 财产保险业务发展趋势分析 …… (123)

第六章 人身保险篇

1. 我国人身保险发展回顾 …… (129)
1.1 起步、停办的曲折发展阶段(1949～1978年) …… (129)
1.2 业务逐步恢复阶段(1979～1991年) …… (130)
1.3 业务快速发展阶段(1992年以来) …… (131)
2. 我国人身保险发展现状 …… (134)
2.1 基本情况 …… (134)
2.2 市场特点 …… (136)
2.3 存在问题 …… (144)
3. 我国人身保险发展展望 …… (145)
3.1 宏观发展形势 …… (146)
3.2 微观需求状况 …… (146)
3.3 具体情况展望 …… (147)

第七章 再保险篇

1. 我国再保险市场发展的历史回顾 …… (153)
1.1 2003年以前我国再保险市场的发展历程 …… (153)
1.2 我国再保险监管的发展历程 …… (155)
1.3 我国再保险市场发展的基本评价 …… (157)
2. 我国再保险市场的现状分析 …… (158)
2.1 2003年再保险市场基本状况 …… (158)
2.2 我国再保险市场发展的主要问题 …… (160)
3. 我国再保险市场发展的前景展望 …… (162)
3.1 再保险市场发展的环境分析 …… (162)
3.2 我国再保险市场发展趋势分析 …… (163)
3.3 推动我国再保险市场发展的政策措施 …… (165)

第八章 保险中介篇

1. 我国保险中介市场发展的历史回顾 …… (169)
1.1 我国保险代理人的发展历程 …… (169)
1.2 我国保险经纪人的发展历程 …… (171)
1.3 我国保险公估人的发展历程 …… (172)
1.4 对我国保险中介市场发展的基本评价 …… (174)
2. 2003年我国保险中介市场发展状况 …… (175)
2.1 基本概况 …… (175)
2.2 中介市场发展特点 …… (175)
2.3 保险中介市场发展存在的主要问题 …… (179)
3. 我国保险中介市场发展的前景展望 …… (181)
3.1 我国保险中介市场发展面临的环境 …… (181)
3.2 我国保险中介市场的发展趋势 …… (182)

第九章 资金运用篇

1. 我国保险资金运用情况的简要回顾 …… (187)
1.1 起步阶段 …… (187)

1.2 全面放开阶段 …… (187)
1.3 逐步加强阶段 …… (187)
2. 2003年我国保险资金运用状况 …… (188)
2.1 基本概况 …… (188)
2.2 主要特点 …… (189)
2.3 存在的问题 …… (192)
3. 我国保险资金运用的前景展望 …… (194)
3.1 保险资金运用面临的环境分析 …… (194)
3.2 今后一个时期保险资金运用的趋势 …… (195)

第十章　人力资源篇

1. 我国保险业人力资源状况 …… (201)
1.1 保险人才队伍不断发展壮大 …… (201)
1.2 保险人才管理制度不断健全 …… (202)
1.3 人才流动性加大，增强了保险市场活力 …… (203)
1.4 人才教育培训工作不断加强 …… (203)
2. 保险业人力资源建设中存在的主要问题 …… (205)
2.1 人才总量不足 …… (205)
2.2 人才流动不规范 …… (205)
2.3 人员整体素质不高 …… (206)
2.4 体制改革有待深入 …… (206)
2.5 激励约束机制不健全 …… (206)
3. 我国保险业人力资源建设工作展望 …… (207)
3.1 我国保险业人力资源建设的总体目标 …… (207)
3.2 我国保险业人力资源建设的基本原则 …… (208)
3.3 我国保险业人力资源建设的主要任务 …… (209)

后记 …… (211)

第一章

综合篇

保险业作为现代金融的三大支柱之一，是现代经济的重要领域。新中国保险业起步于开国初期，为支持国民经济恢复发展和新中国社会主义建设做出了积极贡献。但在传统计划经济时期里，曾经几起几落，经历了一个艰难曲折的发展历程，直到党的十一届三中全会以后才真正发展起来。改革开放 20 多年以来，我国保险业保持了 30%以上的平均增长速度，是国民经济中发展最快、也是最具活力的朝阳行业之一，特别是 2003 年国有保险公司股份制改革领风气之先，并取得实质性突破，开创了我国国有金融企业成功上市的先河。保险业置身于经济社会发展的全局，在促进改革、保障经济、稳定社会、造福人民等方面发挥着越来越重要的作用，保险业的社会影响日益扩大，社会地位不断提升。保险业作为新兴产业，目前还处于发展的初级阶段，发展的水平与国民经济和社会发展的要求不相适应，保险业还没有渗透到经济的各行各业、社会的各个领域、生活的各个方面。加快发展，做大做强，仍然是当前保险业面临的首要任务。

1. 我国保险业发展形势分析

1.1　我国保险业发展的历史回顾

新中国成立以来，我国保险业经历了一个坎坷曲折的发展历程，大致可以划分为三个历史时期。

1.1.1　创建时期(1949～1959 年)

新中国诞生前，我国保险业为外国资本所控制。1948 年全国共有外商保险机构 64 家，中资保险机构主要是国民党官办的“四行两局”，即中央银行、中国银行、交通银行、中国农民银行和邮汇局、信托局等 6 家，以及一些私营保险机构经营保险业务。

新中国成立后，为彻底改变因战争而造成的经济上分散管理和各自为政的无政府状态，实现财政经济工作的统一管理和领导，更好地发挥保险在补偿经济、积累资金和促进进出口贸易等方面的作用，1949年10月20日，经中国人民银行报政务院财经委员会批准，成立了中国人民保险公司，作为国有保险企业经营各类保险业务，公司资本金300亿元，由中国人民银行一次性拨给。并设立华东、东北、中南、西北和西南5个区公司。同时采取了一系列措施对旧保险业进行改造和整顿。一是接管并监督清理官僚资本保险公司。新中国一成立，各地军管会便立即接管了官僚资本保险公司21家，监督清理了2家。二是对中资私营保险公司采取利用、限制、改造、整顿的方针予以恢复。通过对私营保险公司资本采取交纳保证金、登记注册的方法，促进私营保险公司联合经营，并在不与外商保险公司发生分保关系的条件下，帮助其向国有保险公司分保。1951年全部中资私营保险公司合并成国家参与大部分股份的"太平保险公司"和"新丰保险公司"，1956年又进一步合并成专营海外保险的"太平保险公司"。三是在统一国内保险市场后，及时切断外商保险资本的业务来源。从1952年开始，外商保险公司逐步撤离中国保险市场。

国有保险公司在开业之初，配合新中国经济建设，迅速扩大业务范围，不断开办新的险种，所占保险市场份额逐步增长。至1950年5月，全国各类保险公司保费总收入中，中国人民保险公司占70%，中资私营公司占8%，外商公司占22%。这从根本上改变了我国保险市场的结构，打破了以往外商保险公司对我国保险市场的操纵和垄断局面，标志着国营公司领导地位的确立。在国民经济恢复和"一五"计划时期，国有保险公司以"保护国家财产、保障生产安全、促进物资交流、安定人民生活、组织社会游资、壮大国家资金"为业务发展的指导思想，担负起领导我国保险业的历史责任，有力地支持了国家建设和国民经济发展。

1.1.2 发展停滞时期(1959～1979年)

在计划经济体制下，保险发挥作用的空间不断萎缩，再加上受前苏联把保险作为财政后备单纯吸收闲散资金工具的理论以及"共产风"的影响，自1959年5月起，全国除个别城市外，中国人民保险公司全面停办了国内业务，只保留涉外保险业务继续经营。中国人民保险公司改为中国人民银行总行国外局下属的专营涉外保险业务的一个处级机构，编制只有30多人，最少时仅剩9人。

20世纪60年代初国民经济调整时期，为适应国家对外贸易发展的需要，我国的进出口保险、国际再保险和国外保险业务得到了一定发展。随着国民经济的全面好转以及我国国际地位的日益提高，经中国人民银行向国务院请示，于1964年在广州、天津等地先后恢复了国内保险业务。

1967年，在“文革”极左思潮的影响下，国内保险业务又被迫停止，国外业务除可以吸收外汇的出口业务被保留之外，其余的都被停办，我国保险业发展又一次受到严重挫折。

1.1.3 全面恢复和快速发展时期(1979年至今)

党的十一届三中全会确立了以经济建设为中心的指导思想，实行改革开放政策，在这一大好历史背景下，我国保险业又获得了新生。为适应经济体制改革和对外开放的需要，1979年4月，在国务院批转的《中国人民银行分行行长会议纪要》中，明确提出要开展保险业务。同年11月，全国保险工作会议决定从1980年起恢复已停办20多年的国内保险业务，同时大力发展涉外保险业务。我国保险业又开始迈进一个新的历史时期，得到了较快的发展。

一是市场主体在改革开放的进程中不断增加，保险市场体系初步确立。从1980年至1985年，这一时期，中国人民保险公司的国内保险业务逐步恢复、快速发展，并在组织结构上不断完善。1983年7月，设立了董事会和监事会，1984年又从中国人民银行分设出来，作为国务院直属局级经济实体，在国内保险市场上实行独家垄断经营。1985年3月，国务院颁布了《保险企业管理暂行条例》，明确规定只要具备相关条件，经过国家保险管理机关批准，并向工商行政管理机关申请营业执照，便可设立保险机构，经营保险业务。1986年，经中国人民银行批准，成立了新疆建设兵团保险公司，1988年3月和1991年4月，平安、太平洋等股份制保险公司相继成立。从此，打破了国内保险市场由中国人民保险公司独家经营的格局。1992年我国在上海市进行保险市场对外开放的试点，同年9月，经批准，美国友邦保险有限公司在上海市设立分公司，经营人寿保险业务和财产保险业务。随着改革开放的不断深入，天安保险、大众保险、东京海上火灾保险等一大批中外资公司相继成立，国内保险市场的经营主体数量较快增加。2001年又成立了中国出口信用保险公司。保险中介也从无到有，得到较快发展。截止到2002年年底，全国共有保险公司57家，其中：国有保险公司5家，中外合资保险公司15家，外资保险公司16家。共有专业保险中介机构262家。保险市场初步形成以国有商业保险公司和股份制保险公司为主体、政策性保险公司为补充、中外保险公司并存、多家公司竞争发展的新格局。

二是业务快速增长，保险业在国民经济中的地位和作用不断增强。随着国内保险业务的全面恢复，我国保险业得到快速发展，业务规模迅速扩大，保险深度和密度不断提高。1980年全国保费收入仅4.6亿元，到2002年已发展到3053亿元，增长600多倍，年均增长34.4%，增幅远高于同期国内生产总值的增长水平，是国民经济中发展最快的行业之一。1980年保险深度为0.1%，保险密度0.47元，到2002年分别提高到2.98%和237.64元。从业务结构看，人身险高速增长。恢复国内保险业务，首先从财产险开始，人身保险从1982年恢复开办，当年保费收入仅为159万元，随后特别是进入90年代以来，人身保险一直保持高速增长，1997年保费收入首次超过同期财产险保费收入，人身保险业务在总保费收入中的比重稳步上升，到2002年人身险保费收入占总保费收入的74.5%。随着保险业的不断发展，保险的作用日益显现。仅2002年，保险公司就承保各类风险责任达53万亿元，共支付各项赔款和给付706.7亿元，较好地发挥了经济补偿功能。特别是在许多洪涝、地震等自然灾害和空难等重大意外事故发生后，保险公司及时赔付，在灾后重建、恢复生产和善后处理等方面发挥了十分积极的作用。

三是保险法制建设逐步加强，保险法律法规体系初步形成。随着国内保险业恢复和发展，我国保险法制建设的步伐不断加快。1982年开始实施的《中华人民共和国经济合同法》对财产保险合同作了专门规定，这是我国第一部与保险有关的法律规定。1985年国务院颁布了《保险企业管理暂行条例》，这是建国以来的第一部保险业法规。1995年《中华人民共和国保险法》颁布实施，标志着我国保险业进入到有法可依、依法管理阶段。为适应加入世贸组织的需要，2001年颁布了《外资保险公司管理条例》，2002年10月28日九届全国人大常委会对保险法进行了重新修订，新《保险法》从2003年1月1日起正式实施。与此同时，制定了与《保险法》相配套的一系列规章和管理办法，我国保险法律法规体系初步形成。

四是保险监管体制逐步完善。在一个相当长的历史时期，我国一直实行银行、证券和保险由中国人民银行负责的大一统监管体制。中国人民银行逐步加强对保险业的监管，最初在金融管理司下设立保险信用合作处，1995年7月根据金融体制改革的要求设立保险司，具体负责保险监督管理工作。在我国保险市场发展初期，中国人民银行在推进保险业发展、规范保险市场、扩大对外开放和国际交流等方面发挥了重要作用。但是随着国内保险业的发展和国外保险机构的进入，保险工作的复杂性和重要性日益突出，而作为中央银行的中国人民银行的主要任务是执行货币政策，无法将其主要精力放在保险业监管上，保险监管越来越不适应保险业发展的现实需要，不利于防范和化解保险业风险。特别是1997年7月东南亚金融危机爆发以后，党中央、国务院高度重视金融风险的防范和化解工作，认真汲取东南亚金融危机的深刻教训，及时召开了全国金融工作会议，作出了加快金融体制改革、努力防范和化解金融风险的一系列重大决策，确立了金融业实行“分业经营，分业监管”的重要方针。会后，中央又专门下发了19号文件，提出了要切实加强对保险业的监管，并在适当时机成立国家保险监管机构的意见。经党中央、国务院批准，1998年11月成立中国保险监督管理委员会，依法统一监督管理全国保险市场，并在除西藏以外的各省、自治区、直辖市和深圳市相继设立了31个派出机构。这标志着我国保险监督管理体制进入了一个新阶段，全国统一的保险监管组织体系初步形成。

1.2　2003年我国保险市场运行的概况

在党中央、国务院的正确领导下，2003年保险业认真贯彻落实十六大精神和“三个代表”重要思想，以改革促发展，以开放求发展，以结构调整实现可持续发展，以加强和改善监管促进健康发展，行业上下形成了聚精会神谋发展、一心一意促发展的氛围，保险业呈现出蓬勃发展的良好局面。

1.2.1　基本情况

1.2.1.1　保费收入。2003年我国保险业继续保持快速增长势头，全年共实现保费收入3880.4亿元，同比增长27.1%。其中，财产险保费收入869.41亿元，增长11.71%；寿险保费收入2669.5亿元，增长28.7%；健康及意外险保费收入341.5亿元，增长69.7%。保险密度287.44元，比上年增加49.8元；保险深度3.33%，比上年提高0.35个百分点（1980～2003年我国保费收入、保险密度和保险深度的发展情况见附件）。

分月度看，由于受“非典”、季节性、货币政策和保险公司调整结构等因素的影响，保费收入的增长也呈现出一定的波动性，其中1、3、6、9、12月的保费规模较大，而5、7、10月保费规模较小。总的趋势是上半年保费收入波动较大，下半年走势趋于平稳，运行的轨迹与2002年的走势大致相似。但值得注意的是，由于保险行业同国民经济的联系日益密切，宏观经济金融形势变化和各项政策的调整对保险业的影响越来越大，再加上银行、证券、保险三大金融行业，各自经营范围的外延不断扩大，彼此产品之间的界限越来越模糊，可替代性越来越强，金融市场的竞争越来越激烈。2003 年 9 月 21 日中国人民银行提高存款准备金率 1 个百分点，并通过债券公开市场回笼货币资金，对保险业特别是对银行代理业务产生较大影响。此外，随着支持资本市场发展政策的出台，股市开始回暖，影响了投资偏好型消费者的保险需求，尤其是与非传统型寿险产品功能比较相似，替代性较强的基金产品的热销，对主要依赖投资收益为卖点的寿险产品产生较大冲击，导致分红险、投连险和万能险等新型寿险产品保费收入下降较多。2003 年第四季度保费收入增长出现减缓的迹象。

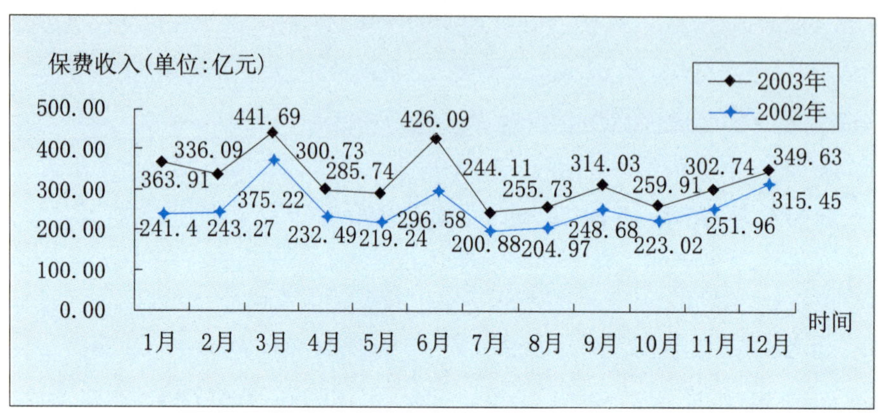

图 1—1　2003 年月度保费收入对比图

1.2.1.2　市场主体。2003 年保险市场体系建设的步伐进一步加快，全年共批准设立 4 家保险公司，其中，中资保险公司 1 家，外资保险公司 3 家；新设立保险代理公司 338 家，保险经纪公司 78 家，公估公司 27 家。另外，批准设立了一批股份制保险公司分公司和中心支公司。截至 2003 年年底，我国共有保险公司 61 家。按资本来源分，中资保险公司 24 家，外资保险公司 37 家；按业务性质分，财产险保险公司 24 家，人身险保险公司 32 家，再保险公司 5 家。此外，还有 6 家保险集团(控股)公司，2 家保险资产管理公司。全国共有专业保险中介机构 705 家，其中：保险代理公司 507 家，保险经纪公司 115 家，保险公估公司 83 家。保险从业人员达到 150 万人左右。

1.2.1.3　总资产规模。2003 年保险行业总资产继续保持快速增长。截至 2003 年年底，保险公司总资产达到 9122.8 亿元，比上年末增加 2628.77 亿元，同比增长 40.48%。引起保险公司总资产大幅增长的主要原因：一是保费收入的快速增长带动了保险公司总资产的较快增加；二是保险公司总资本增加，中国人民财产保险股份有限公司和中国人寿保险股份有限公司海外上市成功，其他股份制保险公司进一步补充资本金，推动了保险公司总资产的增长。从各保险公司总资产占全行业总资产的比例来看，集中度较高，保险公司总资产规模两极分化比较明显。其中：中国人寿总资产 4543 亿元，占保险全行业总资产的 49.8%；平保集团总资产 1798.67 亿元，占 19.72%；太保集团总资产 918.4 亿元，占 10.07%；人保公司总资产 700.55 亿元，占 7.68%；其他中资保险公司资产共计 964.42 亿元，占 10.57%；外资、合资保险公司资产共计 197.78 亿元，占 2.17%。

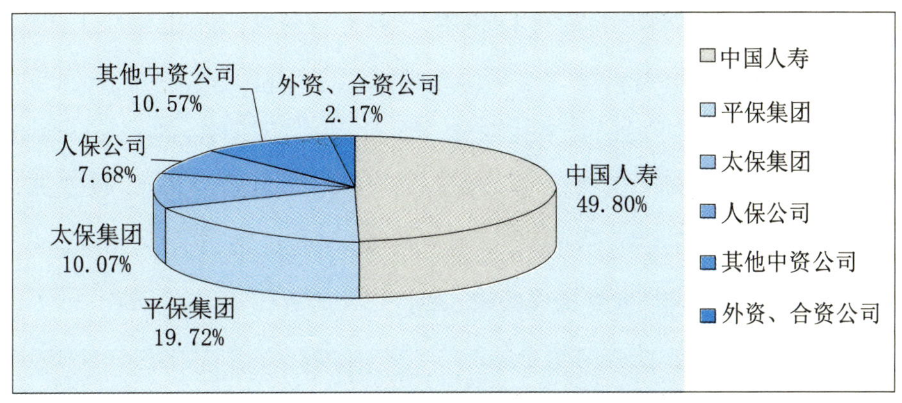

图 1—2　2003 年末各保险公司总资产份额

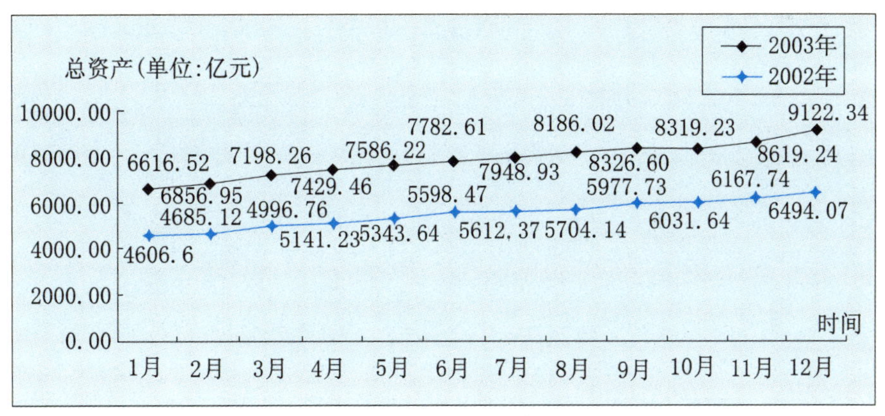

图 1—3　2003 年总资产变动情况

1.2.1.4　保险资金运用状况。截止到 2003 年年底，保险公司资金运用余额为 8738.54 亿元，比上年同期增加 3204.08 亿元，增长 51.39%。其中，银行存款为 4549.67 亿元，占 52.06%；国债为 1406.9 亿元，占 16.1%；金融债券为 828.72 亿元，占 9.48%；三产投资为 15.86 亿元，占 0.18%；其他投资为 1937.39 亿元，占 22.18%。2003 年保险资金收益率为 2.68%，比上年下降 0.46 个百分点。

1.2.1.5　区域保险市场发展情况。2003 年保费收入东部地区一路领先，中部地区快速增长，西部地区继续保持良好发展态势。经济决定金融。保险业的发展与当地经济发展水平、市场经济体制改革，特别是居民的收入水平和人们的思想观念具有密切的相关度。目前，我国经济发展水平很不平衡，市场化程度参差不齐，东部沿海地区明显领先于中西部内陆地区，且地区之间的差距仍在扩大，这必然给各地区保险业的发展带来深刻影响。从各省份保费收入规模来看，全年保费收入超百亿元的省份达 15 个，比上年增加 5 个省。其中：江苏省保费收入 383.24 亿元，继续保持全国省际保费收入第一的地位；广东、上海、山东、北京、浙江五省市保费收入超过 200 亿元，分别居于全国省际保费收入规模第二、第三、第四、第五、第六的位置；辽宁、河北、河南、四川、福建、黑龙江、湖北、湖南、安徽等九省保费收入超过 100 亿元。从各省份保费收入的增长速度来看，最快的增长 50.96%，最低的增长 15.02%，增速相差 35.94 个百分点。

表 1—1　2003 年全国保费收入超百亿元的省、市排名情况表

单位：亿元

地区	总保费		财产险保费		人身险保费	
	保费收入	排名	保费收入	排名	保费收入	排名
江苏	383.24	1	61.68	3	321.56	1
广东	298.45	2	86.49	1	211.96	5
上海	289.93	3	56.85	5	233.08	2
山东	283.81	4	59.11	4	224.70	4
北京	282.54	5	51.96	6	230.59	3
浙江	260.33	6	71.85	2	188.48	6
辽宁	183.16	7	39.84	7	143.32	7
河北	167.10	8	31.63	9	135.48	9
河南	166.74	9	25.05	11	141.69	8
四川	143.65	10	38.43	8	105.22	10
福建	120.15	11	30.40	10	89.75	12
黑龙江	118.72	12	16.23	15	102.49	11
湖北	106.26	13	22.81	12	83.45	14
湖南	103.90	14	20.06	14	83.84	13
安徽	103.85	15	20.49	13	83.36	15

1.2.1.6　赔款与给付支出。2003 年全国保险公司共支付赔款和给付 841

亿元，比上年同期增加 134.28 亿元，增长 19%。其中，财产保险赔款支出共 476.32 亿元，比上年同期增加 71.4 亿元，增长 17.63%，高于保费收入增幅 5.92 个百分点，占赔款与支付总额的 56.6%；寿险给付支出共 264.15 亿元，比上年同期增加 39 亿元，增长 17.32%，占赔款与支付总额的 31.4%；健康险及意外险赔款支出 100.55 亿元，增长 31.14%，占赔款与支付总额的 12%。特别是在一些重大灾害事故发生后，保险公司及时赔付，在灾后重建、恢复正常生产生活秩序方面发挥了重要作用。如淮河流域水灾赔付 5 亿多元，上海地铁 4 号线透水事故预赔 1.35 亿元。

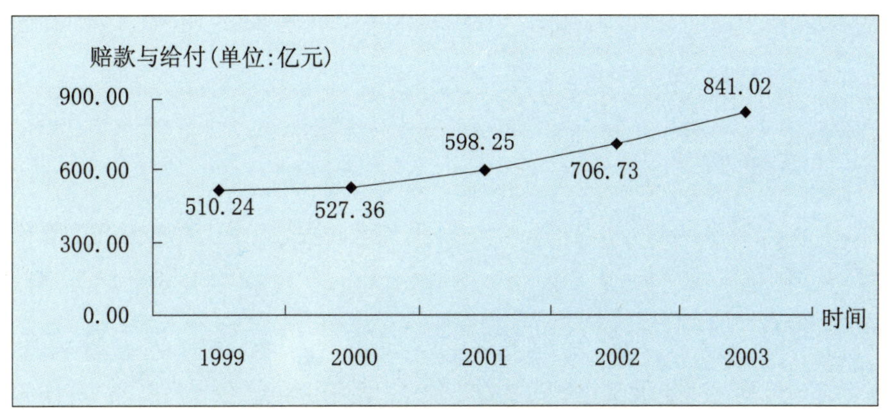

图 1—4　1999～2003 年赔款与给付比较

分月度看，年初 1、2 月份保险公司赔款与给付支出相对较少，分别为 59.24 亿元和 56.49 亿元，而年中 6 月、年底 12 月份赔款与给付支出相对较多，分别为 81.07 亿元和 106.43 亿元，这主要是受业务发展的季节性因素的影响，总体上保险公司的赔款与给付支出趋势与保费收入增长趋势相一致。

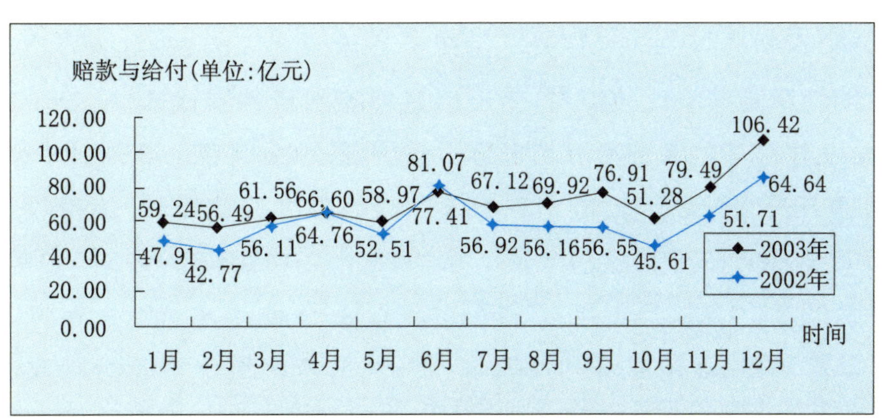

图 1—5　2003 年月度赔款与给付对比

1.2.1.7　经营效益情况。2003年保险行业总体上继续保持盈利，但公司之间的差异比较明显。截止到2003年年底，全国保险公司共实现税前利润45.4亿元，同比少盈利2.24亿元。产险公司实现税前利润31.73亿元，比上年多盈利5.63亿元，其中中资公司盈利29.77亿元，外资公司盈利1.96亿元；寿险公司实现税前利润13.67亿元，比上年少盈利7.87亿元，其中中资公司盈利20.58亿元，外资公司亏损6.91亿元。全行业经营总体继续保持盈利，但实现的利润比上年略有下降，主要是由于受外资寿险公司亏损较多的影响。从各保险公司来看，公司之间盈利水平的差异比较突出。产险公司中有中国人保等16家公司盈利，有6家公司出现亏损；寿险公司中有太平洋、平安人寿等4家公司盈利，有18家公司出现亏损。

1.2.2　主要特点

1.2.2.1　市场结构有所变化。一是股份制保险公司业务高速增长，中华联合、天安保险、新华人寿、泰康人寿等公司的保费收入翻了一番，所占市场份额继续上升，国有保险公司业务规模持续扩大，但市场份额进一步下降。中国人保、中国人寿两家国有控股保险公司在产险公司和寿险公司的市场份额分别为67.5%和54.3%，比上年末分别下降2.9个百分点和2.3个百分点。二是随着新《保险法》的正式实施，从2003年1月1日起，产险公司进入短期健康险和意外险市场的壁垒被打破，中国人保等8家中资产险公司和东京海上1家外资产险公司已开办了意外险业务，中华联合、平安产险2家产险公司同时又开办了短期健康险。全年产险公司经营的短期健康险和意外险保费收入共计23.7亿元，占短期健康险和意外险总保费收入的6.94%，其中：短期健康险保费收入1.65亿元，意外险保费收入22.05亿元。由于受技术等方面因素的制约，产险公司目前进入短期健康险市场比较慎重，而进入意外险市场的步伐较快，显示出一定的竞争实力，全年经营的意外险保费收入占同期意外险保费总收入的22.14%，占市场份额的五分之一强。三是人身险业务继续保持快速增长，保费收入占总保费的77.59%，财产险保费收入增长平稳，所占市场份额仍然呈下降趋势，保费收入占总保费的22.41%，比上年末下降3.07个百分点。

1.2.2.2　体制改革取得重大突破。一是国有保险公司股份制改造取得重大进展。在中国保监会的指导和协调下，中国人保、中国人寿和中国再保险三家国有保险公司认真贯彻落实国务院批准的改革方案，积极推进股份制改革，全部完成了重组改制工作。2003 年 11 月 6 日,中国人民财产保险股份有限公司在香港上市,成为在境外上市的第一家国有金融企业;2003 年 12 月 17 日中国人寿保险股份有限公司在纽约和香港两地同步上市,创造了当年全球资本市场首次公开发行融资额的最高纪录。通过上市,两家公司共筹集资金折合人民币 354 亿元,进一步增强了资本实力,优化了股权结构,为进一步转换经营机制,提高市场竞争能力奠定了基础。二是条款费率管理制度市场化改革进展顺利。在总结试点经验的基础上,2003 年 1 月 1 日,车险条款费率市场化改革在全国范围内推开,同年 4 月 1 日开始,全国范围内停止使用原车险统颁条款。2003 年 1 月 10 日,中国保监会以公告的形式发布了由中国人寿、平安人寿和太平洋寿险牵头制定的行业统颁条款,三家公司根据航意险市场的实际情况代表行业对原航意险条款作了修订,航空意外险改革稳步推进。通过改革,放松了对保险条款费率的管制,为充分发挥市场机制的作用提供了条件。三是保险资金运用管理体制改革迈出重要步伐。经国务院批准,2003 年中国人民保险控股公司和中国人寿保险(集团)公司在改制的基础上分别相继成立了独立的资产管理公司,对保险资金实行专业化管理和集中统一运用。

1.2.2.3 保险产品和服务创新不断改进。2003 年各保险公司积极调整经营思路和业务结构,加大产品开发力度,不断提高服务水平。从寿险公司来看,新型产品尤其是分红产品快速增长,全年新型产品保费收入累计 1750.22 亿元,增长 41.74%,占人身保险费收入的 58.15%,其中分红产品保费收入 1670.01 亿元,增长 47.54%,占人身保费收入的 55.48%,成为支撑人身险快速增长的主导力量;从产险公司来看,在车险保费收入继续增长的基础上,建安工程险、信用险和投资型财产保险业务有了较快的发展。大多数保险公司不断采用新技术扩充新的业务品种,推进客户服务的规范化、专业化、标准化,开通了 24 小时服务热线,主动为客户提供风险分析、投资咨询、保险设计等专业服务。

1.2.2.4 保险资金运用渠道进一步拓宽。2003 年 5 月 30 日,中国保监会颁布了新的《保险公司投资债券管理暂行办法》,保险公司投资企业债券的范围由 4 个行业扩大到所有 AA 级以上的企业债券,投资企业债券的比例由不超过总资产的 10%提高到 20%。同年 7 月,又明确保险公司可以投资中央银行票据,进一步增加了保险资金运用的渠道。2003 年年底,国务院常务会议原则通过《投资体制改革方案》,提出鼓励和促进保险资金间接投资基础设施,为更好地运用保险资金提供了机遇。

1.2.2.5　对外开放不断深入。2003 年 12 月 11 日,中国保监会发布《关于履行有关入世承诺的公告》,进一步开放了外资保险公司业务范围和经营区域。2003 年,外资保险公司首次在我国西部地区设立营业机构,外资保险中介也第一次进入我国保险市场,开展业务。同时,开放了再保险市场。2003 年 6 月 27 日,中国保监会批准慕尼黑再保险公司设立北京分公司,9 月 11 日批准瑞士再保险公司设立北京分公司,打破了国内再保险市场只有中国再保险公司独家经营的格局,并从 2003 年 1 月 1 日起对法定再保险比例进行了调整。对外开放不断扩大和深入,促进了外资保险公司业务的迅速发展。2003 年外资保险公司累计实现保费收入 67.3 亿元,增长 45.5%,占市场份额的 1.73%,比上年末提高 0.22 个百分点。其中:产险公司实现保费收入 9 亿元,增长 40.7%;寿险公司实现保费收入 58.3 亿元,增长 46.3%。外资保险公司的总资产达到 197.8 亿元,增长 43.7%,占保险公司总资产的 2.17%。外资保险机构已成为我国保险市场体系的重要组成部分。

1.2.2.6　保险监管得到进一步加强和改善。2003 年,中国保监会坚持一手抓发展,一手抓监管,牢固树立寓监管于服务的指导思想,把监管作为促进发展的重要内容,切实把监管职能的重心转移到为市场主体服务和创造良好发展环境上,不断创新监管理念和监管方式,做了大量细致和富有开拓性的工作。一是推出一系列改善服务、促进发展的新举措,积极为市场主体发展营造宽松的外部环境。在 2002 年年底已取消 58 项行政审批项目的基础上,2003 年 3 月 12 日,中国保监会又取消了 28 项行政审批项目;进一步放宽了对保险公司经营区域和保险公司高管人员任职资格的限制;积极加强与中央、国务院有关部委和各级地方政府的沟通协调,加强保险新闻宣传工作,为保险业发展营造良好的外部条件和舆论环境。二是偿付能力监管迈出实质性步伐。2003 年 3 月 24 日,正式颁布施行《保险公司偿付能力额度及监管指标管理规定》,初步建立了符合我国国情的偿付能力监管制度框架和指标体系。2003 年 3 月 27 日,中国保监会又下发了《关于做好 2002 年度偿付能力报告编报工作的通知》,偿付能力监管开始进入实质性落实阶段。随着偿付能力监管制度的不断完善和执行力度的加强,偿付能力监管的效果开始显现。同时,市场行为监管进一步加强。针对保险市场运行中存在的突出问题,开展了专项检查,加大了对保险违法违规行为的处罚力度,有力维护了保险市场的稳定和被保险人的利益。

1.2.2.7　保险理论探索取得新的成果。实践的发展需要科学的理论指导。坚持科学理论指导实践,并根据实践的新鲜经验不断进行理论创新,是推进保险事业发展的根本保证。十六大以来，保险业以“三个代表”重要思想为指针，紧密结合改革发展的实践，积极探索具有时代特点和中国特色的保险发展道路，不断推动保险理论创新，对如何认识我国保险业、怎样发展我国保险业、发展一个什么样的保险业等基本问题有了更加深刻的认识。一是发展了保险功能理论。提出现代保险不仅具有经济补偿功能和资金融通功能，还具有社会管理功能。这既是总结我国保险业发展新鲜经验作出的新概括，也是对传统保险理论的一次重大理论创新。二是提出了保险业发展阶段理论。作出了我国保险业仍处于发展初级阶段的重要判断，当前保险业的主要矛盾是发展水平与国民经济、社会发展和人民生活的需求不相适应，首要任务是加快发展，尽快做大做强。三是明确了保险业科学发展观的基本内涵。坚持以人为本是保险一切工作的出发点和归宿，是保险业科学发展观的本质；坚持做大做强是保险业科学发展观的核心内容；坚持创新发展思路是保险业科学发展观的基本要求。理论的创新和突破，为保险业全方位、多层次、宽领域挖掘发展潜力，继续保持快速持续健康协调的发展势头，更好地服务于经济社会发展的全局指明了方向，对保险业的发展具有深远的现实指导意义。

1.2.2.8　保险业的社会地位明显提升。2003 年不仅是我国保险业大改革、大开放、大发展和理论创新取得大突破的一年，也是保险业在经济社会发展全局中重新定位的一年。随着保险业的快速发展，保险在“促进改革、保障经济、稳定社会、造福人民”中的作用进一步发挥，社会对保险的认识逐步加深，保险业的社会影响日益扩大，保险业的发展得到了党中央、国务院的高度重视。一是在十六届三中全会《关于完善社会主义市场经济体制若干问题的决定》这一纲领性文件中，有 7 处直接提到保险，从全局的高度肯定了保险业在完善社会主义市场经济体制和全面建设小康社会中的重要作用。二是中国保监会升格为国务院直属正部级事业单位，与中国银监会和中国证监会组成了我国金融监管的“三驾马车”。同时，增设派出机构，提高部分派出机构行政级别，增加内设机构和人员编制，进一步充实了保险监管力量。

1.3　当前我国保险市场存在的主要问题

改革开放以来，我国保险业保持了 30%以上的平均增长速度，是国民经济中发展最快的行业之一，保险业的改革发展取得显著成绩。但总体上，我国保险业还处于发展的初级阶段，在发展过程还存在着许多困难和问题，突出表现在以下几个方面：

1.3.1 市场规模偏小，与国民经济整体发展水平不相适应

一是主体数量偏少。截至 2003 年底，全国共有保险公司 61 家，尽管比以前有较大增加，但保险公司的数量仍然偏少，与发达国家相比有很大差距。目前美国有 5000 多家保险公司，英国有 800 多家保险公司，新加坡有 150 多家保险公司。二是资产总量和保费收入规模较小。截至 2003 年年底，全国保险公司资产总额 9122.84 亿元，大致相当于发达国家一家较大保险公司的规模，我国经济总量已进入世界大国的行列，排名进入前 6 位，而保费收入还没有进入世界前十名。保险业总资产约占全国金融总资产的 3%，远远落后于银行业和证券业，与保险业作为金融业"三大支柱"之一的地位相差很远。

1.3.2 保险功能及作用还没有充分发挥

一是保险业在经济社会中的影响较低。2003 年我国保险密度 3.33%，比世界平均水平低近 5 个百分点；保险密度 35 美元，仅为世界平均水平的 7%左右。在西方发达国家，保险业作为一种风险管理制度安排，在经济社会中起到举足轻重的作用，保险业的社会影响非常大，一旦发生灾害事故，人们首先想到的是保险，通过保险理赔来获得经济补偿，在我国则主要依赖于财政支持、优惠政策和社会救助，保险只起补充作用。目前在欧洲，保险赔款占灾害损失的比例为 20%，而在我国这一比例仅为 1%。二是保险市场的有效供给不足。当前我国保险产品尽管数量不少，但真正贴近人民群众生活，适应社会多样化需求的产品不多，人们需要的产品由于种种原因保险公司还无法及时提供，与人民群众生活密切相关的养老、医疗、教育、责任等保险产品，还不能满足不同地区、不同行业、不同阶层对保险产品多样化的需求。2003 年全国保费收入占同期城乡居民储蓄存款余额的比例 3.74%，仅为世界平均水平的一半左右。据有关调查资料，在我国 10 万亿元居民储蓄存款中，以养老、教育、预防疾病和意外事故为储蓄动机的超过 40%，而在发达国家这部分的需求都是通过保险途径来实现的。三是保险承保面较窄。以财产险为例，目前家财险投保率仅为 5%左右，即使发展较为完善的机动车辆保险，承保率也不到 30%。民营经济已成为我国经济的重要组成部分，但投保率很低。农村保险市场发展也十分滞后，远不能适应农村经济发展的需要。

1.3.3 市场竞争不充分，保险资源配置效率较低

一是市场集中度偏高，险种同构现象比较普遍。2003 年最大的三家产、寿险

公司的业务分别占到产险市场份额的92%和寿险市场的86%,市场份额集中度较高,再加上主体数量偏少,市场竞争还不够充分。多数保险公司的产品雷同,险种重复,条款内容大同小异,缺乏特色,既不利于保险公司提供产品细分和差异化服务,也容易导致公司之间形成低层次的恶性价格竞争。二是保险公司适应市场变化的能力较弱,业务结构不合理,创新能力不强,业务增长有时波动起伏较大,支撑快速持续协调发展的基础还比较脆弱。三是保险服务意识不强,服务质量不高。目前我国保险业总体上还处于粗放型阶段,特别是一些中资保险公司的服务内容、形式、方式等方面还存在较多问题。如:重业务拓展、轻售后服务以及理赔难的问题;保险条款格式冗长复杂,专业用词过多、晦涩深奥,很多投保人反映看不懂保险条款;缺乏服务品牌,服务工作不细致、不深入、不到位等等。保险服务虽有所改进,但总体上还差强人意,难以取得广大消费者的信任,保险业的社会公信度较低。三是保险市场违规问题仍然比较严重。一些公司内控管理不健全,假数据、假账本、假报表等弄虚作假的现象屡禁不止,销售误导特别是新型产品误导欺诈客户问题突出,部分保险营销人员为提高个人业绩,对投保人夸大其辞,或隐瞒某些关键性条款,损害了被保险人的利益,影响了保险业的社会形象和声誉。四是保险中介市场发展滞后。营销员管理体制不顺,个人营销代理人法律地位不明确;兼业代理不规范,内部管理粗放;专业代理机构发展比较缓慢,整体水平不高。

1.3.4 保费收入快速增长与资金运用收益偏低的矛盾比较突出

随着保险业务的快速增长,保险业的可用资金不断增加,虽然2003年资金运用渠道进一步拓宽,但保险资金运用的领域仍主要集中在银行存款和债券等等低收益的利率产品上,中长期投资较少,保险资金运用的收益性、流动性和安全性还没有得到较好的兼顾和匹配。其中52.06%为银行存款,16.1%投资国债,9.48%投资于金融债券,投资证券基金的比例只有5.23%。受货币市场和资本市场等多方面因素的影响,资金运用整体收益率水平较低,2003年我国保险资金收益率为2.68%,比2002年下降0.46个百分点。保险资金运用收益偏低的状况,越来越不适应保险业务快速发展的需要,直接影响到保险公司的偿付能力和经营稳定性,已成为制约保险业快速发展的瓶颈之一。

2. 我国保险业发展前景展望

2.1 我国保险业发展面临的环境

2.1.1 国际环境

和平与发展仍是当今时代的主题。当前世界经济已开始进入一个新的增长期,全球经济和贸易出现增长趋势,美国、日本和欧盟经济加快复苏。从短期看,世界经济形势对我国保险业加快发展十分有利。同时,在开放经济的背景下,还必须密切关注经济全球化以及世界保险业发展趋势给我国保险业带来的深远影响。

2.1.1.1 经济全球化及其对我国保险业发展的影响。20 世纪 80 年代以来,经济全球化的进程加快,各国经济之间的相互渗透、相互依存在多层次、多领域广泛发展,市场加速联为一体,市场开放的范围进一步拓宽到服务贸易领域。现今,经济全球化的内涵已扩展到金融服务自由化的阶段,金融服务自由化发展趋势主要有以下几个方面:金融价格自由化,取消存款利率限制,松动利率管制;业务经营自由化,金融机构的业务相互渗透;市场准入自由化,放松外国金融机构进入的限制;资本流动自由化,放宽外国资本进入的限制。随着我国保险市场的对外开放的深入,国外的保险资源逐渐融入国内保险市场,使国内保险活动国际化,国内保险市场参与保险资源在全球性的流动以及市场整合,最终将使我国保险业与世界保险业的发展连接在一起。这既给我国保险业拓宽了发展空间,又提出了严峻的挑战。一是有利于扩大我国保险市场,促进我国保险市场主体多元化,加快我国保险体制改革和经营机制转换的步伐,同时随着外资保险机构的进入也将带来新的产品、新的经营理念和管理经验,对国内保险业起到示范和启示作用,推动我国的保险市场、保险机构以及保险监管法律法规和监管方式的不断创新。二是经济全球化和金融服务自由化意味着"国内竞争国际化,国际竞争国内化"的趋势日益增强,我国保险业尚处于发展初期,同世界保险业相比存在较大差距,市场开放还处于起步阶段,因此,面临着较大的挑战和冲击。

2.1.1.2 世界保险业的发展趋势。在经济全球化和科技进步等因素的推动下,当前世界保险业发展日益呈现出以下新的特点和趋势:一是保险经营国际化。一方面西方发达国家之间金融保险资本相互渗透,另一方面西方大型金融保险企业快速向亚太地区、东欧、中南美洲等新兴地区扩张,通过收购、合并、入股等方式建立分支机构,进行跨国界经营。二是保险市场主体规模日益增大,并向集团化发展。由于面临日趋激烈的全球竞争,西方发达国家的保险公司为增强资金实力和扩大市场份额,采取收购、兼并和重组等方式,通过国内、跨境和跨领域合并,实现集团化经营。三是保险产品功能多样化。保险产品不断创新,一些产品不仅具有减少损失、死亡给付、疾病护理等功能,而且派生出很强的信息传递和储蓄投资等功能。四是保险经营管理电子化。保险公司内部管理实行电子网络化,同时开展电子商务,实现网上销售和在线服务。五是保险业务综合化。全球金融服务业发生了重大变化,银行、证券、保险服务走向融合,商业银行、证券公司和保险公司已实现跨业经营。世界保险业的这些变化和趋势必将对我国保险业发展带来深刻的影响。

2.1.2 国内环境

2.1.2.1 我国经济持续保持快速增长,为保险业发展提供了广阔的空间。世界经济发展历程表明,一个国家或地区保险业的发展潜力和能力与其经济发展水平密切相关。根据有关资料分析,我国保险需求弹性具有大于1的显著性,保费收入增长与GDP增长之间存在稳定的正相关关系。目前我国经济工业化进程不断深化,仍处于经济起飞的快速增长时期,从一些长期起作用的基本因素来看,经济增长仍然具有较大的潜力和良好的条件,我国经济将继续保持较高水平的增长。根据全面建设小康社会的宏伟目标,到2020年经济总量将比2000年翻两番,这意味着我国经济在今后的十几年中将保持年均7.2%的增长速度。经济快速增长将为保险业发展创造广阔的市场空间。

2.1.2.2 体制改革的深化和经济结构的战略性调整,为保险业发展增添了动力。当前我国正处于体制转型的关键时期,各项改革不断深化,风险承担的主体已开始由政府转变为企业和个人,选择以保险方式转嫁风险的微观主体不断增加。社会保障体制正在进行深刻变革,商业性养老、医疗保险作为社会保险的重要补充,已日益被人们所重视。国有企业和国有资产管理体制改革的不断深化,非公有制经济的发展,使企业真正成为自主经营、自负盈亏的市场主体,企业将把保险作为防范风险、保障企业正常经营的重要手段,其对保险的需求越来越大。经济结构战略性调整、扩大内需、扩大出口、实施西部大开发和振兴东北等战略措施,将带动基础设施和进出口贸易迅速发展,相应需要保险业提供更多的保险保障。

2.1.2.3 社会发展环境的变化,为保险业发展创造了有利条件。我国人口在总量继续保持基本稳定增长的情况下，人口分布和人口结构开始发生变化。农村人口继续向城市转移，城市化进程加快，据国家统计局公布的数据，2003 年全国城镇总人口达 52376 万人，占总人口的 40.53%，比 1990 年提高了 14.12 个百分点。同时也明显出现了家庭小型化和人口老龄化的趋势，据统计，65 岁及以上的老年人口在 2001 年 11 月 1 日为 8811 万人，占总人口的 6.69%，2003 年年末为 9692 万人，占总人口的 7.5%。城镇人口的增加，将带来保险有效需求的增加，家庭小型化和老龄人口的增加，使家庭内部互助抵御风险的功能开始弱化，家庭的保障功能将逐步转移到社会化的商业保险。另外，随着市场经济体制改革的深化，人们对未来就业、养老医疗、子女教育预期的不确定性增强，保险需求也将随之增长。2003 年我国人均 GDP 首次突破 1000 美元大关，标志着我国已从低收入水平国家迈进中低收入水平的行列，经济增长已进入一个新的重要阶段。社会消费结构资将向发展型、享受型升级变化，人们对住宅、汽车、文化教育、医疗卫生、养老保健等改善生活质量的需求将明显上升，消费结构的调整，生活方式的改变，风险因素增多，人们的风险和保险意识不断强化，保险将成为人们防范转移风险和安排未来生活的重要手段。

总之，21 世纪头二十年是我国完善社会主义市场经济、全面建设小康社会的重要战略机遇期，也是保险业发展的重要机遇期，保险业置身于经济和社会发展的全局，发展时机十分有利。同时，由于保险业发展与经济运行日益紧密，还需要高度关注经济运行中的矛盾和问题，密切关注宏观经济的发展趋势以及宏观调控政策变化对保险业发展带来的影响。当前我国宏观经济运行正处于一个十分重要的历史关口。一方面，宏观经济继续保持快速持续发展态势，另一方面，经济金融运行中也出现了一些新矛盾和新问题。比如物价上涨趋势明显，通货膨胀的压力增大；投资需求增长过快，部分行业和地区投资过度，低水平重复建设比较严重；信贷增长偏高，基础货币投放增多等。为解决上述经济金融运行中的一些突出矛盾和问题，根据形势的变化，国家宏观调控将适度加强，调控的重心和政策也将进行必要的调整。

2.2 我国保险业发展前景展望

2.2.1 发展的总体思路和原则

2.2.1.1 总体思路。今后一段时期内我国保险业发展的总体思路是牢固树立和落实以人为本、全面协调可持续的科学发展观，以发展为主题，以改革开放为动力，以结构调整为主线，以市场体系建设为基础，坚持为经济和社会发展的全局服务，坚持防范化解风险，充分调动一切积极因素，抢抓机遇，加快发展，不断做大做强，促进我国保险业快速持续协调健康发展。

2.2.1.2 主要原则。在发展的指导思想上，坚持把握以下主要原则：一是坚持改革创新、快速发展的原则。从体制改革入手，逐步完善与社会主义市场经济体制相适应的保险业宏观管理体制和微观运行机制。树立创新的观念，用创新的思维分析问题，用创新的办法解决问题，大力推进保险体制、保险经营和保险监管创新。二是坚持诚信规范、健康发展的原则。从加强教育入手，弘扬诚实守信的职业道德，塑造良好的行业形象。以充分发挥企业内控和行业自律为基础，通过加强政府监管和社会监督，维护市场秩序，创造良好的市场环境。三是坚持积极调控、协调发展的原则。根据国民经济的要求来调整保险业的发展目标，根据发展的速度来调控保险业内外部各资源要素之间的发展。促进保险业与国民经济的协调，直接保险、再保险及中介市场的协调，理顺商业保险与社会保险的关系。进一步加强保险市场与资本市场的互动，拓宽资金运用和融资渠道。扩大对外开放，借鉴国际先进的管理经验，积极参与国际竞争，逐步融入国际保险市场。四是坚持统筹兼顾、持续发展的原则。保险业的改革发展要放到国民经济的全局中来规划，把保险业同相关产业联系起来，既要考虑保险的商业利益，还要兼顾保险的社会利益。努力开拓中西部和农村保险市场，促进区域间的均衡发展，优化保险市场布局和市场结构。注意保护好、开发好、利用好保险的市场资源，防止肆意开发滥用，实现保险业的长远发展。

2.2.2 保险市场发展趋势展望

2.2.2.1 保险业务继续保持快速增长势头，业务结构有所调整。综合判断，保险市场发展有了较好的环境和支撑基础。经济继续保持快速发展，社会主义市场经济体制逐步建立，城乡居民收入稳定增加，为保险业快速发展提供了有利条件，财产险继续保持稳定增长，人身险方面，由于受宏观经济金融形势的变化和政策调整等因素的影响，短期内人身险保费收入增长速度将会减慢，市场将有一定的起伏波动。但从长期看，支撑保险快速发展的有利因素较多，经过短期的结构调整和宏观调控，保险业务将继续保持较高水平的增长，保险在国民经济中的渗透度将进一步提高。

2.2.2.2 保险有效需求趋旺,需求结构呈现多样化。随着居民收入水平的提高和生活方式的改变,人民的保险意识进一步提高,购买保险产品的意识增强,越来越多的人不仅认识到购买保险是社会发展的趋势,而且日益感受到保险在降低个人和家庭的风险方面的重要作用。保险资产将会逐步成为人们家庭理财的重要组成部分,保费收入占居民储蓄存款总额的比例将进一步上升。

2.2.2.3 市场主体增加较多,专业化经营成为潮流。随着市场准入机制的完善和对外开放的深入,中外保险公司特别是养老保险、健康保险、农业保险等新型专业性保险公司的数量明显增加,市场主体日益多元化,保险市场进一步细分,中小保险公司专业化经营模式得以确立,市场竞争的深度和广度不断推进。

2.2.2.4 保险供给有较大改善,消费者的需求得到进一步满足。在市场机制的作用下,市场主体的经营理念开始发生转变,行为更趋理性,市场竞争将从以市场份额为中心的低层次价格竞争转向以创新能力为中心的差异化服务竞争,保险公司将更加关注与经济社会发展和人们生活密切相关的热点问题,调整产品结构,挖掘和培育新的业务增长点,积极开发个性化产品,满足社会多样化的保险需求。更加注重创新服务方式,丰富保险服务的内涵,提高服务水平和质量,电话保险、网上保险和远程理赔服务将在全国范围内推广普及。在保险走进千家万户的过程中,保险条款的通俗化、标准化得到重视,保险产品将会变得越来越简明,越来越方便购买。

2.2.2.5 保险市场的透明度有所提高,市场秩序将明显改善。保险业逐步完善信息披露制度,扩大保险公司信息披露的范围,保险公司将定期公布资产负债状况、业务发展状况等经营情况,接受社会的监督。保险监管得到进一步加强和改善,积极维护被保险人利益,加强保险行业诚信建设,严厉惩处欺诈、误导等市场违规行为,"企业内控、政府监管、行业自律、社会监督"四位一体的监管体系不断完善,市场秩序逐步规范。

2.2.3 加快保险业发展的政策取向

2.2.3.1 深化改革,探索保险经营的有效方式,建立和完善现代保险企业制度。按照资本充足、内控严密、运营安全、服务和效益良好的要求,逐步建立符合社会主义市场经济发展要求的现代保险企业。一是继续巩固国有保险公司股份制改革成果,将改革不断引向深入,全面完成国有保险公司股份制改革任务。二是完善公司治理结构,切实转换经营机制。研究制定《保险公司治理结构指引》，引导保险公司建立规范高效的内部运作机制，形成权力机构、决策机构、监督机构和经营管理者之间的制衡机制。三是加强内控制度建设，健全内控机制，提高风险控制能力和资产运营质量。完善《保险公司内部控制制度建设指导原则》，建立责任追究制度，强化高级管理人员的领导责任，强化保险公司对分支机构和代理人的管控责任，强化关键业务岗位的管理责任。四是指导和监督保险公司进一步完善资产负债管理制度，实现资产负债在数量、价格、期限上的有效匹配，积极防范利率风险，防止利差损。

2.2.3.2　实行透明和宽松的市场准入政策，完善市场体系，促进市场充分竞争。一是加强指导，培育市场主体。培育和发展具有国际竞争力的大型保险企业集团，走集团化发展的道路，允许保险公司根据市场定位和业务发展需要，设立各类保险专业子公司，允许保险公司依法兼并、收购，实现股权有序流转。鼓励中小保险公司走专业化发展道路，采取多种方式引导社会资源向中小保险公司倾斜，扶植中小保险公司尽快发展壮大。完善保险市场准入机制，增加批设新的保险公司，有侧重地批设专业性养老保险公司、健康保险公司、农业保险公司。逐步建立和完善保险市场退出机制。积极探索其他保险组织形式，规范行业自保并纳入统一监管。二是积极培育多元化的再保险市场，充分发挥再保险分散风险的基本职能，提高我国保险业的整体承保能力。支持保险公司和其他各类投资主体参股或设立再保险公司，加强境外分保业务的监管，鼓励优先国内分保。三是规范发展保险中介市场。鼓励专业保险中介机构创新经营模式，积极推进保险营销体制创新，逐步建立一个种类齐全、功能互补、经营规范、素质较高、信誉良好的保险中介市场体系。

2.2.3.3　推动保险产品和服务创新，提高市场有效供给水平。一是修改和完善保险产品审批备案管理制度。鼓励保险公司建立贴近市场、效率高、反应快的产品开发机制，充分发挥市场机制在资源配置中的基础性作用。二是鼓励和引导保险公司调整产品结构，挖掘和培育新的业务增长点。结合社会保障体制和医疗体制改革，积极开发养老和医疗保险产品，如企业年金、养老投资基金和健康保险等，促进保障型产品和投资型产品共同发展。在发展车险和企业财产险的基础上，积极发展责任险、信用险和居民个人财产保险等业务。三是引导保险公司不断创新服务方式，丰富保险服务的内涵。针对不同的消费群体，开发个性化产品，满足多层次的保险需求。特别是要针对消费者心理和国家经济金融形势的变化，加大产品创新力度，注重开发保障型和非利率敏感型产品，适当引入与物价指标挂钩的产品。加强防灾防损、风险管理和健康咨询等服务，把服务渗透到保险消费的各个环节。鼓励保险公司利用现代信息技术，开展电话保险、网上保险、远程理赔等产品销售和客户服务，建立灵活多样的分销渠道，实现更快捷、更周到的服务。四是积极推进保险条款的通俗化和标准化，使保险条款通俗易懂，方便购买。

2.2.3.4 强化保险资金运用管理，实现保险业务和资金运用业务"两个轮子"协调发展。一是进一步深化资金运用体制改革。研究制定《保险资产管理公司管理规定》，统一规范保险资产管理公司的设立、运作和管理行为，加快保险资产管理公司组建步伐，建立健全投资决策、投资操作、风险评估与内控监督相互制约的管理机制，按照集中统一和专业化管理的要求，逐步实现保险业务与资金运用业务彻底分离。二是积极拓宽保险资金运用渠道。探索保险资金参与国家重点基础设施建设和开展信托业务、信贷业务的可行方式。进一步研究保险市场与资本市场、货币市场和外汇市场协调互动的实现途径，制定保险资金以各种方式直接投资资本市场的实施方案，增加保险资金投资的机会和分散投资风险的工具，提高资金运用效益，防范资金运用风险，逐步实现保险市场与资本市场的互动发展。三是鼓励保险公司培养和引进高素质的投资管理专业人才，提高资金运用管理水平。

2.2.3.5 扩大对外开放，利用国内外两个市场、两种资源，提高保险业国际化水平。一是认真履行加入世贸组织承诺。按照承诺的时间进度和开放范围，有步骤地取消对外资保险公司服务对象和经营地域等方面的限制，逐步对外资保险公司实行国民待遇。制订《外资保险公司管理条例实施细则》，规范外资保险公司的准入和经营行为，依法保障保险业对外开放政策的贯彻落实。二是积极发挥外资保险公司的作用。重点引进在健康保险、农业保险和巨灾保险等方面有专长的外国保险机构。鼓励和支持外资保险公司到我国西部和东北老工业基地等地区开展保险业务。三是实施"走出去"战略。允许具备条件的中资保险公司到国际资本市场融资，通过资本运作等多种方式，参与国际竞争，支持保险公司开展境外业务。四是及时研究和掌握国际保险业发展的最新动向，加强监管部门、行业自律组织、保险经营机构与国际同行在人才培养、技术引进、风险管理、理论研究等方面的交流与合作。

2.2.3.6 加强和改善监管，防范化解风险，促进保险业快速持续协调健康发展。一是完善法律法规，严格监管制度。按照审慎监管、鼓励创新的原则，健全保险监管制度体系。研究保险改革发展中出现的新情况、新问题,及时制定相应的监管法律制度加以规范,对不适应形势发展要求的原有制度规章及时进行修订。积极协同国务院有关部门研究制定《保险违法行为处罚办法》,为规范市场行为和有效实施保险监管提供法律保障。推动《机动车辆强制责任保险条例》的立法工作。修订《保险公司管理规定》等规章制度。二是转变监管方式,提高监管效率。监管方式逐步实现从事后监管向事前、事中监管转变,从治标监管向治本监管转变,把监管关口前移,突出对风险的发现、判断、预警和监控,努力做到对风险早防范、早发现、早化解。认真贯彻落实《行政许可法》,继续做好保险行政审批制度改革,加快监管创新和职能转换,加强改革后的监督检查,放松不符合市场经济原则的管制,充分发挥市场机制在资源配置中的基础性作用。三是研究建立保险市场宏观调控机制。通过建立科学的保险市场宏观调控指标体系,运用行业规则、政策引导、市场监管、信息发布以及市场准入等手段,对保险市场进行宏观调控,保持市场稳定运行。四是建立保险业信息披露机制。增加保险公司信息披露范围,规范信息披露程序,提高保险市场透明度。五是全面实施偿付能力监管,继续整顿和规范保险市场秩序。逐步建立符合我国保险业实际的偿付能力监管制度体系,提高偿付能力监管水平。加强对保险公司法人机构和内控机制的监管,加强对上市保险公司的监管,依法查处各种保险违法行为,规范车贷险、银行保险、住房按揭险等业务的发展。六是加强保险行业协会建设。进一步明确保险行业协会的职能定位,充分发挥保险行业协会在自律、维权、协调、宣传、交流等方面的作用。七是加强与有关部委和监管部门的交流合作,加大监控力度,形成监管合力,切实防范保险业系统性风险。

2.2.3.7 进一步加强保险诚信建设,建立健全由法律制度、市场监督和信用评价体系组成的保险诚信体系,树立良好的社会形象。一是培育保险业的诚信文化。大力宣传、倡导诚信观念,加强诚信教育,提高从业人员的诚信道德水平,使诚实守信成为保险从业人员的一种自觉行为。二是逐步建立保险信用评价体系。加强保险业的信用信息网络建设,建立从业人员和被保险人的信用档案,实现保险机构、监管部门和社会间信息资源的共享。积极培育信用中介市场,按照市场化的原则发展保险征信和信用评价体系,发挥信用中介机构在保险诚信建设中的作用。三是强化失信惩戒机制。发挥法律和市场对失信行为的双重惩戒机制,依法严肃惩处市场主体的失信行为,维护保险业的整体行业信用。

附件：

1980～2003年我国保费收入、保险密度与保险深度发展状况

年份＼项目	GDP增长速度(%)	保费收入(亿元)	保费收入增长速度(%)	保险密度(元/人)	保险深度(%)
1980	7.8	4.6	—	0.47	0.10
1981	5.2	7.8	69.56	0.78	0.16
1982	9.1	10.3	32.05	1.01	0.20
1983	10.9	13.2	28.16	1.28	0.22
1984	15.2	20.0	51.52	1.92	0.29
1985	13.5	33.1	65.50	3.13	0.39
1986	8.8	45.8	38.37	4.26	0.65
1987	11.6	71.1	55.24	6.51	0.67
1988	11.3	109.5	54.01	9.86	0.72
1989	4.1	142.4	30.05	12.64	0.77
1990	3.8	177.9	24.93	15.56	0.85
1991	9.2	235.6	32.43	20.35	0.90
1992	14.2	367.9	56.15	31.39	1.0
1993	13.5	499.6	35.80	42.16	0.98
1994	12.6	600.0	20.09	49.00	0.97
1995	10.5	683.0	13.83	56.39	1.17
1996	9.6	777.1	13.78	63.49	1.15
1997	8.8	1087.9	39.99	88.02	1.46
1998	7.8	1261.6	15.97	101.12	1.61
1999	7.1	1444.5	14.50	114.84	1.76
2000	8.0	1599.7	10.74	126.21	1.79
2001	7.3	2112.3	32.04	168.98	2.20
2002	8.0	3053.1	44.59	237.64	2.98
2003	9.1	3880.4	27.10	287.44	3.33

资料来源：根据历年《中国统计年鉴》、《中国保险年鉴》及有关资料整理。

第二章

改革开放篇

改革是保险业发展的动力,开放不断为发展注入新的活力。我国保险业不断发展的过程,也就是不断深化改革和扩大开放的过程。没有保险业改革和保险市场对外开放,我国保险业就不会取得今天的巨大成就。保险业作为国民经济的重要组成部分,是在我国改革开放的大潮中成长发展起来的。保险业发展是国家改革开放进程的一部分。

1. 我国保险业改革的历史、现状及展望

1.1 我国保险业改革进程的简要回顾

改革开放以来,随着国民经济的快速发展,特别是经济体制改革的逐步推进,保险业面临的宏观经济社会环境在不断变化。与国家经济体制改革的步伐相适应,保险业相继进行了多项改革。同时,恢复国内保险业务 20 多年来,我国保险业从无到有,从小到大,走过了一条"摸着石头过河"的发展道路。保险业在自身发展中出现了许多新情况和新问题,也遇到了一些困难和矛盾,需要通过不断改革,革除束缚人们思想的陈旧观念,扫清发展道路上遇到的各种障碍。外部环境的推动和内部的需求,使保险业一系列改革得以顺利开展,各项改革措施逐步得到落实。保险业改革是全方位的,涉及到保险业发展的各个方面,其中最主要的是保险体制改革,包括分业经营体制改革、政策性保险体制改革、国有保险公司股份制改革和监管体制改革等。

1.1.1 产、寿险分业经营体制改革

1995 年《保险法》颁布以前,保险公司可以同时经营财产险和人身险业务。但是,进入 90 年代以后,借鉴国际保险业实行产、寿险分业经营的通行做法,监管部门开始研究推动我国保险业的产、寿险分业经营体制改革。1995 年颁布的

《保险法》以法律的形式确立了产、寿险分业经营的原则。《保险法》第九十一条规定:"同一保险人不得同时兼营财产保险业务和人身保险业务"。根据《保险法》的要求,各保险公司开始实施产、寿险分业经营体制改革。这一改革持续了近6年的时间。

1995年10月,国务院作出批复,原则上同意中国人民银行上报的《关于中国人民保险公司机构体制改革方案的报告》。根据体制改革方案,将中国人民保险公司改为中国人民保险(集团)公司,下设中保财产保险有限公司、中保人寿保险有限公司和中保再保险有限公司。1996年,中国人民保险(集团)公司及其三家子公司成立。1998年,根据国务院《关于撤消中国人民保险(集团)公司实施方案的批复》,中保财产保险有限公司更名为中国人民保险公司,并承接了中国人民保险公司的品牌;中保人寿保险有限公司更名为中国人寿保险公司;中保再保险公司更名为中国再保险公司。

2000年11月,新疆兵团完成分业经营体制改革,改为新疆兵团财产保险公司。2001年4月,太平洋完成分业经营体制改革,成立了中国太平洋保险(集团)股份有限公司、中国太平洋财产保险股份有限公司和中国太平洋人寿保险股份有限公司。2002年4月,平安完成分业经营体制改革,成立了中国平安保险(集团)股份有限公司、中国平安财产保险股份有限公司、中国平安人寿保险股份有限公司和平安信托投资公司。

实践证明,分业经营体制改革在促进产、寿险专业化经营,防范经营风险等方面发挥了积极的作用,特别是极大地促进了人身险业务的发展。1997年,人身险保费收入首次超过财产险。到2003年,人身险保费收入已占总保费收入的77.59%。

1.1.2 政策性保险体制改革

政策性保险体制改革主要是在出口信用保险方面取得了突破。政策性出口信用保险是许多国家支持对外贸易和海外投资的重要手段。恢复国内保险业务以来,我国出口信用保险业务得到了快速发展。中国人民保险公司和中国进出口银行同时经营出口信用保险业务。为了更好地发挥出口信用保险在支持对外贸易和投资方面的积极作用,进一步促进出口信用保险业务的发展,国家有关部门开始研究成立专门的政策性出口信用保险机构。1997年全国金融工作会议决定,组建统一的政策性出口信用保险经营机构。1999年7月,《国务院批转整顿保险业工作小组保险业整顿与改革方案的通知》（国发[1999]14 号）提出，改革出口信用保险体制，在中国人民保险公司和中国进出口银行出口信用保险部的基础上组建统一的政策性出口信用保险公司，其业务由保监会统一监管。2000 年 5 月，国务院总理办公会对组建中国出口信用保险公司工作做出具体部署。2001 年 12 月，中国出口信用保险公司正式成立，这是我国第一家政策性保险公司，标志着我国政策性保险体制改革取得重大进展。

1.1.3 国有保险公司股份制改革

国有保险公司占全国 70%以上的市场份额，具有举足轻重的作用，其经营成败将直接关系到我国保险业的发展大局。然而，国有公司存在的资本金严重不足、经营机制不活、资产质量不高、历史包袱沉重、竞争能力不强等问题，严重制约了其健康快速发展。长期以来，各家国有公司坚持不懈地进行了大量改革工作，取得了一定的效果，但是并未从根本上解决制约国有公司发展的体制性和机制性障碍。1999 年 9 月，党的十五届四中全会《关于国有企业改革和发展若干重大问题的决定》指出："国有企业改革是整个经济体制改革的中心环节。建立和完善社会主义市场经济体制，实现公有制与市场经济的有效结合，最重要的是使国有企业形成适应市场经济要求的管理体制和经营机制"。"国有大中型企业尤其是优势企业，宜于实行股份制的，要通过规范上市、中外合资和企业互相参股等形式，改为股份制企业，发展混合所有制经济，重要的企业由国家控股。"这为国有保险公司改革提供了十分难得的机遇。从这个根本的指导思想出发，保监会和各国有保险公司对国有公司进行股份制改革的可行性进行了研究，保监会于 2000 年 6 月正式提出了股份制改革的思路。

2001 年，根据国务院的统一部署，保监会会同国家计委、财政部、人民银行、证监会和三家国有保险公司成立了保险业改革与发展调研小组，对国有保险公司股份制改革进行专题研究。经过广泛调研和论证，提出了国有保险公司股份制改革的原则、模式和步骤等，起草了专题调研报告上报国务院。2002 年全国金融工作会议对国有保险公司股份制改革提出明确要求：坚持国家控股的原则，加快国有独资保险公司股份制改革步伐。通过吸收外资和社会资金参股，实现股权结构多元化，完善法人治理结构，切实转换经营机制，引进国外先进技术和管理经验，增强经营活力和竞争能力。根据全国金融工作会议精神，中国人保、中国人寿和中国再保险公司分别制定了股份制改革方案，并相继得到了国务院批准。

1.1.4 保险监管体制改革

随着我国金融体制改革的逐步深入，银行、证券、保险业分业经营的格局逐步确立。与之相适应，分业监管的金融监管体制也逐步形成。1997 年中央金融工作会议明确指出，在我国现实情况下，必须严格执行银行、信托、证券、保险分业经营、分业管理的原则。为了进一步加强保险监管，国务院决定将保险监管职能从人民银行分离出来，成立独立的保险监管机构。1998 年 11 月 18 日，中国保监会正式成立。保监会的成立，标志着我国金融业分业监管的体制开始确立。

1.2 2003 年我国保险业改革取得的成绩

2003 年是保险业改革发展具有重大意义的一年。其中最大的亮点是三家国有保险公司基本完成股份制改革，同时，多项改革取得重大进展或阶段性成果。

1.2.1 国有保险公司股份制改革取得重大进展

保监会把推动国有保险公司股份制改革作为监管创新的重要举措和防范风险的治本之策，列为全年工作的重中之重，有效地发挥指导、监督和协调的作用。国有保险公司认真贯彻落实国务院批准的股份制改革方案，一手抓改革，一手抓发展，克服非典疫情和国际资本市场波动带来的不利影响，克服时间紧、任务重、要求高，又没有现成经验可以借鉴的实际困难，大胆探索，努力工作，确保股份制改革工作的顺利进行。

国有保险公司股份制改革中坚持了以下指导思想：一是坚持国家控股，通过吸收外资和社会资本参股，实现股权多元化。二是按照建立现代企业制度的要求，完善公司治理结构，切实转换经营机制，使企业真正走向市场。三是引进国外先进技术和管理经验，增强企业经营活力和竞争能力。四是处理好改革发展稳定的关系，切实保护被保险人利益。三家国有保险公司对股份制改革工作高度重视，相继成立了一把手负总责的工作领导小组，并结合各公司实际情况，制定了周密的改革实施方案。三家公司的方案既有相同点，即都是整体改制，都成立了集团或控股公司，同时，各家公司也有自己的特点。

1.2.1.1 中国人保股份制改革的基本情况。中国人保以审计评估后的净资产，联合其他发起股东，共同发起设立中国人民财产保险股份有限公司，对中国人保的全部资产进行全面重组，将主业经营性资产和业务全部纳入股份公司。中国人保改为中国人保控股公司，作为国家授权经营的股东代表，成为股份公司的股东之一，并经营管理非经营性资产。由控股公司发起设立中国人保保险资产管理公司。

2003 年 7 月 19 日，中国人保控股公司、中国人民财产保险股份有限公司和中国人保资产管理公司正式挂牌成立。11 月 6 日，中国人民财产保险股份有限公司在香港联交所主板市场以 H 股成功挂牌上市，这是内地第一家完成股份制改造的国有金融机构，也是内地第一家在境外上市的金融保险机构。中国人民财产保险股份有限公司共发行股票 34.55 亿股，募集资金 62.2 亿元港币。上市后股份总额为 110 亿股，其中国有股为 80 亿股，约占 72%。此次中国人民财产保险股份有限公司在香港上市，境外投资者认购踊跃。配售给机构投资者部分获得 15 倍超额认购；向社会公众发售部分获得 135 倍超额认购，冻结资金达 700 多亿港元。

1.2.1.2　中国人寿股份制改革的基本情况。中国人寿重组改制为中国人寿保险(集团)公司，以 1999 版保单为界对业务、资产进行重组，1999 年以前的老业务及相关资产负债进入集团公司。集团公司独家发起设立中国人寿保险股份有限公司，1999 年及以后的业务及相关资产负债进入股份公司。集团公司和股份公司共同发起设立中国人寿保险资产管理公司。

2003 年 8 月 28 日，中国人寿保险(集团)公司和中国人寿保险股份有限公司正式挂牌成立。中国人寿保险股份有限公司分别于 12 月 17 日、18 日在美国纽约证交所和香港联交所成功挂牌上市，成为第一家在美国纽约和香港两地上市的国内金融机构。中国人寿保险股份有限公司此次公开发行融资 34.75 亿美元，创造了当年度全球资本市场融资额的最高纪录。上市后国有股占总股本的 72.2%。此次中国人寿保险股份有限公司在纽约和香港上市，全球机构配售部分的薄记总需求达 554 亿美元，相当于超额配售后发行规模的 16 倍。香港首次公开发行的总需求达 246 亿美元，相当于原定发行规模的 168 倍。

1.2.1.3　中国再保险公司股份制改革的基本情况。中国再保险公司经过重组，改为中国再保险(集团)公司。集团公司主要经营存续期间的法定分保业务、资金运用及一些政策性业务和特殊风险业务等。集团公司作为主发起人，吸收境内外资本，发起设立中国大地财产保险股份有限公司、中国财产再保险股份有限公司、中国人寿再保险股份有限公司。2003 年 12 月 22 日，中国再保险（集团）公司、中国财产再保险股份有限公司和中国人寿再保险股份有限公司正式成立。此前，中国大地财产保险股份有限公司于 10 月份开业。

1.2.1.4　国有保险公司股份制改革取得的成果。一是充实了资本金，提高了偿付能力。通过上市，中国人民财产保险股份有限公司和中国人寿股份有限公司共筹集资金折合人民币 354 亿元，大大增强了资本实力，提高了偿付能力，两家公司的偿付能力分别达到监管标准的 1.9 倍和 5.6 倍。

二是优化了股权结构。两家上市保险公司公开发行股份分别为 28%和 27.8%，中国再保险集团改制后三家股份公司外资和民营股东持股比例分别为 20%、26.3%和 44.9%。同时，引入了国际战略投资者。如中国人民财产保险股份有限公司引入了 AIG 作为战略投资者，持有首次公开发行后 9.9%的股份，并锁定 5 年。中国人寿再保险股份有限公司引入国际金融公司参股，持股比例为 7.5%。

三是三家国有公司分别聘请了国际上著名的管理咨询公司，结合公司实际设计了全新的治理结构和组织机构。原三家国有公司分别变更为集团公司或控股公司，下设专业子公司。这种组织架构既保留了各公司的整体规模优势，又实现了子公司的专业化经营，在组织机构的设置上突出以客户为导向和扁平化原则。两家上市保险公司初步建立了独立董事制度，共有 5 名独立董事。

四是摸清了家底，实现了国有资产的保值增值。三家国有保险公司广泛借助社会中介力量，进行清产核资。截至 2002 年年底，三家国有保险公司总资产 3795 亿元。中国人保将主营业务投入股份公司，进入股份公司的净资产由评估前 75 亿元增加到评估后 103 亿元，增值 28 亿元，增值率 38.2%。中国人寿将 1999 版以后的新保单业务投入股份公司，进入股份公司的净资产由评估前 280 亿元增加到评估后 296 亿元，增值 16 亿元，增值率 5.9%。中国再保险公司使用建立在原有品牌和业务基础上的认股权溢价方式，产生了 6 亿元的溢价收入，充实了集团的资本金。

五是中国人保控股公司和中国人寿保险（集团）公司设立了保险资产管理公司，对保险资金实行专业化管理和集中统一运用，在探索保险资金管理体制改革方面迈出重要步伐。

1.2.2　条款费率管理制度改革稳步推进

2003 年 1 月 1 日，在广东、深圳试点的基础上，车险条款费率管理制度改革在全国范围推开。原来由监管部门统一制定的车险条款费率，转变为各公司根据不同人群、不同车辆制定的不同条件和价格的保单，车险产品转向多样化和个性化。同时，航空意外险改革稳步推进。从 2003 年 3 月 1 日开始，各保险公司停止使用以前的航意险统颁条款，代之以由各家公司设计的条款或者行业指导性条款。保险公司必须利用电脑出单方式销售新保单。通过条款费率管理制度改革，保险公司更加尊重市场规律，注重产品开发和客户服务。保险产品种类逐步增加，费率水平趋于合理，较好地满足了社会对保险的需求。

1.2.3　保险资金运用管理体制改革取得突破

良好的资金运用管理体制对于提高投资收益率、防范资金运用风险具有重要意义。经国务院批准，中国人保控股公司和中国人寿保险(集团)公司相继成立保险资产管理公司，对保险资金实行专业化管理和集中统一运用，在探索保险资金管理体制改革方面迈出重要步伐。保险资产管理公司的设立是保险资金运用管理体制改革的新举措，适应了保险资金高度集中、统一管理、专业化运作的要求。这有利于按照资本市场的运行规律进行保险资金运用，有利于培养保险投资专业人才队伍，也使保险资金运用的业绩考核更加明确，为提高保险公司资金运用水平创造了条件。

1.2.4　行政审批制度改革深化

近年来，中国保监会按照国务院的统一部署，积极推进行政审批制度改革，在深化行政审批制度改革和转换监管职能方面取得很大进展。2003 年，在上年取消 58 项审批项目的基础上，第二批取消行政审批项目 28 项。

1.3　今后一个时期保险业改革展望

今后一个时期，必须继续加大改革力度和深度，全面推进保险业各项改革，为保险业发展提供强大的动力。保险业改革是多方面的，重点是两个方面：一方面是保险市场主体，要继续深化保险公司体制改革；另一方面是保险监管部门，要大力推进保险行政审批制度改革。

1.3.1　深化保险公司体制改革

保险公司改革是整个保险体制改革的中心环节。2003 年，中国人保、中国人寿和中国再保险三家国有保险公司的股份制改革工作基本完成。2004年，要尽快推进中华联合财产保险公司的股份制改革，全面完成国有保险公司股份制改革任务。

改制、上市只是手段，改革的目的是从根本上转换经营机制，提高内部活力和外部竞争能力。规范的股份制改造是一个艰苦甚至痛苦的过程，要下硬功夫、苦功夫。不能简单地认为，搞了股份制就可以一下子解决所有问题。十六届三中全会《决定》指出，商业银行和证券公司、保险公司、信托投资公司等要成为资本充足、内控严密、运营安全、服务和效益良好的现代金融企业，对深化保险公司体制改革提出了明确要求。无论是改制、上市后的国有保险公司，还是股份制保险公司，与现代金融企业制度的要求相比，都还有较大差距，集中表现在治理结构不完善。这已经成为影响保险公司健康发展的重要制约因素。因此，巩固和发展国有保险公司股份制改革成果，进一步完善股份公司运行机制，都必须把完善保险公司治理结构作为主要任务。这是保险公司适应社会主义市场经济体制要求的脱胎换骨的改革，是保险体制改革的真正攻坚战。

今后完善保险公司治理结构的主要任务是，进一步明确股东大会、董事会、监事会和经理层的职责，形成各负其责、协调运转、有效制衡的机制。基本思路是，以优化股权结构为基础，以加强董事会建设为核心，以形成公司内部制衡机制为主要内容，通过政府监管加强外部约束，促使保险公司真正建立起现代企业制度。

1.3.1.1　打好优化股权结构基础。从国际经验看，公司治理水平与公司股权结构的状况密切相关，优化股权结构是完善公司治理结构的基础。因此，完善保险公司治理结构要从优化股权结构入手。具体来说，主要有三种方式：一是通过定向募集的方式增资扩股。当前，许多国内外投资者看好我国保险业的发展前景，向保险业投资入股的积极性非常高。保监会将修订《向保险公司投资入股暂行规定》，为吸纳各方面资金特别是民营资本和外资进入保险业创造条件。二是采取公开发行股票的方式。目前，平安、新华等一些保险公司正在为上市进行积极的准备工作，预计今年还会有1～2家保险公司在境内外上市。三是研究探索其他的融资方式。同时，要逐步理顺保险控股公司或集团公司与股份公司的关系，既要发挥集团协同优势，又要防止出现对股份公司干预过多的问题。

1.3.1.2　加强保险公司董事会建设。按照现代企业制度的要求，董事会成员由股东大会决定,董事会选择经营管理者,因此,董事会在公司治理结构中处于十分关键的地位,是公司治理结构的核心。经合组织的《公司治理结构原则》提出,“治理结构框架应确保董事会对公司的战略性指导和对管理人员的有效监督,并确保董事会对公司和股东负责”。越来越多的企业认识到,能否拥有一个高效和专业的董事会,已经成为决定企业能否在市场竞争中取胜的重要因素。借鉴各国董事会制度的发展经验,把加强董事会建设作为完善保险公司治理结构的重点内容,研究建立完善保险公司独立董事制度,进一步增强董事会的独立性。在董事会中,独立董事应确保董事会的决定有利于维护所有股东的权益,对董事会和经理层有损中小股东利益的经营决策和经营行为进行约束,对披露信息的真实性进行监督。鼓励在保险公司董事会下建立投资、审计、核保、理赔、再保险、提名、薪酬等专门委员会,提高董事会决策的效率和质量,强化股东对董事的评价。优化董事会成员结构,加强董事教育,增强董事的责任感,避免短期行为。

1.3.1.3　完善公司内部制衡机制。建立和完善保险公司信息披露制度,提高保险公司经营的透明度,加强股东对保险公司的监督。完善保险公司高级管理人员任职资格管理办法,进一步明确保险公司董事长和总经理的职责。明确监事会职责,充分发挥监事会的作用。监事有了解保险公司经营情况的权利,保险公司应采取措施保障监事的知情权,为监事正常履行职责提供必要的协助。监事会进行财务或专项检查的结果应成为对保险公司董事和高级管理人员绩效评价的重要依据。进一步完善对经理层的激励约束机制,建立与公司绩效和个人业绩相联系的激励机制。对违反法律法规和公司章程致使公司遭受损失的高级管理人员,保险公司董事会应积极采取措施追究其法律责任。

1.3.1.4　加强对保险公司治理结构的监管。近年来许多国家和地区的保险监管部门开始逐渐重视保险公司治理结构在防范化解风险、促进保险市场稳定发展方面的积极作用。如我国香港保险监管机构在 2002 年 7 月就发布了《保险公司治理指引》,对保险公司的治理结构提出指导性要求。2004 年 1 月国际保险监督官协会颁布的《保险公司治理核心原则》强调,保险公司治理结构和决策程序是保险监管的关键组成部分。根据这一理念把政府监管与公司治理结合起来,既有利于通过监管督促保险公司不断完善治理结构,也有利于从根本上防范经营风险,提高保险监管的有效性。保监会将把促进保险公司完善治理结构,作为从源头上防范化解风险和监管创新的重要举措。2004 年,保监会将研究制定

《保险公司治理结构指引》,引导保险公司建立规范高效的内部运作机制。保监会把公司治理水平作为考核保险公司的重要指标,对公司治理结构不完善的公司进行重点监管。研究建立董事会报告制度。保险公司独立董事发现董事、高级管理人员等有违法违规行为,可向监管部门报告;监管部门把对保险公司分支机构和高级管理人员违法违规的处理信息向其董事会反馈。健全保险法律法规和相关规章制度,促使保险公司按市场化和国际化规则办事,为完善保险公司治理结构创造良好的外部环境。加强保险诚信建设,使保险公司自觉把诚信贯穿到企业经营和管理的各个环节。加强市场监管,创造统一开放、竞争有序的市场环境。

1.3.2 积极推进行政审批制度改革

十六届三中全会《决定》指出,深化行政审批制度改革,切实把政府经济管理职能转到主要为市场主体服务和创造良好发展环境上来。按照这一指导思想,保险监管部门推进行政审批制度改革的基本思路是:认真贯彻落实 2004 年 7 月 1 日出台的《行政许可法》,紧紧围绕合法、合理、效能、责任和监督的原则,不断深化保险行政审批制度改革。在审批管理理念上,体现“以民为本”的思想,强调对审批申请人的方便性和效率性,从审批申请人的角度出发设计审批办理形式;在审批管理体制上,强调审批项目设置的合法性、审批规程和标准的透明性、以及对行政审批权力的监督制约;在办理形式上,尽量采取公开式、透明式、集中式的操作。

严格按照合法、合理的原则设立新的保险行政审批事项。凡是通过市场机制能够解决的问题,应当由市场机制去解决;通过市场机制难以解决,但通过规范、公正的中介组织自律能够解决的问题,应当通过中介组织自律去解决;即使市场机制、中介机构自律解决不了,需要政府管理的,也要首先考虑通过事后的监督去解决。同时,在设立新的行政审批项目前,将充分听取审批申请人的意见,并在条件成熟的情况下,引入公开听证的机制。

制定明确、透明的审批规程,保证保险行政审批的公平、公正和公开。对拟保留的行政审批事项进行合理分类,制定出科学、规范和高效的操作规程,进一步明确行政审批事项的审批标准、审批条件、审批环节和审批时限等。做到行政审批的透明化。加快电子政务的推进速度,充分利用电子化手段处理行政审批事项,通过互联网实现信息共享,使行政审批的申请人可以明确了解保险行政审批的项目、依据、对象、程序、标准、条件、时限及审批结果等。同时,通过各种方便快捷的渠道,还可以使申请人随时掌握当前行政审批所处的进度和阶段,增强操作的透明度,促进审批效率的提高。

树立"以民为本"的思想,提高保险行政审批的方便性和高效性,强化政府监管的服务功能。在审批申请方式上,积极创造条件并建立相关制度,方便申请人及时、有效地通过邮寄、数据电文(包括电报、电传、传真、电子数据交换和电子邮件)等方式提出行政审批申请。在审批程序上,尽量减少审批环节,方便审批申请人。在具体的审批办理方式上,在有条件的情况下,逐步尝试一些新的、更加便利的办理方式,如"窗口式办公"和AB角制度等。

建立和完善行政审批监督制约机制,保证保险行政审批权力的规范行使。健全内部监督制约机制,本着职责清晰、相互制衡的原则,合理划分行政审批权力,同时明确审批人员的责任和义务,最大限度地减少审批人员的自由裁量权,严厉惩戒滥用权力和玩忽职守的行为。建立外部监督制约机制,实行政务公开,对审批行为定期进行检讨,听取审批对象的意见,设立畅通渠道接受社会质询和社会举报,充分调动社会监督力量,保证行政审批的公开、公平和公正。

2. 我国加入WTO后保险业面临的机遇与挑战

对外开放是我国一项长期的基本国策。随着我国对外开放的逐步深入,保险市场对外开放进一步扩大。特别是我国加入世贸组织后,保险业逐渐进入全面开放的新时期,形成了中外保险公司良性互动、共同发展的双赢局面。实践证明,保险市场对外开放在加快保险业发展、提高整体竞争力、促进与国际惯例接轨等方面发挥了积极作用。今后,我国保险业将继续坚持对外开放,进一步扩大对外开放的深度和广度,以开放促改革促发展。

2.1 保险业对外开放的历史、现状及展望

2.1.1 我国保险业对外开放的简要回顾

回顾我国保险业对外开放的历史发展进程,大致可划分为三个阶段:

第一阶段:从1980年至1992年。这可以看作是我国保险业对外开放的准备阶段。随着改革开放的不断深入,我国开始允许一些外国保险公司设立代表

处。这些代表处的主要职能包括:沟通母公司与中国保险业的联系;对中国保险市场进行考察、调研;举办各类保险研讨会,介绍国外保险业发展动态及经营管理经验等;为中国的保险公司培训人员;通过建立基金和向高等院校提供奖学金等形式,支持中国保险教育事业,等等。通过这些活动,外国保险公司代表处在促进中国保险业的对外交流方面发挥了积极作用,同时,也逐步了解了中国保险市场,扩大了其母公司在中国的影响,为今后进入中国保险市场开展业务打下了基础。

第二阶段: 从 1992 年到我国加入世贸组织之前。这是我国保险业对外开放的试点阶段。这个阶段开始的标志是国务院选择上海作为第一个保险对外开放的试点城市，美国友邦保险公司于 1992 年 9 月作为第一家外资保险公司在上海设立分公司。随后，有一批外国保险公司获准进入我国保险市场。1996 年加拿大宏利保险公司与原外经贸信托合资设立了我国第一家合资寿险公司 - 中宏人寿保险有限公司。外资保险公司经营的区域范围逐步扩大到广州等地。1995 年 9 月，美国友邦保险公司在广州设立分公司。到我国加入世贸组织之前，外资保险公司经营范围主要包括: 境外企业的各项保险和境内外商投资企业的财产险及与其相关的责任险，外国人和境内个人缴费的人身保险业务，以及上述两项业务的再保险。截至 2001 年年底，共有外资保险公司 29 家，其中，中外合资保险公司 16 家，外国保险公司分公司 13 家。这 10 年间，外资保险公司业务得到了较快发展，保费收入从 1992 年的 29.5 万元增加到 2001 年的 32.84 亿元。

1992 年 7 月,中国人民银行颁布了《上海外资保险机构暂行管理办法》,对外资保险公司设立的条件、业务范围、资金运用以及对外资保险公司的监管等作出了较为明确的规定,成为这一时期对外资保险公司进行管理的重要依据。2000 年,中国保监会加入国际保险监督官协会,进一步加强了我国保险业与国际保险组织的联系与合作。

第三阶段:从 2001 年底我国加入世贸组织至今。这是我国保险业逐步进入全方位对外开放的阶段。我国正式加入世贸组织,标志着我国保险业对外开放进入一个新的阶段。在我国加入世贸组织谈判过程中,保险业对外开放是一个焦点问题。根据我国加入世贸组织的对外承诺,保险业是对外开放力度较大的行业之一。加入世贸组织以来,我国保险业认真履行对外承诺,对外开放不断扩大。适应加入世贸组织的新形势,国务院于 2001 年 12 月颁布了《外资保险公司管理条例》,为进一步扩大保险市场对外开放、加强对外资保险公司的管理提供了法律依据。

2.1.2 我国加入世贸组织关于保险业对外开放承诺的主要内容

根据我国加入世贸组织对外承诺关于保险业的主要内容有经营区域、业务范围、公司组织形式、法定分保等。

2.1.2.1 经营区域。加入时,保险业对外开放地域包括上海、广州、大连、深圳和佛山;加入2年内,开放地域扩大到北京、成都、重庆、福州、苏州、厦门、宁波、沈阳、武汉和天津;加入后3年内,取消地域限制。

2.1.2.2 业务范围。加入时,允许合资寿险公司向外国公民和中国公民提供个人(非团体)寿险服务;允许外国非寿险公司跨境从事国际海运、航空和运输保险业务,允许外国非寿险公司设立的分公司或合资公司从事没有地域限制的"统括保单"和大型商业险保险业务,允许提供境外企业的非寿险业务、在华外商投资企业的财产险、与之相关的责任险和信用险服务;允许外国保险公司以分公司、合资公司或独资子公司的形式提供寿险和非寿险的再保险业务,但不允许经营法定保险业务;允许外国保险经纪公司跨境从事大型商业险经纪,国际海运、航空和运输保险经纪及再保险经纪业务,允许外国保险经纪公司设立的合资公司从事大型商业险经纪、再保险经纪以及国际海运、航空和运输险及其再保险经纪业务,同时,在国民待遇的基础上提供"统括保单"经纪业务。

加入后2年内,允许外国非寿险公司设立的分公司、合资公司和独资子公司向外国和中国客户提供全面的非寿险服务。

加入后3年内,允许合资寿险公司向中国公民和外国公民提供健康险、团体险和养老金/年金服务。

2.1.2.3 公司组织形式。加入时,允许外国寿险公司设立合资公司,外资比例不超过50%,外方可以自由选择合资伙伴;允许外国非寿险公司设立分公司或合资公司,外资比例可以达到51%;允许外国保险公司以分公司、合资公司或独资子公司的形式提供寿险和非寿险的再保险业务;允许外国保险经纪公司设立合资公司,外资比例可以达到50%。

加入后2年内,允许外国非寿险公司设立独资子公司。

加入后3年内,合资经纪公司外资比例不超过51%。

加入后5年内,允许外国经纪公司设立外商独资子公司。

2.1.2.4 法定分保。加入时,外资保险公司必须就非寿险、个人事故和健康险的基本风险的所有业务向一家指定的中国再保险公司进行20%的分保;加入后1年内,分保比例为15%;加入后2年内,分保比例为10%;加入后3年内,分保比例为5%;加入后4年内,取消强制分保。

2.1.2.5 外资公司设立条件。对外国保险公司和外国经纪公司营业许可的发放不设经济需求测试或许可数量限制。对外国保险公司发放营业许可的设立条件为:(1)投资者应为在WTO成员境内有超过30年经营历史的外国保险公司;(2)必须在中国设立代表处连续2年;(3)在提出申请前一年的年末总资产不低于50亿美元。

加入时,对外国保险经纪公司发放营业许可的设立条件为最低年末总资产为5亿美元,其他条件与寿险公司相同。加入后1年内为4亿美元,加入后2年内为3亿美元,加入后4年内为2亿美元。

2.1.2.6 关于统括保单、大型商业风险和法定保险的界定。"统括保单"指对同一法人位于不同地点的财产和责任进行统一承保的保单。统括保单只能由保险公司总公司或其授权的省级分公司的业务部门出具,其他分支机构不允许出具统括保单。

保险标的为国家重点项目的统括保单业务。保险标的为国家重点建设项目(即国家发展计划委员会每年列名和公布的项目),且投资者符合以下要求之一,可由投资单位法人所在地的保险机构以统括保单的形式办理业务。(1)保险标的的投资全部来自中国(包括在中国的外商投资企业的再投资),且投资者的投资额占总投资额的15%以上。(2)部分投资来自国外、部分投资来自中国(包括在中国的外商投资企业的再投资),且中国投资者的投资额占国内总投资的15%以上。(3)项目投资全部来自国外的,每个保险公司均可以以统括保单的形式办理该项业务。

对于涵盖同一法人的不同保险标的的统括保单。对于位于不同地点、由同一法人拥有的保险标的(不包括金融、铁路和邮电行业和企业),如符合以下条件之一,则可出具统括保单。(1)出于支付保费税的考虑,允许在投保人的法人或核算单位所在地组成的保险公司出具统括保单。(2)如保险标的50%以上的保险金额来自同一大中型城市,则位于该城市的保险公司可被允许出具统括保单,无论该投保人的法人或核算单位是否位于该城市内。机动车辆险、信用险、雇主责任险、法定险和中国保监会未包括的其他保险业务不能由保险标的的所在地以外的保险公司承保或分保,或由统括保单承保。

大型商业险指符合下列条件的对任何大型商业企业承担的保险风险:加入时,年保费总收入超过 80 万元人民币且投资额超过 2 亿元人民币;加入 1 年后,年保费总收入超过 60 万元人民币且投资额超过 1.8 亿元人民币;加入 2 年后,年保费总收入超过 40 万元人民币且投资额超过 1.5 亿元人民币。

中国的具体承诺减让表中的法定保险仅限于下列具体险种,且不再增加其他行业或产品:汽车第三者责任险、公共汽车和其他商业运载工具驾驶员和运营者责任险。

对"统括保单"和"大型商业险"定义的任何变更将与中国的具体承诺减让表及在 GATS 项下的义务相一致,以便逐步开放对这些服务部门的准入。

2.1.3 对保险业对外开放的基本评价

随着保险业对外开放的进一步扩大,对外开放的积极作用逐步发挥,并且得到了全行业的广泛认同。首先,促进了开放地区保险市场的发展。如 1992 年上海保险深度和保险密度分别为 1.63%和 138 元,2003 年达到 4.64%和 2160.5 元,分别是全国平均水平的 1.39 倍和 7.52 倍。其次,外资保险公司的进入,带来了先进的营销方式和经营管理经验。如个人营销模式给中国寿险业的销售带来巨大的变化,如今这种营销模式已被国内各寿险公司普遍采用,促进了中国寿险业的发展。2003 年,全国共有个人营销员 140 多万人,个人营销保费收入占全国人身险保费收入的 57.9%,而 1993 年个人营销机制建立以前,代理业务只占人身险业务的 5%。第三,促进了市场竞争。随着保险市场主体的不断增加,推动了市场竞争,提高了我国保险资源的配置效率。目前,外资保险公司数量已经超过中资保险公司,中资保险公司已经切身感受到外资公司竞争的压力。第四,促进了中资保险公司管理模式和经营理念的转变。包括从粗放式权力下放管理到集约式集中统一管理模式的转变,从注重资本、人力等传统生产要素投入到注重信息化技术等现代生产要素投入的转变,从注重保费规模到注重经营效益的转变,从产品观念到市场观念的转变等。

同时,对外开放也对保险业发展提出了新的挑战。对保险监管来说,加入世贸组织后,由于保险经营逐步与国际接轨,客观上要求保险监管部门相应地遵照国际惯例对保险市场进行监管。对中资保险公司来说,一方面会丢失部分市场。部分保险业务可能会从中资保险公司转向有实力、服务质量高的外资保险公司,由此引起部分市场份额向外资的转移，这将对中资保险公司形成压力，尤其是规模偏小的保险公司将受到一定的冲击。另一方面会流失一些人才。随着外资保险公司进入中国保险市场，必然增加人才的需求。外资公司凭借其在工资待遇、人事制度等方面的优势，必然要与中资公司展开人才竞争，中资公司将面临人才流失的压力。

2.2 我国保险业对外开放的现状

2003 年，保险业按照统筹国内发展和对外开放的要求，认真履行加入世贸组织的承诺，进一步扩大保险市场对外开放。

在市场准入方面，中国保监会共批准 3 家外国保险公司进入我国保险市场，批准 10 个外资保险公司营业机构开业。3 月，在养老保险的产品开发和经营管理方面有特长的瑞典斯堪的亚公共保险公司获准进入我国保险市场，与北京市国有资产管理公司合资设立寿险公司。6 月，法国安盟保险公司获准进入我国保险市场。法国安盟保险公司以经营农业和农村保险业务起家，在农业保险经营方面有成功的经验，是世界知名的经营农业保险业务的保险公司。而且安盟选择在西部地区的成都设立分公司，将在发展农业保险和开拓西部地区保险市场方面进行积极探索。9 月，德国科隆再保险公司获准进入我国保险市场，这是第三家进入我国保险市场的外资再保险公司。2003 年 10 月 10 日，保监会批准中国粮油食品进出口（集团）有限公司与怡安保险（集团）公司合资成立中怡保险经纪有限责任公司。这是外国保险经纪公司第一次获准在我国设立营业机构。

外资保险公司业务范围和经营区域进一步扩大。允许外国非寿险公司在华设立独资子公司，允许在华外资非寿险公司向国内客户提供除法定业务外的全部非寿险服务，对外开放城市增加到 15 个。与此同时，我国保险业对外交流与合作得到加强，成功获得国际保险监督官协会 2006 年年会举办权。

截至 2003 年年底，我国共有外资保险公司 37 家，共设立了 62 个营业机构。按公司组织形式分，中外合资保险公司 19 家，外国保险公司分公司 18 家；按业务范围分，寿险公司 20 家，产险公司 14 家，再保险公司 3 家（附件：外资保险公司开业筹备情况一览表）。有 6 家中资保险公司吸引外资参股（表 2—1：中资保险公司外资参股情况一览表）。此外，中国人民财产保险股份有限公司和中国人寿保险股份有限公司两家公司在境外上市，公开发行股票比重分别为 28% 和

27.8%。有 19 个国家和地区的 128 家外资保险机构在华设立了 192 个代表机构和办事处。

2003 年，外资公司保费收入占我国市场份额 1.73%。其中，财产险保费收入 9 亿元，市场份额为 1.04%；人身险保费收入 58.3 亿元，市场份额为 1.94%。2003 年，外资产、寿险公司在上海地区市场份额分别达到 8.87%和 14.08%，在广州地区市场份额分别达到 2.55%和 16.70%。截至 2003 年年底，外资公司总资产 197.8 亿元，占我国保险公司总资产的 2.17%。

表 2—1　中资保险公司外资参股情况一览表

保险公司名称	外资股东名称	参股比例
中国平安保险(集团)股份有限公司	摩根士丹利毛里求斯投资控股有限公司	6.87%
	高盛集团有限公司	6.87%
	汇丰保险控股有限公司	10.00%
	小计	23.74%
新华人寿保险股份有限公司	苏黎士保险公司	10.00%
	国际金融公司	6.00%
	日本明治生命保险公司	4.50%
	荷兰金融发展公司	4.40%
	小计	24.90%
泰康人寿保险股份有限公司	瑞士丰泰人寿保险公司	10.00%
	新政泰达投资有限公司	8.33%
	卢森堡洛易银行	5.67%
	软库集团	1.00%
	小计	25.00%
华泰财产保险股份有限公司	安达天平再保险有限公司	10.00%
	安达北美洲保险控股公司	6.13%
	安达美国控股公司	6.00%
	小计	22.13%

续表

保险公司名称	外资股东名称	参股比例
太平人寿保险有限公司	中保国际控股有限公司	50.05%
	金柏国际投资有限公司	12.45%
	富通国际股份有限公司	12.45%
	小计	74.95%
太平保险有限公司	中保国际控股有限公司	30.05%
	中国工商银行(亚洲)有限公司	24.99%
	小计	55.04%

2.3 我国保险业对外开放展望

根据我国加入世贸组织的承诺，2004 年底前保险业将全面对外开放，保险业将在更高领域和更深层次参与国际保险市场的竞争与合作，充分利用国际国内两个市场、两种资源，逐步加快与国际接轨的步伐，不断提高保险国际化水平。

2.3.1 认真履行加入世贸组织的承诺

按照承诺的时间进度和开放范围，逐步取消外资保险公司经营地域限制，允许外资保险公司向居民个人提供健康险、团体险和养老金(年金)服务。到 2004 年年底，寿险除外资比例不超过 50%及设立条件限制外，对外资没有其他限制；非寿险除设立条件外，对外资没有其他限制；法定再保险比例降为 5%。

2.3.2 完善保险市场对外开放的制度保障

按照市场经济和世贸组织规则的要求，统筹国内保险市场发展与对外开放。形成对外资保险公司稳定、透明的监督管理体制，创造公平和可预见的法制环境，确保各类市场主体在保险市场中的自主权和平等地位。制定与《外资保险公司管理条例》配套的各项规章制度，完善对外资保险公司进行管理的法律法规。

2.3.3　充分发挥外资保险公司的作用

认真研究和跟踪国际保险市场的发展趋势，加强对外国保险公司市场准入的引导，不断提高保险市场对外开放的水平。在业务经营方面，重点引进在健康保险、农业保险、巨灾保险和资产管理等方面有专长的外国保险机构，带动相关领域保险业务的发展，促进我国保险业产品结构的调整和优化。在经营区域方面，鼓励和支持外资保险公司到我国西部和东北老工业基地等地区开展保险业务，加快中西部和东北老工业基地等地区保险业的发展，促进我国保险市场区域结构的调整。在引进外资的同时，重点学习借鉴外国保险公司先进的经营理念、管理经验、技术手段和运作方式，加快与国际接轨的步伐。

2.3.4　增强参与国际合作和竞争的能力

鼓励国内保险公司充分利用保险市场扩大开放的有利时机，增强开拓市场、技术创新和培育自主品牌的能力。允许具备条件的中资保险公司到国际资本市场融资，通过资本运作等多种方式，主动参与国际竞争。支持国内保险公司“走出去”战略。从外部环境看，中资保险公司走向海外市场具备了一定的有利条件。我国经济和对外贸易保持了较快增长的良好势头，以海尔、TCL、中兴通讯为代表的一批中资企业已经在海外设立工厂，可以成为中资保险公司开拓海外市场的客户资源。从保险公司自身条件看，一些保险公司积极为拓展海外市场做准备。同时，中国保险（控股）有限公司长期在海外经营，积累了一定的经验，具备了一定的国际竞争能力。截至 2003 年年底，中资保险公司在港澳、东南亚、欧洲和北美地区，共设立了 39 个保险营业机构和 9 个代表处。可见，中资保险公司走向海外市场面临着难得的机遇。

附件

外资保险公司开业筹备情况一览表（截至2003年）

业务类型	组织形式	国家（地区）	境外保险公司名称	在华外资保险公司及营业机构名称	开业（筹备）	设立时间（筹备时间）	注册资本或营运资金	备注
寿险	外资保险分支公司	美国	美国国际集团下属友邦保险有限公司 AIA	美国友邦保险有限公司 上海分公司	开	1992.09.25	1亿人民币	
寿险	外资保险分支公司	美国	美国国际集团下属友邦保险有限公司 AIA	美国友邦保险有限公司 广州分公司	开	1995.09.21	2亿人民币	
寿险	外资保险分支公司	美国	美国国际集团下属友邦保险有限公司 AIA	美国友邦保险有限公司 深圳分公司	开	1999.09.17	1亿人民币	
寿险	外资保险分支公司	美国	美国国际集团下属友邦保险有限公司 AIA	美国友邦保险有限公司 佛山支公司	开	1999.09.29	无要求	隶属于广州分公司
寿险	外资保险分支公司	美国	美国国际集团下属友邦保险有限公司 AIA	美国友邦保险有限公司 北京分公司	开	2002.05.21	2亿人民币	
寿险	外资保险分支公司	美国	美国国际集团下属友邦保险有限公司 AIA	美国友邦保险有限公司 苏州分公司	开	2002.07.01	2亿人民币	
寿险	外资保险分支公司	美国	美国国际集团下属友邦保险有限公司 AIA	美国友邦保险有限公司 江门支公司	开	2002.07.25	无要求	
寿险	外资保险分支公司	美国	美国国际集团下属友邦保险有限公司 AIA	美国友邦保险有限公司 东莞支公司	开	2002.07.25	无要求	
寿险	合资公司	美国	安泰保险有限公司 Aetna	太平洋安泰人寿保险有限公司（上海·总公司）	开	1998.09.29	5亿人民币	与太保合资（外方股份50%）安泰国际业务已被荷兰ING收购
寿险	合资公司	美国		太平洋安泰人寿保险有限公司 广州分公司	（筹）		无要求	
寿险	合资公司	美国	恒康保险公司 John Hancock	恒康天安人寿保险有限公司（上海·总公司）	开	2000.11.15	2亿人民币	与天安保险合资（外方股份50%）
寿险	合资公司	美国	全美人寿保险公司 Transamerica Occidental Life	海康人寿保险有限公司（上海·总公司）	开	2003.04.03	3亿人民币（20040315批准其从2亿增至3亿	与中海油合资（外方股份50%）已被荷兰全球人寿公司收购

续表

业务类型	组织形式	国家（地区）	境外保险公司名称	在华外资保险公司及营业机构名称	开业（筹备）	设立时间（筹备时间）	注册资本或营运资金	备注
寿险	合资公司	美国	大都会人寿保险公司 Metropolitan Life Insurance Company	中美大都会人寿保险有限公司（北京·总公司）	（筹）		5亿人民币	首都机场（外方股份50%）
			信诺北美人寿保险公司 CIGNA	招商信诺人寿保险有限公司（深圳·总公司）	开	2003.07.25	2亿人民币	与深圳鼎尊投资合资（外方股份50%）
			纽约人寿保险公司 New York Life International Inc.	海尔纽约人寿保险有限公司（上海·总公司）	开	2002.11.15	2.4亿人民币	与海尔合资（外方股份50%）
寿险	合资公司	加拿大	宏利保险有限公司 Manulife	中宏人寿保险有限公司（上海·总公司）	开	1996.11.08	5亿人民币	与原外经贸信托合资（外方股份51%）
				中宏人寿保险有限公司广州分公司	开	2002.10.16	无要求	股比不变
				中宏人寿保险有限公司北京分公司	（筹）	（2003.09.24）	无要求	
			永明人寿保险公司 Sun Life	光大永明人寿保险有限公司（天津·总公司）	开	2002.03.26	5亿人民币	与光大合资（外方股份50%）
				光大永明人寿保险有限公司北京分公司	（筹）	（2003.09.24）	无要求	
		德国	安联保险公司 Allianz	安联大众人寿保险有限公司（上海·总公司）	开	2001.09.24	2.5亿人民币	与上海大众保险合资（外方股份51%）
		法国	安盛保险公司 AXA	金盛人寿保险有限公司（上海·总公司）	开	1999.04.07	5亿人民币	与五矿下属中国外贸金融租赁合资（外方股份51%）

续表

业务类型	组织形式	国家（地区）	境外保险公司名称	在华外资保险公司及营业机构名称	开业（筹备）	设立时间（筹备时间）	注册资本或营运资金	备注
寿险	合资公司	法国		金盛人寿保险有限公司广州分公司	开	2003.08.20	无要求	股比不变
			法国国家人寿保险公司 CNP S. A.	名称、地点待定（总公司）	（筹）	（2001.09.24）		拟与国家邮政局合资（外方股份 50%）
		英国	保诚集团 Prudential	信诚人寿保险有限公司（广州·总公司）	开	2000.09.18	5 亿人民币	与中信合资（外方股份 50%）
				信诚人寿保险有限公司北京分公司	开	2003.08.08	无要求	
			商联保险有限公司 Aviva	中英人寿保险有限公司（广州·总公司）	开	2002.12.04	5 亿人民币	与中粮集团合资（外方股份 50%）
			标准人寿保险公司 Standard Life Assurance Company	恒安标准人寿保险有限公司（天津·总公司）	开	2003.11.25	13.02 亿人民币	与天津泰达控股合资（外方股份 50%）
寿险	合资公司	澳大利亚	康联保险公司 CMG	中保康联人寿保险有限公司（上海·总公司）	开	2000.06.14	2 亿人民币	与中国人寿合资（外方股比 49%）
		意大利	忠利保险有限公司 Generali	中意人寿保险有限公司（广州·总公司）	开	2002.01.10	5 亿人民币	与中油财务合资（外方股比 50%）
				中意人寿保险有限公司北京分公司	（筹）		无要求	
		日本	日本生命保险公司 Nippon	广电日生人寿保险有限公司（上海·总公司）	开	2003.09.02	3 亿人民币	与上海广电合资（外方股比 50%）

续表

业务类型	组织形式	国家（地区）	境外保险公司名称	在华外资保险公司及营业机构名称	开业（筹备）	设立时间（筹备时间）	注册资本或营运资金	备注
寿险	合资公司	荷兰	荷兰保险有限公司 ING	首创安泰人寿保险有限公司（大连·总公司）	开	2002.11.01	5亿人民币	与首创集团合资（其中外方股比占50%）
		瑞典	斯堪的亚公共保险有限公司 Scandia	瑞泰人寿保险有限公司（北京·总公司）	开	2003.12.08	2亿人民币	与北京市国有资产经营有限责任公司（外方股比50%）
产险	外国保险公司分支公司	美国	美国国际集团下属美亚保险公司 AIU	美国美亚保险公司 上海分公司	开	1992.09.25	1亿人民币	
				美国美亚保险公司 广州分公司	开	1995.09.21	1亿人民币	
				美国美亚保险公司 深圳分公司	开	1999.09.17	1亿人民币	
				美国美亚保险公司 佛山支公司	开	1999.09.29	无要求	
			联邦保险股份有限公司 Federal Insurance Company	联邦保险股份有限公司上海分公司	开	2000.08.02	1亿人民币	原名丘博保险公司
			利宝互助保险公司 Liberty MutualInsurance Company	利宝互助保险公司重庆分公司	开	2003.11.07	2亿人民币	
		日本	东京海上火灾保险公司 The Tokyo Marine and Fire Insurance Company Limited	东京海上火灾保险公司上海分公司	开	1994.07.03	2亿人民币	
				东京海上火灾保险公司上海分公司长宁支公司	开	2002.12.24	无要求	
			三井住友海上火灾保险公司 Mitsui Sumitomo Insurance Co. Ltd.	三井住友海上火灾保险公司上海分公司	开	2001.04.24	2亿人民币	

续表

业务类型	组织形式	国家（地区）	境外保险公司名称	在华外资保险公司及营业机构名称	开业（筹备）	设立时间（筹备时间）	注册资本或营运资金	备注
产险	外国保险公司分支公司	日本	日本财产保险公司 Sompo Japan Insurance Inc.	日本财产保险公司大连分公司	开	2003.05.15	2亿人民币	
		瑞士	丰泰保险（亚洲）有限公司 Winterthur Insurance （Asia） Limited.	丰泰保险（亚洲）有限公司上海分公司	开	1996.11.08	1亿人民币	注：丰泰亚洲保险49%股份已转让给保利集团在港下属企业，目前仍在进一步调整中
			苏黎世保险公司 Zurich Insurance Company	名称、地点待定（总公司）	（筹）	（2001.09.24）		
		英国	皇家太阳联合保险公司 Royal and Sun Alliance Insurance PLC	皇家太阳联合保险公司上海分公司	开	1998.09.18	1亿人民币	
		韩国	三星火灾海上保险有限公司 Samsung Fire And Marine Insurance Co. Ltd.	三星火灾海上保险有限公司上海分公司	开	2001.04.24	1亿人民币	
产险	外国保险公司分支公司	香港	香港民安保险有限公司 The Min An Insurance Company (Hong Kong) Limited	香港民安保险有限公司 深圳分公司	开	1981.12.04	5亿人民币	
				海口分公司	开	1988.10.10	320万人民币	
				宝安支公司	开	2002.07.26	无要求	
				福田支公司	开	2002.07.26	无要求	
				罗湖支公司	开	2002.07.26	无要求	
				南山支公司	开	2002.07.26	无要求	
				龙岗支公司	开	2002.07.26	无要求	
				盐田支公司	开	2002.07.26	无要求	

续表

业务类型	组织形式	国家(地区)	境外保险公司名称	在华外资保险公司及营业机构名称	开业(筹备)	设立时间(筹备时间)	注册资本或营运资金	备注
产险	外国保险公司分支公司	香港	中银集团保险有限公司 Bank of China Group Insurance Co. Ltd.	中银集团保险有限公司深圳分公司	开	2001.10.31	5亿人民币	
		德国	安联保险公司 Allianz	安联保险公司广州分公司	开	2002.12.18	2亿人民币	
		法国	法国安盟保险公司 Gan. S. A.	法国安盟保险公司成都分公司	(筹)	(2003.06.09)		
再保险	外国保险公司分支公司	德国	慕尼黑再保险公司 Munich Reinsurance Company	慕尼黑再保险公司北京分公司	开	2003.06.27	3亿人民币	
		瑞士	瑞士再保险公司 Swiss RE.	瑞士再保险公司北京分公司	开	2003.09.15	3亿人民币	
		德国	德国科隆再保险公司 Cologne RE. Company PLC.	名称、地点待定(总公司)	(筹)	(2003.09.24)		

第三章

法制篇

1. 我国保险法制建设的历史回顾

我国的保险法制建设，一方面作为国家法制建设的有机组成部分，与我国整个法制建设进程命运与共，另一方面作为保险工作的重要方面，与保险业的改革发展息息相关，经历了一个曲折发展、艰难前进的历史过程。中华人民共和国成立以后，在保险事业五十多年的发展过程中，保险法制建设大致可分为以下几个阶段。

1.1　初创阶段（1949～1958 年）

自 1949 年中国人民保险公司成立至 1958 年停办国内保险业务这十年时期，国家先后颁布了一系列保险法律法规。如 1951 年颁布的《关于实行国家机关、国营企业、合作社财产强制保险及旅客强制保险的决定》、《财产强制保险条例》、《船舶强制保险条例》、《铁路车辆强制保险条例》、《轮船、铁路、飞机三方面旅客意外伤害强制保险条例》，1957 年颁布的《公民财产自愿保险办法》等，对保险对象、保险期限、保险金额、保险费、保险责任、除外责任和保险金的给付等保险活动的各个环节作了详细规定。基于当时历史条件下的经济管理思想和立法模式，这些规定大都由中央人民政府或经济主管部门作出，兼具行政命令和法律规范两种特征。这些规定或办法构成了当时政府管理保险活动，保险公司经营保险业务的主要政策、法律依据，一方面使国有保险公司以强制保险的方式迅速占领了保险市场，大大促进了新中国保险事业的发展，另一方面开创了新中国保险法制建设的先河。

1.2　停滞阶段（1958～1978 年）

1958 年开始直至十年动乱的将近 20 年期间，国家的整个法制建设遭受较大破坏,保险立法也完全停滞。由于国内保险业务逐步停办,保险法律在客观上丧失了存在的基础,因此原有的保险法律规定事实上处于完全废止的状态。

1.3 发展阶段(1978 年以后)

党的十一届三中全会以后,国家的经济建设全面恢复,保险事业也获得了新生。伴随保险事业的恢复发展和国家法制建设的不断加强,保险法制建设也得到了较快发展。保险立法在两个方面得到加强:一方面是把保险行为作为一种民事合同行为,在意思自治的前提下予以规范;另一方面是把保险经营作为一种需要管制的社会经济活动,在依法行政的前提下进行监督管理。以《保险法》为标志,这个阶段的保险法制建设又分为《保险法》颁布之前和《保险法》颁布之后两个时期。

1.3.1 《保险法》颁布之前

在规范保险合同行为方面,1981 年 12 月 13 日,第五届全国人民代表大会通过了《中华人民共和国经济合同法》,该法第二十五条对财产保险合同作了原则性的规定。这是新中国成立后第一部与保险有关的真正意义的法律。为配合《经济合同法》的实施,国务院于 1983 年 9 月 1 日颁布了《中华人民共和国财产保险合同条例》,这是新中国成立以后第一部调整保险合同关系的专门立法。该条例共 5 章 23 条,基本具备了保险合同法的框架,适应了当时保险业发展的需要。1992 年 11 月 7 日,第七届全国人民代表大会常委会第二次会议通过《中华人民共和国海商法》,该法对海上保险合同行为作了比较详细和明确的规定。

在规范保险经营和保险监管方面,1985 年 3 月 3 日,国务院颁布了《保险企业管理暂行条例》,该条例共 6 章 24 条,对保险企业的性质、组织、资本金、准备金和再保险等事项进行了规定。同时,该条例规定中国人民银行为保险业的监管机关,负责批准保险费率、规定保险合同的保险范围和条款、批准设立保险公司、监督管理保险业的活动、检查保险企业营运和财务状况以及对违法的保险企业进行处罚等。这是我国专门针对保险经营活动的第一部行政法规,是保险监管的主要法律依据。在保险监管实践中,中国人民银行作为当时的保险监管部门,依据《保险企业管理暂行条例》等,制定了一系列保险监管规章和规范性文件。

总的来看,在《保险法》颁布之前,为适应加强保险业的监管、维护保险市场秩序、促进保险业健康发展的需要，国家先后出台了一系列规范保险活动和保险监管的法律法规。但由于这一时期我国保险市场还处于起步发展阶段，市场主体单一，保险经营范围有限，保险监管工作比较薄弱，因此，尚未形成一套较为完整的保险法律法规。

1.3.2　《保险法》颁布之后

1995 年 6 月 30 日，《保险法》在八届全国人大常委会第十四次会议上获得通过，同年 10 月 1 日起实施，是建国以来的第一部保险法。作为保险业的基本法律，《保险法》的颁布实施，从根本上结束了我国长期以来保险立法支离破碎、很多方面无法可依的局面，对规范保险活动，保护当事人的合法权益，加强对保险业的监管，促进保险业健康发展，起到了十分重要的作用。

《保险法》的颁布实施是中国保险法制史上一个具有分水岭意义的事件，标志着我国保险业进入有法可依、依法经营、依法监管的新阶段。《保险法》颁布以后，为配合《保险法》的施行，中国人民银行相继制定了一系列配套的规章制度。特别是 1998 年 11 月中国保监会正式成立后，根据市场发展的实际情况，对保险监管制度和保险业的行为规范做了整理、修改和补充，相继出台了一系列规章和规范性文件。

2. 我国保险法制建设的现状

2.1　保险法制体系建设的基本情况

经过多年的立法努力，特别是随着《保险法》以及一系列保险法规制度相继颁布实施，一个以《保险法》为主体，相关法规、规章和规范性文件为补充的较为完备的保险法律法规体系初步形成。在这个法律体系中，除法律、行政法规和规章之外，保险监管部门和其他相关主管机构颁布的规范性文件在保险实践中起着很大的作用。此外，有关保险的司法解释也起着事实上的规范作用。

2.1.1　保险法律

2.1.1.1　《保险法》及其修改。1995 年颁布实施的《保险法》共 8 章 152 条，将保险合同法和保险业法合二为一，对保险合同、保险公司、保险经营行为、保险监管、保险违法行为处罚等许多方面作出较为详细系统的规定。《保险法》是调整保险活动中保险人与投保人、被保险人以及受益人之间法律关系的重要民商事法律,也是国家对保险企业、保险市场实施监督管理的基本法律。《保险法》对保险合同及保险监管规定的要点主要有以下几个方面:一是总则部分,规定了《保险法》的立法目的、保险活动的一般原则和执法主体等。二是保险合同法部分规定了保险合同的订立、变更和解除,投保人的告知义务与保险人的说明义务,投保人、被保险人及受益人在保险事故发生后的通知与配合义务,保险事故理赔,保险金请求权的时效,保险合同争议解释规则,再保险,财产保险合同和人身保险合同的特殊规定等。三是关于保险公司的规定,主要包括保险公司的组织形式,保险市场准入,设立保险公司的条件、程序及保险公司事项变更,保险公司组织机构,保险公司的撤销、清算和破产等。四是保险经营规则,主要包括保险公司业务范围,保险责任准备金、公积金和保险保障基金,保险公司偿付能力,保险资金运用,保险公司及其工作人员行为规范。五是关于保险业监督管理的规定,主要包括条款费率管理,保险监管部门检查权和对保险公司的整顿、接管,保险公司财务管理。六是关于保险代理人和保险经纪人的规定。七是对保险违法行为的处罚规定。八是有关法律适用和立法授权等方面的附则。

《保险法》起草于 90 年代上半期,当时我国刚刚确立社会主义市场经济体制的改革目标,处于从计划经济向市场经济过渡的阶段。随着我国社会主义市场经济体制改革的深化,经济社会发展和对外开放步伐的加快,保险业发展的内部情况和外部环境都发生了深刻变化。基于这些变化,2002 年,全国人大常委会对《保险法》进行了修改。修改工作贯穿了以下几个指导思想:一是履行入世承诺;二是加强对被保险人利益的保护;三是强化保险监管;四是支持保险业的改革和发展;五是促进保险业与国际接轨。修改的重点内容是《保险法》中的业法部分,对保险合同法部分未作实质性修改。从修改结果来看,这次修改共涉及原《保险法》中的 33 个条文,把其中的两条合并为一条,另外增加了 6 个条文,使《保险法》增加到 158 条。归纳起来,修改内容主要集中在以下一些方面:一是修改了保险条款费率管理的有关内容,取消了由监管部门制定条款费率的规定;二是扩大了财产保险公司的业务范围,将短期健康保险和意外伤害保险列为产、寿险公司都可以经营的险种;三是突出了有关偿付能力监管的规定,授权监管机构制定相关的具体办法;四是修改和完善了保险中介尤其是保险代理人代理行为方面的有关规定;五是对保险资金运用的禁止性规定作了适当修改；六是增加规定了保险监管机构对保险公司在金融机构存款的查询权；七是修改了罚则部分，增加了对保险违法行为的处罚手段，加大了惩治力度；八是取消了法定再保险。

2.1.1.2　其他法律中涉及保险的专门规范。除《保险法》之外，《海商法》和《刑法》中设有关于保险方面的条文。《海商法》第十二章“海上保险合同”部分共41个条文，主要内容包括海上保险合同的一般规定、海上保险合同的订立、解除和转让、被保险人的义务、保险人的责任、保险标的的损失和委付、保险赔偿的支付等几个方面。《刑法》第一百八十三条对保险公司工作人员虚假理赔骗取保险金，第一百九十八条对保险诈骗等保险犯罪行为规定了相应的刑罚处罚。

除了专门的保险立法之外，保险作为一种民商事行为和社会经济活动，保险监管作为一种政府行政行为，还要受许多相关法律的规范和约束。如《合同法》对保险合同行为的规范作用，《公司法》对保险公司的规范作用，行政复议、行政处罚和行政许可等方面的法律对保险监管行为的规范作用等。

2.1.2　保险行政法规

在保险行政法规层次，80年代国务院颁布的《财产保险合同条例》和《保险企业管理暂行条例》现已失效。保监会成立以来，代国务院起草了三部行政法规，包括《外资保险公司管理规定》、《保险违法行为处罚办法》和《机动车第三者责任强制保险条例》。

为了适应加入WTO以后的保险业的发展形势，加强和改进对外资保险公司的监督管理，在中国人民银行1992年制定的《上海外资保险机构暂行管理办法》的基础上，国务院制定了《中华人民共和国外资保险公司管理条例》。该条例经国务院第49次常务会议讨论通过，2001年12月12日颁布，2002年2月1日实施。条例共7章40条，对外资保险公司的设立与登记条件、业务范围、监督管理、中止和清算、法律责任等方面制定了详细的规定，是我国第一部关于外资保险公司监督管理的行政法规。但是，《条例》的规定比较原则，某些规定需要进一步明确和细化，目前，保监会正在制定实施细则。

此外，保监会代为起草的《保险违法行为处罚办法》和《机动车第三者责任强制保险条例》草案已上报至国务院。

2.1.3　保险行政规章及规范性文件

保监会成立近五年来，对人民银行制定的规章和规范性文件进行了系统的清理和修订，同时制定了一系列部门规章和规范性文件，对保险公司的机构准入、高级管理人员、保险产品、偿付能力、市场行为、资金运用、保险中介以及保险监管的规章制定程序、检查处罚程序、保险行政复议程序等作出了比较全面详细的规定，已经形成了较为完整的体系。此外，一些相关管理部门也制定了一些规范保险经营行为的规章制度，如财政部制定了《保险公司会计制度》、《保险公司财务制度》，国家税务部门制定了关于保险企业税收方面的规定等。

大致来看，现行的规章和规范性文件可以分为以下几类：

2.1.3.1　综合性规章。2000 年 1 月 3 日，保监会在人民银行制定的《保险管理暂行规定》的基础上，重新制定了《保险公司管理规定》。该规定共 10 章 119 条，分别对保险机构、保险经营、保险条款费率、保险资金运用、偿付能力、再保险及监管部门的监督检查等做了具体规定，其中，有关保险公司及其派出机构的设立、变更等方面的规定较为详细。《保险公司管理规定》是保险法律体系中除了《保险法》以外，对保险业影响比较大和规定比较全面、具体的法律文件。在定位上，这个规定实际上是对《保险法》后半部分即保险业法部分的具体细化，对保险监管的主要领域进行原则规定，是保险监管的基本规章，具备“一般法”的特征。相对而言，其他具体的业务监管规章和规范性文件是该监管领域更具体、详细、操作性更强的监管文件，属于“特别法”。在规范效力上，《规定》具备一般的指导作用，在每个监管领域，各具体的业务监管规章和规范性文件优先适用，但其内容不能与《规定》的原则精神相冲突，条件成熟时，可以将其上升为行政法规，作为《保险法》业法部分的实施细则。

为履行我国加入 WTO 的对外承诺，2002 年 3 月 15 日，保监会下发了《关于修改〈保险公司管理规定〉有关条文的决定》，对《保险公司管理规定》进行了 9 处修订。但随着保险市场的发展和监管实践经验的积累，该规章中的许多规定仍不适应情况的变化，需要作系统性的全面修改。

2.1.3.2　关于高级管理人员任职资格管理。对保险公司的高级管理人员做一定的资格要求并进行任职前的资格审查管理，是基于金融保险行业审慎监管审慎经营的特点而实行的。这种做法符合国际金融监管的惯例。实践证明，这种管理方式对规范金融保险经营秩序，防范化解风险起到了非常重要的作用。但如何进行这种管理还需要在监管实践中不断摸索。保监会对保险公司高级管理人员进行管理的主要思想和方式集中体现在《保险公司高级管理人员任职资格管理规定》中。该规定由总则、任职资格条件、任职资格审核与管理、任职资格取消、附则等 5 章组成，共 35 条。对保险公司高级管理人员的范围、任职资格条件、管理和处罚等方面进行了明确规定，使保险监管机构对保险公司高级管理人员的管理有了比较明确的依据。2003 年，保监会发布了《关于修改〈保险公司高级管理人员任职资格管理规定〉有关条文的决定》，对规定进行了必要的修改。

2.1.3.3 关于保险产品管理。按照《保险法》的要求，保监会应当对保险产品进行监管，这种监管主要表现在对保险条款费率实行审批和备案管理上。除《保险法》修改之前保监会制定的一系列具体险种的统颁条款之外，根据《保险法》的授权，保监会制定了《财产保险条款费率管理暂行办法》、《人身保险产品备案管理暂行办法》、《关于下发有关精算规定的通知》、《分红保险管理暂行办法》、《投资连结保险管理暂行办法》等多个部门规章，并先后发布了《关于放开短期意外保险费率及简化短期意外险备案手续的通知》等一系列规范性文件。这些关于保险产品的管理规定是保险法律体系的主要组成部分，数量最多，内容最详细，全面反映了保险产品监管的主要思路和方式。随着条款费率管理体制改革的推行，监管部门对保险产品的监管理念和方式已经发生很大变化，目前需要对这些规章进行较为系统的整理，出台新的统一的保险产品的管理规范。

2.1.3.4 关于偿付能力监管。对保险公司偿付能力的监管体现在一系列规章之中。《保险公司管理规定》对保险公司的偿付能力及偿付能力额度作了原则性规定。2001 年，保监会制定《保险公司最低偿付能力及监管指标管理规定》，这是我国第一个比较系统全面的关于偿付能力监管的保险规章。此外，财政部制定的《保险公司财务制度》对保险公司的责任准备金提取也作过相应的规定。但总的来说，对偿付能力方面的监管立法需要加强。2003 年，保监会对《保险公司最低偿付能力及监管指标管理规定》进行了修改，并更名为《保险公司偿付能力额度及监管指标管理规定》。该规定进一步明晰了偿付能力额度的监管方法，调整了保险公司监管指标，梳理了偿付能力额度和监管指标的措施。其主要内容包括四个方面：一是最低偿付能力额度的确定；二是实际偿付能力额度的确定；三是财险公司和寿险公司的监管指标；四是偿付能力额度和监管指标的管理。新规定在上述四个方面对原有的监管规定进行了细化和修订。

2.1.3.5 关于保险中介监管。有关保险中介管理的规范内容主要体现在《保险公估机构管理规定》、《保险代理机构管理规定》、《保险经纪公司管理规定》、《保险兼业代理管理暂行办法》等几个规章和一系列规范性文件之中。这些规章和规范性文件确立了保监会对中介机构的设立审批和对保险代理人、经纪人、公估人进行资格考试并实行执业资格管理的一系列具体制度。但由于中介市场发展变化很快,这些规定的许多内容已经不符合实际情况的需要,应当进行修改。

2.1.3.6 关于再保险监管。与对直接保险的监管相比,除对再保险经营机构的设立较严格以外,我国对再保险业务的监管一直处于较为宽松的状况。在法定分保制度存在的情况下,保监会制定了《关于印发〈法定分保条件〉的通知》,就有关法定分保事项作了比较细致的规定,使法定分保制度得到较好的贯彻执行。根据入世承诺,我国实行的20%的法定比例分保制度将逐年减少并最终取消,随着这一制度的消亡,《关于〈印发法定分保条件〉的通知》也必然随之废止。根据培育和发展我国再保险市场的需要,2002年,保监会制定了《再保险公司设立规定》。规定对设立再保险公司的条件、程序和再保险公司的业务范围等作了详细规定,对我国再保险市场的发展和对外开放起到了一定的积极作用。但从目前的立法来看,有关再保险业务方面的监管规定还是空白。

2.1.3.7 关于保险资金运用监管。保险资金运用是保险业务的重要内容,对保险资金运用的监管也是保险监管的重点之一。但目前有关保险资金运用的规章和规范性文件并不多,仅有《保险公司投资证券投资基金管理暂行办法》等10余个规范性文件。随着保险资金运用体制改革的推进和保险资金运用渠道的放开,特别是保险资产管理公司的设立,需要加快有关保险资金运用方面的立法。

2.1.3.8 关于监管职责和行政程序的规定。为了依法高效行使保险监管职权,保监会制定了《中国保监会派出机构监管职责暂行规定》、《保险规章制定程序办法》、《中国保险监督管理委员会行政复议办法》等一系列规章和规范性文件,这些规定也是保险立法的重要组成部分。

2.1.3.9 其他规章和规范性文件。除前述的监管规章和规范性文件之外,目前有效的、较为重要的规章还有《保险营销服务部管理办法》、《向保险公司投资入股暂行办法》、《外资保险机构驻华代表机构管理办法》、《人身保险新型产品信息披露管理暂行办法》、《保险监管报表管理暂行办法》等,这些监管规章在监管实践和保险经营中发挥着比较重要的作用。

2.1.4 保险司法解释

最高人民法院在指导各地方法院审理保险合同纠纷案件的过程中,就一些具体案件的司法适用问题曾经作出了一些批复。这些批复虽然只是针对个案中涉及的问题，在我国的法律环境下并非直接的法律规范，但这些具有司法解释性质的批复在指导司法判决方面具有不可否认的作用，从而对保险当事人的行为具有一定的规范作用。目前最高人民法院所作的有关保险的司法意见批复共有19件。同时，对《保险法》的系统性司法解释工作也正在进行之中。

2.1.5 地方性保险法规和规章

各地在管理地方社会经济，推进保险业发展的过程中，制定了一些地方性的保险法规和规章。特别是有关机动车辆第三者责任强制保险和其他一些公共责任强制保险方面的法规或规章。这些法规或规章对相关保险业务的开展起到了积极的推动和规范作用。

2.2 2003年的保险立法情况

2003年是新《保险法》正式实施的第一年。总体来看，2003年没有新的法律和行政法规层面的保险规范出台，但为了配合新《保险法》的实施，保监会制定一系列监管规章制度，保险法制建设取得了显著的成绩。2003年，保监会共发布了76个具有规范指导意义的监管文件。其中，制定了1个新的规章，修订了2个规章，制定或修订了32个规范性文件，另有41个针对监管具体问题的批复和通知，对指导保险经营等具有一定的规范指导作用。2003年制定并实施的主要规章和规范性文件如下：

(1)《保险业突发事件应急处理规定》。为了充分做好重大的突发性灾害事故的应急准备，确保发生突发事件时保险业的正常稳健经营，及时有效地发挥保险业在重大突发事件发生时应当发挥损失补偿和社会管理的功能，必须建立一套科学、实用、完善的应急机制，规范保险业突发事件应急处理行为，及时、有序、有效地处理各种突发事件。为此，保监会制定了《保险业突发事件应急处理规定》。该规定共45条，分为总则、报告和信息发布、应急预案和应急准备、应急预案的启动、终止和应急处理以及附则共五章。主要调整保险业突发事件应急处理中有关信息的报告和发布、应急预案的制定和实施以及应急指挥机构的成立和运作等方面的行为。适用对象包括中国保监会及其派出机构、保险公司及其分支机构。

(2)《保险公司偿付能力额度及监管指标的管理规定》。该规定是在2001年发布的《保险公司最低偿付能力额度及监管指标的管理规定》的基础上修订的。修改内容主要体现在以下几个方面:一是在最低偿付能力额度的确定方面,沿用了原规定将偿付能力额度作为偿付能力监管核心指标的思想,但进行了细化和修正。把原规定中的"最低偿付能力"和"实际偿付能力"修订为"最低偿付能力额度"和"实际偿付能力额度";修正了寿险准备金的口径,避免出现原规定下保险公司提取责任准备金越多,最低偿付能力额度要求却越高的不合理现象;增加了"有效保额"的定义,避免原规定中确定最低偿付能力额度时可能出现的歧义;增加了最低偿付能力额度计算表,增强了偿付能力额度计算的可操作性。二是在实际偿付能力额度的确定方面,做出了重大修改和补充,理清了监管思路,细化了认可资产和认可负债的监管制度,进一步增强了偿付能力额度监管制度的可操作性。改变了资产和负债的分类标准,改变了资产认可的假设基础、认可方式和计价属性等,新的修订使认可负债管理更加规范。三是在保险公司监管指标方面,结合原指标体系的运行状况和我国保险公司的实际,进行了较大的调整,删减了部分意义不大的指标,增加了部分适合我国国情的指标,并修改了一些监管指标的正常范围。这些修订都使得新规定能更好地适应我国当前保险业发展的市场环境。四是在监管处理规定方面,对原规定进行了较大的充实,提出了一些更为具体的管理措施,构筑起对保险公司偿付能力状况监测的两道防线:第一道防线是通过预警指标体系对保险公司的偿付能力状态和变化趋势进行监测,对指标超过正常范围的个数达到 4 个以上的公司,将要求相关公司进行解释、提交改进报告,或者实施进一步的检查以评估其偿付能力;第二道防线是强制性的偿付能力额度监管,凡是实际偿付能力额度低于法定最低偿付能力额度的,监管部门将根据其严重程度分别采取责令提出整改方案、责令分保、限制经营费用规模、责令拍卖不良资产、限制高级管理人员薪酬水平和在职消费水平直至责令停止新业务和依法接管等措施。同时,把对保险公司的产品、业务范围、增设分支机构、资金运用渠道等审批事项与公司的偿付能力状况挂钩,将偿付能力是否充足作为一项基本条件。

(3)《关于保险公司经营区域有关问题的通知》。按照《保险公司管理规定》的规定,保险公司在大中城市开展业务,应当设立相应的分支机构。这个规定对规范保险市场秩序,保护被保险人的合法权益发挥了积极的作用。但对保险公司来说则增加了展业成本,特别是一些新成立公司,要想尽快扩大业务的地域范围,提高市场占有率,则必须大量设立分支机构,这对保险公司的偿付能力可能产生影响,不利于新公司的发展,从而不利于保险市场格局的尽快改变。同时由于这个规定否定了保险公司利用中介机构跨地市开展业务的可能,因此也不利于保险中介市场的发展。为加快保险市场发展,保监会发布了《关于保险公司经营区域有关问题的通知》,进一步放宽了对保险公司经营区域的限制。规定允许在省、自治区、直辖市设有分支机构保险公司(不包括外资公司),在加强管理、控制风险、保证服务的前提下,可以通过专业保险中介公司或者设立营销服务部的方式在该省、自治区或直辖市的行政辖区内开展业务。这个规定实际上使保险公司经营地域范围从按地市来划分扩大到按省来划分,为保险公司扩大业务规模创造了有利条件。

(4)《关于修改〈保险公司高级管理人员任职资格管理规定〉有关条文的决定》。修改内容主要体现在放宽了对保险公司高管人员任职前从业领域的限制,降低了从业年限要求,同时对一些在专业领域具有突出才能或做出突出贡献的,可以适当放宽学历或从业年限要求;取消了对公司董事长兼职的限制;取消了对外资保险公司和合资保险公司外方人员汉语水平的限制;只对各保险公司分支机构总经理(经理)进行任职资格审核,副职人员不再纳入审核范围;加强了对上市保险公司董事会组成人员的管理,将董事、董事会秘书、独立董事等人员的任职资格纳入审核范围;提高了对高级管理人员品行信誉方面的要求,增添了是否有犯罪记录方面的审查标准。

(5)《人身保险新型产品的精算规定》。《人身保险新型产品精算规定》是建立人身保险新型产品精算标准的规范性文件,内容包含分红保险、投资连结保险、万能保险的产品设计、负债评估及非保证性保险利益的确定方法等方面,精算规定对于引导保险行业建立科学的核算体系,提高保险监管的技术含量具有十分积极的作用。

(6)《关于加强银行代理人身保险业务管理的通知》。为了及时有效解决银行代理人身保险业务发展中存在的误导宣传、手续费恶性竞争等问题,防止银行代理业务损害消费者的正当权益,危及银行和保险企业的信用,形成金融风险,保监会与中国人民银行联合下发了《关于加强银行代理人身保险业务管理的通知》,要求各保险公司和商业银行要高度重视银行代理人身保险业务的规范发展,加强银行代理人身保险产品的宣传和信息披露管理,健全内部控制制度。通知对保险公司和商业银行在销售人身保险时的宣传材料的内容做了较为详细的规定。

(7)《财产保险公司分支机构监管指标(试行)》。为了加强对财产保险公司分支机构的监管,促进财产保险公司健康发展,保监会制定了《财产保险公司分支机构监管指标(试行)》。该试行办法对保费收入类指标、应收保费及车均保费类指标、赔付类指标、费用类指标、承保利润类指标、准备金类指标、资产类指标等都做了较为详细的会计规定,为建立完善的指标监管体系奠定了基础。

(8)保监会制定的其他监管规章制度。除前述几个规章和规范性文件外,2003 年制定的对保险监管和保险业发展具有重大作用或较大影响的规范性文件还有:

综合类:《保险业开发针对"非典"新产品的指导意见的通知》、《保险业重大上访事件处理办法》、《关于进一步加强和改进保险业突发事件新闻报道工作的通知》和《关于保险监督管理机构查询保险公司在金融机构的存款有关事项的通知》等。

财产保险类:《关于加强投资型财产保险产品管理的通知》、《关于财产保险投标业务有关问题的通知》等。

人身保险类:《关于发布航空旅客意外伤害保险行业指导性条款》、《关于加强航空意外保险规范管理的补充通知》、《关于调整人身保险产品监管方式的通知》和《关于严禁对分红健康险不实宣传和销售误导的通知》等。

中介类:《关于调整保险代理从业人员基本资格考试有关政策的通知》、《关于保险经纪公司开业验收有关问题的通知》等。

财会和资金运用类:《关于重新修订〈保险公司投资证券投资基金管理暂行办法〉的通知》、《保险公司投资企业债券管理暂行办法》、《关于保险公司投资中央银行票据的通知》和《保险公司偿付能力报告编报规则——问题解答第 1 号》等。

(9)其他部门制定的有关保险的规章或规范性文件。1 月 15 日,财政部、国家税务总局联合发出《关于营业税若干政策问题的通知》。其中有专门的保险企业税收方面的规定。

2 月 9 日,财政部下发了《关于企业为职工购买保险有关财务处理问题的通知》。该《通知》对企业职工购买补充养老保险如何进行财务处理等问题作了具体规定。

6 月 20 日,国家外汇管理局、保监会联合下发了《关于境外再保险分出业务售付汇管理有关问题的通知》。

8 月 18 日,财政部、商务部联合下发了《关于利用出口信用保险积极促进企业外贸出口的通知》。《通知》要求,中国出口信用保险公司所属分支机构要运用出口信用保险手段,积极推动出口企业投保出口信用保险,充分发挥出口信用保险对外贸出口的扶持和促进作用。

9 月 1 日,国家外汇管理局发布了《关于保险公司开办境内外汇同业拆借业务有关问题的通知》。该通知对具有开办境内外汇同业拆借业务经营资格的法人主体、外汇同业拆借业务的地点、拆借对手、拆借期限、拆入资金总额和拆出资金总额、拆借规程等都做了详细说明。

10 月 16 日,财政部和国家税务总局发出《关于保险企业代理手续费支出税前扣除问题的通知》。规定对保险企业代理手续费支出税前扣除范围进行调整。从 2003 年 1 月 1 日起,保险企业开展业务支付的代理手续费,可在不超过当年本企业全部实收保费收入 8%的范围内据实扣除。

2.3 保险执法和普法工作

除保险立法之外,保监会成立以后,加强了作为保险法制建设重要方面的保险执法和保险系统的普法工作,保险系统的普法和依法治理工作取得了很大进展。首先是依法对保险市场进行监督检查。特别是根据国务院的统一部署,保监会加强了执法力度,开展了大规模的整顿和规范保险市场秩序的工作,确保了各项保险法律法规的施行,取得了比较明显的效果。其次,保监会广泛开展普法教育。每年都进行不同层面的相关法律法规培训和各种法制征文比赛等普法教育活动,要求各级保险监管干部系统地学习和认真贯彻保险监管有关的法律、法规、规章及规范性文件。同时,配合《保险法》的修改等重大事件,加强保险法律宣传。

2.4 对我国保险法制建设状况的基本评价

总的来说,我国保险法律法规体系已经较为完备,基本涵盖了保险合同行为、保险经营和保险监管的各个环节,保险经营和保险监管的主要方面基本做到了有法可依,初步形成了较为健全的符合我国保险工作实际的法律法规体系。这些立法反映了我国保险业发展的进程,总结了改革开放以来保险业改革发展的成果,为依法经营和依法监管奠定了比较坚实的立法基础。保险监管机构严格执法，对于规范保险经营行为、提高保险公司的经营管理水平、保护保险活动当事人的合法权益、加强和改善保险监管有重要意义，有力地保障和推动了保险事业的健康发展。

但也必须清醒地认识到，目前的保险立法还存在一些不足：

一是整个保险法律规范体系的层次较低。目前仅有一部法律和一部行政法规，大量指导保险经营和保险监管的规范属于规章和一般规范性文件层级，影响了保险法律规范效力的权威性。

二是一些重要的法律亟待研究制定。目前保险市场发展中出现的一些新情况、新问题，有的还缺乏相应的法律法规加以明确和规定，存在一些法律空白。特别是缺乏有关农业保险方面的立法和特殊保险组织形式的立法。这在一定程度上影响了保险业的发展和保险功能的发挥。

三是一些已经制定的法律法规急需修改完善。随着保险业内、外部情况的快速变化，一些规定已不符合保险业发展的实际，与保险市场发展相脱节。一些新的保险违法行为缺乏相应的处罚规定，同时原有的规定在处罚手段、处罚幅度等方面不适应形势发展的需要，需要加紧修改完善。

四是一些法律规定过于原则，缺乏可操作性，需要制定相应的实施细则。同时有些规定过于分散、庞杂，不利于执行。特别是随着《行政许可法》的颁布实施，一些规定已经不符合行政许可的的法律要求，需要尽快进行清理和规范。

五是保险立法技术还有待提高，一些保险规章和规范性文件在立法程序、整体体例、条文表述等方面还存在不符合《立法法》或《规章制定程序条例》的规定或表达不够严谨等问题。各种规定之间的矛盾或不协调问题依然存在。

六是法制宣传和法制观念还需要进一步加强。一些保险企业依法经营的意识比较淡薄，违法经营行为较为普遍，侵犯被保险人利益的现象时有发生。

3. 我国保险法制建设展望

市场经济是法制经济，离开法制，市场经济就会变成一种无序经济。保险作为市场经济的一种重要活动，也必须在法制的框架下进行，加强保险法制建设是保险业发展的内在要求和客观需要。只有在一个公正的法律环境中保险业才能健康地发展，才能对整个市场经济的发展和社会的进步起到积极的促进作用。保险法律法规不仅是保险业发展的保障，也是保险监督管理机构开展工作的依据。因此,必须加强保险立法工作,尽快建立一个科学完备的保险法律体系,保证保险企业依法经营,保证监管部门依法行政,不断提高保险监督管理的效率,维护保险市场的有序运行,促进保险业快速持续协调健康发展。

根据我国保险业改革发展和法制建设的实际情况,在当前及今后一个时期,保险立法工作主要有以下几个方面的重点:

3.1　制定相关法律法规和规章

随着保险业发展内外部条件的不断变化,保险活动中的新情况新问题不断涌现,需要通过立法加以规范和引导。因此必须加快新法的制定工作。当前比较急迫的立法工作主要有以下几个方面:

3.1.1　法律层面

一是关于农业保险方面的立法。《保险法》第一百四十九条规定:"国家支持发展为农业生产服务的保险事业,农业保险由法律、行政法规另行规定"。但《保险法》颁布实施 9 年来,农业保险方面的立法工作一直未能开展起来。农业保险是农业支持保护体系的重要组成部分,是解决"三农"问题的有效手段之一。国家通过政策性农业保险,可以在世贸组织规则允许的范围内,替代直接补贴对农业实施合理有效的保护,减轻入世给我国农业带来的冲击,减少自然灾害对农业生产的影响,稳定农民收入。目前,保监会正会同农业部等有关部委就建立政策性农业保险制度进行研究,并在部分地区进行探索试点。但由于农业保险涉及的部门多,特别从国际上的普遍情况来看,农业生产风险大,经营农业保险尤其需要得到国家的财政支持和税收优惠。因此,必须通过立法的形式,才能协调有关部门,制定相应政策,农业保险事业也才能得到更快推进。要使农业保险有突破性发展,必须尽快制定农业保险法。

二是关于特殊保险组织方面的立法。《保险法》规定了国有独资保险公司和股份有限公司是保险企业的法定组织形式,外资保险公司参照《中外合资经营企业法》的规定可以采取有限责任公司的组织形式。《保险法》第一百五十条规定:"本法规定的保险公司以外的其他性质的保险组织,由法律、行政法规另行规定"。但《保险法》颁布实施以来,并没有关于保险企业组织形式的立法。随着保险业的发展和保险市场体系的不断完善,应当允许不同的保险企业组织形式存在,以适应多元化的保险市场需求。特别是保险合作组织、互保组织等。同时,随着保险市场对外开放的扩大，一些特殊形式的保险组织形式也可能会进入我国保险市场。因此，有必要通过法律的形式，对一些特殊形式的保险企业组织形式作出专门规定，促进保险市场体系的完善。

3.1.2　行政法规层面

一是《机动车第三者责任强制保险条例》。早在改革开放初期，国务院就明确提出要建立机动车辆第三者责任法定保险制度。1984 年，在《关于农民个体或联户购置机动车船和拖拉机经营运输业的若干规定》中规定，对农民个人或联户经营运输的机动车辆必须投保第三者责任保险。1988 年，国务院在《关于加强交通运输安全工作的决定》中又提出要"研究制订运输工具、货物、旅客人身意外伤害和第三者责任的强制保险制度等"。同年，为贯彻这一决定，中国人民保险公司、公安部、农业部印发了《关于实行拖拉机第三者强制保险责任的通知》。1989 年，经国务院批准，公安部发布了《关于在华外国人的机动车辆实行第三者责任法定保险的公告》。在《道路交通安全法》颁布实施之前，全国大部分省、市、自治区已经通过地方立法或联合发文的形式，实行了机动车辆第三者责任法定保险制度。但由于此前全国尚未实行统一的机动车辆第三者责任法定保险，造成机动车辆责任保险投保率仅占机动车辆数量的 30%，使得保费基数低、费率高、保障能力有限，不仅使交通事故受害人的合法权益无法得到有效保护，也增加了政府财政负担，影响了社会稳定。2003 年 10 月 28 日，第十届全国人大常委会第五次会议通过了《道路交通安全法》，第一次在我国以法律的形式确立了机动车辆第三者强制责任保险制度。但由于该法对机动车辆第三者强制责任保险制度的规定仅有 6 个条文，规定较为原则，因此，必须尽快出台《机动车第三者责任强制保险条例》，对机动车辆第三者强制责任保险的保险责任范围、投保车辆范围、交通事故补偿基金、保险经营原则和处罚保障措施等作出更为详细的规定，才能确保这一制度的顺利施行。

二是《保险违法行为处罚办法》。在行政处罚的设定权方面，《中华人民共和国行政处罚法》规定，国务院部、委员会制定的规章可以在法律、行政法规规定的给予行政处罚的行为、种类和幅度的范围内作出具体规定。尚未制定法律、行政法规的，国务院部、委员会制定的规章对违反行政管理秩序的行为，可以设定警告或者一定数量罚款的行政处罚。罚款的限额由国务院规定。保监会作为具有行政处罚权的直属机构，在国务院的授权范围内依照前两款的规定设定处罚权。

根据国务院有关规定，规章设定处罚的限额是3万元以内。依据这些规定，目前在保险违法行为的处罚的立法方面，还有大量的工作要做。首先，在法律的层次上，由于《保险法》立法时保险业还处在发展初期，许多保险违法行为还未出现，因此规定的违法行为种类较少。随着保险业的快速发展，一些新的扰乱保险市场秩序、侵害被保险人利益的行为不断涌现，有必要通过行政制裁予以遏制。2002年《保险法》修改时，考虑到《保险违法行为处罚办法》的起草工作已经在进行，为了减少修法的难度，提高修法工作效率，对《保险法》的罚则部分没有做大的修改，只是提高了处罚的幅度，目的是为行政法规的立法留出空间。在保险业发展处于初级阶段的市场条件下，保险企业的法律意识较为淡薄，违反保险市场秩序的行为时有发生。因此必须加大保险违法行为的处罚力度，尤其要追究行为人的责任。其次，在行政法规方面，已经颁布的《外资保险公司管理条例》对《保险法》没有规定的外资保险公司的一些违法行为作了补充规定，弥补了这方面的不足。但这一条例对中资公司并不适用。第三，在行政规章方面，对处罚权的设定存在两方面的问题，一方面是目前已经颁布的规章规定的处罚种类繁多，名称和方式不太规范，不符合《处罚法》第八条规定的处罚种类的要求。《处罚法》第八条规定六种具体的处罚种类，同时规定法律和行政法规才可以规定除这六种以外的行政处罚，规章没有创设行政处罚种类的权力。另一方面是规章只能规定警告和一定数量的罚款。对于一些危害较大的保险违法行为，确有从严处罚必要的，应该通过《保险违法行为办法》来规定。因此，综上考虑，从维护保险市场秩序的目的出发，有必要尽快出台《保险违法行为处罚办法》。

3.1.3　规章和规范性文件层面

一是在再保险管理方面，应当制定《再保险业务管理规定》。《保险法》以法律的形式确立了20%的法定分保和商业分保国内优先的制度。保监会成立以后，将法定再保险作为监管的重点，先后修订、发布了《法定分保条件》等5个规章和规范性文件，对法定分保业务作了较为具体的规定。总的来说，关于再保险业务的制度规范较为分散，不成系统，除2002年制定的《再保险公司设立规定》以规章的形式对再保险市场的市场准入作了专门规定以外，有关商业分保业务的具体管理制度仍是空白。加入世贸组织后，法定再保险业务将逐步取消，我国再保险业务将由以法定分保占主导地位逐步过渡到全部的商业分保。因此，有必要将监管重心从对法定再保险业务的监管逐步转移到对商业再保险业务的监管上来。同时,国际上对再保险监管的认识也发生了较大的转变。过去一般认为,再保险业务是发生在作为平等法人主体的保险公司之间的交易,对再保险的监管比较宽松。但近年国际上发生的保险公司因再保险安排问题产生的破产案(例如 HIH)和“911”事件引发的保险市场动荡,改变了各国保险监管当局对再保险监管的态度。许多国家开始重视再保险经营的风险及其对整个保险市场的影响,并开始研究相关的监管措施。和发达国家相比,我国的再保险市场还很不成熟,更需要加强监管和指导。因此,为了规范再保险业务,防范和分散保险经营风险,促进我国再保险市场乃至保险市场的健康发展,有必要尽快填补有关的制度空白,制定一个较为全面的管理规章,对再保险业务实施有效的监管。

二是在保险产品的审批管理方面,应当制定《保险条款费率管理规定》。自国内保险业务恢复以来,保险的条款费率随着市场的变化而不断变化,监管制度也在不断调整。2002 年新修订的《保险法》规定监管机构对所有的保险条款费率都采取审批或备案的管理方式,并授权对保险条款和费率的审批与备案管理作具体规定。在法律修改、试点改革和市场变化等各方面因素的共同作用下,有关保险条款费率审批备案管理的监管规定需要进行修改和完善。同时,从历年发布的各种规范性文件情况来看,相关的规定较为分散,前后的变化也比较大,不便操作执行。为了使监管规定更加集中统一,明确完整,避免重复,方便监管对象操作执行,有必要清理过去零散的规定,制定较为完整统一的《保险条款费率审批与管理办法》。

三是在保险公司偿付能力方面,偿付能力监管是今后保险监管的重点和方向。但有效的偿付能力监管需要一套完备的制度基础。从目前的情况看,需要在《保险公司偿付能力额度及监管指标管理规定》的基础上,尽快制定《非寿险责任准备金提取办法》、《保险保障基金管理办法》,同时加快保险监管会计准则的制定工作。此外,要制定《保险公司统计制度管理办法》,加强保险信息统计方面的制度建设。

四是在保险资金运用方面,逐步放开保险资金运用渠道,为保险资金运用增加避险工具和投资获利的机会已是大势所趋。为了尽量减少因资金运用渠道的增加带来的风险,规范保险资金运用行为,需要对各种保险投资渠道制定相应的规范,制定有关投资比例限制等方面的规定。随着保险资产管理公司的设立,应当及时制定《保险资产管理公司管理规定》,规范保险资产管理公司的审批设立和经营管理行为。监管部门还应当建立有关保险公司内控制度建设方面的指导性规范，引导保险资产管理公司建立高标准的内控管理制度，最大限度地控制保险投资风险。

五是在保险公司治理和内控制度建设方面，随着国有保险公司顺利完成改制上市工作，完善保险公司的治理结构就成为下一步工作的中心任务和难点所在。要建立资本充足、内控严密、运营安全、服务和效益良好的现代保险企业，工作的着力点仍然在于完善保险公司的治理结构，因此，必须根据保险业的特点和保险公司的经营管理规律，制定符合我国保险公司经营情况，具有实际指导作用的《保险公司治理结构指引》，引导保险公司建立规范的公司内部权力运作机制。同时，要根据保险公司集团化和保险公司上市以后的新情况和新特点，顺应保险市场发展的趋势，制定相应的监管制度规定。

3.2 清理修改现有的规章和规范性文件

保监会成立以来，先后发布了27个规章和200多个规范性文件。在这200多个法律文件中，有些规定随着实际情况的变化实际已经不起作用；有些属于新的规定已经出台但旧的规定尚未废除；有些对同一事项的规范由多个规章来完成，前后进行补充解释，相对比较分散，不利于行政相对人掌握遵守；有的由于立法技术等方面的原因，不符合有关规范的制订要求和上位法的规定；特别是《行政许可法》颁布实施以后，原有的一些保险行政审批项目或者不符合《行政许可法》规定的行政审批设立原则，或者在审批程序上不符合法律要求，因此有必要对所有的保险规章和规范性文件进行一次系统的清理，该废止的废止，该修订的修订，以利遵守适用。

3.3 积极配合国家司法机关，加快推进保险法的司法解释工作

2002年对《保险法》的修改，主要的内容是保险业法部分，但并不意味着保险合同法部分不存在问题。从这几年保险司法实际情况看，《保险法》合同法部分存在的问题也不少，特别是由于立法技术等方面的原因，有些条文表述不够严谨、含义不够明确、有些内容有疏漏等。概括起来，主要集中在保险合同的成立与生效、保险利益原则、如实告知义务、明确说明义务、保险价值、疑义条款解释原则、再保险合同、寿险合同受益人、退保金与现金价值返还等具体问题上。由于这些方面的规定存在一定缺陷，在很大程度上影响了保险工作的开展和保险

纠纷的处理。在立法没有解决的情况下，通过司法解释来解决相关的问题是一条实际可行的路子，也符合我国的法制实际。目前，在保监会和各保险公司的配合下，最高人民法院已经在开展这项工作。但要根本解决保险合同法部分存在的问题，最终还是要通过立法层面来完成。因此，从长远来说，应当着手做好《保险法》第二次修改的前期研究论证等准备工作。

第四章

监管篇

保险业是金融体系的重要组成部分，是一个经营风险的特殊行业，同时也是社会性、公众性很强的行业。从保险业的发展史来看，保险监管是保险业发展过程中不可或缺的重要组成内容。从一般意义来讲，保险监管是政府对保险业的监督管理。具体来说是指保险监管机构依法对保险人、保险市场进行监督管理，以保障被保险人合法权益，促进保险业持续健康协调发展。对应而言的保险监管体系主要是指政府监管部门在法律授权范围内进行具体的保险监管工作，其具体形式又有较大差别，有的国家或地区设有独立的保险监管部门，有的国家或地区设有综合性的金融监管部门监管保险业，有的国家或地区设立非政府组成部门负责保险监管。

在目前的实践中，国家、政府对经济社会的各行各业都实行不同程度的监管和调控，相对而言，金融保险业受到的监管更为严格，不仅颁布专门的监管法规，设立专门的监管机构，同时也形成了一系列的监管制度体系。政府为什么要对保险业进行专门监管，理论上有许多见解，一般认为主要有以下三个方面的原因：

一是因为保险经营具有公共性和社会性。保险业是一个特殊的行业，保险产品与一般商品相比，存在很大的差异性。人们通过消费保险产品来减少当前利益，换取对未来的保障，保险公司依靠诚信经营并吸收资金，其经营成败和对客户未来可能发生风险进行的承诺届时能否兑现，不仅关系到公司投资者的利益，更关系到社会公众的利益。人们购买一般商品后，生产企业的后续经营与客户利益相关度不高，而保险产品的供给和消费具有一定的特殊性，保险产品本身是无形产品，是对合同规定的未来损失进行赔偿或给付的承诺，这种承诺有的时效长达几十年，在长时间的跨度内，仅靠保险公司自我约束来保证承诺的有效性，是不太现实也不可行的。因此，保险公司持续经营情况将会广泛、长期地影响到其客户的绝大部分利益，影响到各行各业、千家万户。如果保险公司破产或倒闭退出，负面影响将比一般企业要大得多，将使广大被保险人利益也即社会公众利益受到损害，带来社会福利损失，影响社会稳定。为保证社会公众利益，确保保险公司偿付能力，政府对保险业的监管就显得顺理成章和十分必要。

二是因为保险交易存在信息不对称性和不完全性。在普通行业中，市场中的销售者和购买者都很难具有充分信息，交易双方存在信息不对称。相对而言，保险业是一个技术含量高、业务专业性强的复杂行业，信息不对称和不完全的问题更为突出。保险合同是格式合同，保险产品定价和保险合同内容往往由保险公司单方面拟定，投保人、被保险人对保险费率、保险责任、责任免除、退保等重要事项的了解有限，一般只能就接受合同或拒绝合同进行选择。因此，如果缺乏外部监管，保险公司可能利用信息不对称和信息透明度较低的优势进行损害被保险人利益的行为。

三是因为保险发展存在市场失灵和破坏性竞争。市场失灵理论是研究政府干预市场的一种经济学理论。市场失灵理论认为，由于存在大量现实和潜在的市场失灵问题，包括市场存在垄断、信息成本过高、负外部效应、搭便车现象等，造成理想状况的竞争性市场难以实现，导致市场公平和效率的损失，因此政府必须干预市场，纠正市场失灵，增进市场的公平和效率。保险市场也存在上述市场失灵问题，现实的保险市场通常是垄断竞争型市场，公司之间的竞争并不完全平等，保险公司财务状况和社会保险需求状况等信息透明度不高，因此保险市场需要政府的监管，以最大程度地防止和消除市场失灵产生的非效率和不公正问题。此外，由于保险业经营的特点，在保险市场竞争中，保险公司存在牺牲客户未来长远利益以换取短期经营利益的倾向，从而在经营中出现恶性或过度竞争以及不合理价格，而导致的结果是保险公司丧失偿付能力并危及社会公众利益，损害投保人的合法权益，从而影响保险业的持续发展。

总体而言，监管在保险业的发展中具有独特而重要的地位。保险市场的结构影响保险市场行为和市场发展，市场发展在很大程度上又影响保险监管的内容和方法；保险监管政策实施后又会直接影响市场结构和市场行为，从而使市场状况发生变化，而市场状况发生变化后，反过来会影响监管部门，即监管部门会根据市场状况调整监管目标和方法，从而使市场发展与监管形成互动。

1. 我国保险监管历史回顾

我国保险业的发展与经济发展状况密切相关，尤其是改革开放以后，其发展轨迹与经济发展轨迹大体上较为相似。在新中国成立后，随着国民经济的恢复发展，保险业获得新生，逐步成长；由于历史原因，从1959年起至改革开放前，国内保险业务停办；在20世纪80年代，保险业随着经济的快速增长而迅速恢复；在90年代初至1997年以前，保险业的发展速度进一步加快；在1997至2000年间随着经济的逐步稳定和市场利率发生变化，保险业增长速度也有所放缓；在2000年以后随着经济发展的进一步恢复景气，保险业新型产品成长迅速，促进保险业恢复快速发展。

保险监管的发展与保险业发展是息息相关的。与我国保险业经历的建国初期起步和停办、国内业务恢复后的独家垄断经营、寡头竞争经营、产寿险分业和多元化市场格局初步形成等几个时期相对应，以国内业务恢复、《保险法》颁布和中国保监会成立等为分界点，保险监管在1949年～2002年间也大致经历了相应的发展时期，保险监管的组织建设、主要内容、具体方式方法都发生了许多变化。

1.1　保险监管机构的发展

监管体系或组织机构是保险监管的载体，是有效实现保险监管的重要保障。新中国成立以来，保险监管机构经历了以下几个发展时期。

1.1.1　央行和财政部监管更替时期

在建国初期，根据政务院批准的《中国人民银行试行组织条例》，保险业归中国人民银行领导和主管。1952年6月，受苏联模式的影响，保险业划归财政部领导，成为国家财政体系中的一个独立核算的组成部分。1959年，国内保险业务停办，仅有涉外业务仍在办理，保险业又划归中国人民银行领导，当时的中国人民保险公司在行政上成为中国人民银行国外业务局下属的保险处。1965年3月，中国人民银行恢复中国人民保险公司的建制，将保险处升格为局级机构。

1.1.2　央行逐步加强内设监管组织建设时期

1979年4月，国务院批准《中国人民银行分行行长会议纪要》，作出"逐步恢复国内保险业务"的重大决策。国内保险业务全面开始恢复办理后，保险业仍由中国人民银行领导和监督管理，中国人民保险公司为直属于中国人民银行的局级专业子公司。1983年，根据中国人民银行专职行使中央银行和金融监管职能的精神，中国人民保险公司从中国人民银行分设出来，成为国务院直属局级经济实体,中国人民银行对保险业的直接领导职能弱化,监管职能加强。1985 年 3 月,国务院发布《保险企业管理暂行条例》,明确规定中国人民银行为国家保险管理机关。在此期间,中国人民银行逐步加强对保险业的监管,建立完善监管的内设机构,最初在金融管理司下设保险信用合作处。1993 年,中共中央和国务院分别下发《关于建立社会主义市场经济体制若干问题的决定》、《关于金融体制改革的决定》,要求加强金融监管和实施分业经营。1994 年 5 月,中国人民银行在非银行金融机构管理司专门设立保险处,专门负责保险业这一类非银行金融机构的监管。

1995 年,《中华人民共和国保险法》正式颁布实施,标志着我国保险体制改革和保险监管在法制化、规范化的道路上迈出关键的一步。为贯彻落实《保险法》,中国人民银行于 1995 年 7 月设立保险司,专门负责对中资保险公司的监管,对外资保险的监管由外资金融机构管理司保险处负责,对保险业的稽查工作由稽核监督局负责。同时,中国人民银行加强了系统的保险监管机构建设工作,各一级分行逐步在非银行金融机构管理处下设保险科,省以下分支行配备专门的保险监管人员。

1.1.3 建立专门保险监管机构时期

随着保险业的发展和银行业、证券业、保险业的分业经营,国务院于 1998 年 11 月 18 日批准设立中国保险监督管理委员会,专司保险监管职能。中国保监会的成立,标志着我国保险监管走向了专业化、规范化的新阶段,有利于建立适应社会主义市场经济发展的保险监管体系,有利于加强保险业监管和防范化解保险经营风险,有利于促进我国保险业持续健康协调发展。从 1999 年年底开始,保监会在各省、自治区、直辖市和深圳市设立派出机构,到 2001 年 4 月,派出机构全部设立,全国保险监管组织体系开始逐步形成。

1.2 保险监管内容的发展

保险监管的内容主要有偿付能力监管和市场行为监管,这两方面是密不可分和相辅相成的。

由于保险公司承担着众多被保险人可能发生保险事故而进行的赔付责任,其本身必须具有足够的偿付能力,才能保障被保险人的利益,增进社会对保险业的信心,因此,尽管不同国家地区、不同时期的保险监管侧重点、方式各有差异,但监管的最终核心还是保险公司的偿付能力。通常的偿付能力监管从理论上来讲，包含两个层次：一是正常经营年度，只要厘定的费率水平是合理的，各项准备金提取是足额的，保险公司就应能够具有正常的赔偿或给付能力。二是非正常经营年度，针对可能发生的巨额风险，或费率测算、资金运用和准备金提取出现较大偏差，这就要求保险公司经常保持一定额度的法定最低偿付能力额度。

市场行为监管主要是指针对保险机构和保险中介机构的具体经营行为，是否违反有关法规，是否损害被保险人利益，是否影响保险公司偿付能力，是否有碍保险市场发展，通过逐步建立完善市场行为准则，采取有效监管措施，及时监督检查保险公司经营状况，来支持合法经营和公平竞争，促进保险公司完善经营管理和持续发展经营。在保险业发展的各个阶段，市场行为监管都是重要的监管内容，也是偿付能力监管的重要基础和能否落到实处的关键。

在我国保险监管内容的发展过程中，市场主体和保险公司体制的变化起到了十分重要的作用。总体来说，在保险市场独家垄断经营和没有实行对外开放之前，主要实行的是市场行为监管，对条款费率、营销员管理、机构准入等都实行了严格控制。而 20 世纪 90 年代以来，新的主体不断增加，经营管理技术和保险产品不断更新，市场推动保险监管方式由市场行为监管为主向市场行为和偿付能力监管并重转变，并逐步向以偿付能力监管为主过渡。

1.2.1 直接领导监管时期

在新中国成立的初期，中国人民银行和财政部曾分别对保险业行使领导和管理职能，在当时的计划经济体制下，中国人民银行和财政部对保险业体现的更多是领导职能，监管职能可以说是包含在领导职能之中。

1.2.2 严格条款费率管制时期

在恢复国内保险业务至《保险法》颁布以前的一段时期，是我国保险监管的恢复和正式起步阶段，保险监管的主要依据是国务院 1985 年颁发的《保险企业管理暂行条例》和 1983 年颁布的《财产保险合同条例》。在最初只有中国人民保险公司独家经营保险业务时，监管部门通过制订或审批保险产品的条款费率、控制市场准入条件等手段进行监管。没有从法律的层次对“保险”的概念予以界定，也没有对保险公司经营行为和偿付能力形成系统的监管制度。在严格监管的同时，稳妥开放市场准入，随着业务发展，适度引进竞争机制，批设了部分中外资保险公司，形成以垄断为主、寡头竞争为辅的市场结构。这一时期的保险监管在一定程度上体现出强化审批的状况。

1.2.3 加强市场行为监管时期

1995年6月《保险法》颁布，该法对保险业的经营规则和监督管理制订专门规定，中国人民银行依据《保险法》的有关规定，先后制订了《保险管理暂行规定》、《保险代理人管理规定》、《保险经纪人管理规定》等规章。从1995年至1998年，我国保险监管主要以市场行为监管为主，并开始探索偿付能力监管，逐渐进入较快发展阶段。

市场的发展促进了监管发展，在此期间，一批股份制保险公司、外资保险分公司和中外合资公司相继成立，保险产品和销售方式不断创新，保险业务进入高速增长时期。但由于市场主体尚不成熟，市场竞争中的违法违规行为时有发生，如非法设立机构、擅自开办业务、擅自降低费率或抬高手续费。针对市场经营行为，监管部门出台了一系列规范性文件，开展包括航意险、机动车辆保险、保险中介市场、寿险误导、资金运用在内的专项清理整顿工作，通过审批保险机构的设立变更、审批条款费率、规范保险机构和中介机构市场行为、监督检查保险业务经营活动等市场行为监管手段，加强了保险监管，对保护被保险人的合法权益、维护公平的市场竞争环境、促进保险业持续健康发展起到了重要作用。除市场行为监管以外，监管部门还初步制定了较为简单的偿付能力监管方法，并在人身保险的精算制度方面做了许多基础性工作，颁布了《中国人寿保险业经验生命表(1990～1993)》，制定了相应的精算规定和准备金评估报告制度。

1.2.4 市场行为和偿付能力监管并重时期

20世纪90年代末以来，随着产寿险的分业、保险业进一步对外开放、市场主体陆续增加和保险产品创新进程加快，公司体制由完全国有独资发展到国有独资、股份有限、外资独资、中外合资等多种形式，随着体制改革的不断深入，保险市场的微观运行机制也逐步建立。我国加入WTO后，随着国有保险公司的商业化改革进程的加快、股份制保险公司逐步按照现代企业制度规范运作、车险费率改革的开始试行和新型产品的迅速发展，市场环境正在发生新的变化，市场对监管方式也提出了新的要求。

中国保监会成立后，根据市场发展的实际情况，对保险监管制度和保险业的行为规范做了大量修改和补充，颁布了《保险公司管理规定》，并提出“市场行为监管和偿付能力监管并重”的监管目标模式。为进一步适应保险业经营自主化程度不断提高的市场环境，积极从偿付能力角度保护被保险人的合法权益，中国保监会开始构筑完善责任准备金管理制度、偿付能力额度、风险预警机制等相结合的偿付能力监管体系，为逐步向偿付能力监管过渡打下基础。

为了加强对保险公司的偿付能力监管，进一步细化《保险公司管理规定》的有关规定，中国保监会于 2001 年 1 月发布了《保险公司最低偿付能力及监管指标管理规定》，其中对偿付能力额度计算、认可资产的评估标准、监管指标选取、偿付能力报告制度，以及偿付能力不足的保险公司应采取的措施等进行了规定，在一定程度上完善了我国的偿付能力监管规定，增强了偿付能力监管的可操作性和科学性。

1.3 保险监管方法的发展

根据既定的监管目标，保险业在经营历史中，已经发展总结出较为成熟的监管方式方法。一是现场检查。现场检查是监管部门履行监管职责的重要方式，它可以使监管部门独立地审查保险公司的经营行为和财务状况，对于规范保险公司经营行为具有重要作用，是监管部门了解保险公司真实经营管理状况、发现违规问题及风险的重要工具。二是非现场检查。非现场检查是实施日常保险监管的重要方式。主要是指监管部门通过检查保险公司的报表、资料，来分析判断保险公司的业务情况、经营风险和偿付能力，以便于加强事前监督、引导和规范业务经营。三是其他监管方法。包括利用审计监督、中介评级等外部资源来完善和促进保险监管。

从我国保险监管的情况来看，在监管初期，现场检查采用相对多一些，随着业务发展，非现场监管得到逐步加强和完善，利用外部资源进行监管也得到了一定应用。

2. 我国保险监管的现状

2003 年，保险业整体上继续保持快速增长的良好态势，呈现出蓬勃发展的良好局面。与此同时，中国保监会作为我国商业保险的行政管理部门和监管部门，大力加强和改善保险监管，认真履行各项监管职责，不断提高监管水平，在积极培育保险市场、鼓励保险业改革创新、推进保险业对外开放、防范化解保险风险、依法保护被保险人权益、提高保险业服务水平、做大做强保险业、服务和支持经济社会发展等方面发挥了积极的作用。

2.1 监管组织不断完善

自1998年根据国务院实行银行、证券和保险分业监管成立保监会以来,为加强和完善保险监管组织和队伍建设,保监会陆续在全国各省、自治区、直辖市和深圳市设立派出机构,近几年来,各派出机构逐步加强内部建设和人员配备,监管队伍素质得到明显提高,监管力量得到了明显加强。

2003年,中国保监会正式升格为国务院直属正部级事业单位,在新的"三定"方案中,部门设置由原来的10个增加到14个,具体是:办公厅、发展改革部、财务会计部、财产保险监管部、人身保险监管部、保险中介监管部、资金运用监管部、国际部、法规部、统计信息部、派出机构管理部、人事教育部、监察局、机关党委,同时人员编制也大大增加。此外,按照国务院有关批复精神,中国保监会将在全国各省、自治区、直辖市和计划单列市设立监管局,中国保监会原驻各地派出机构将统一更名为"保监局",并将在大连、青岛、宁波和厦门四个计划单列市设立派出机构。全国保险监管组织体系得到进一步完善,这有利于加强保险监管力量,促进保险监管水平的提高,强化保险监管的权威性,将对维护保险市场秩序、促进保险业健康发展、保护广大被保险人合法权益发挥积极的促进作用。

此外,为满足专业化监管的需要,保监会加大对高素质人才的引进力度,包括增加财务分析、精算、信息技术、法律、宏观政策研究等方面的专业人才,优化和完善监管人才结构。

2.2 监管理念不断创新

十六大尤其是2003年以来,保监会结合我国保险业实际,积极探索具有时代特点和中国特色的保险发展道路,对我国保险业为什么要发展、怎么样发展和发展一个什么样的保险业等基本问题有了更加深刻的认识,监管理念不断创新。一是作出了我国保险业仍处于发展初级阶段的重要判断。这主要是根据我国保险业总体规模小、在国民经济中比重低、功能和作用发挥不充分等特征(2003年我国保险密度达到34.76美元,保险深度为3.33%,远低于2002年世界平均

422.9美元和8.14%的水平)作出了的科学判断。二是根据我国经济社会发展的现状,提出了当前保险业的主要矛盾是发展水平与国民经济、社会发展和人民生活的需求不相适应。三是进一步发展了保险功能理论,提出现代保险具有经济补偿、资金融通和社会管理功能,为保险业全方位、多层次、宽领域挖掘发展潜力、拓宽发展空间提供了理论指导。四是提出保险业树立科学发展观要以人为本。

2.3 监管目标逐步明确

不同国家对于保险监管的目标存在一定差异,同一国家在保险业发展的不同阶段,保险监管的目标也各有侧重,可以选择单一或多重目标,随着市场发展,还可能产生新的监管目标。一般来讲,保险监管的目标主要有以下四个方面:一是保护被保险人的合法权益。监管部门通过市场准入、条款审核备案、费率厘定、准备金提取等方面的监督管理,来确保保险公司的偿付能力和保护被保险人的合法权益。二是促进保险业持续健康协调发展。监管部门通过制订保险业长远发展规划、调整实施监管政策、完善市场结构、创造良好竞争环境等措施来促进保险业的持续健康发展。三是维护正常的保险市场秩序和公平竞争的环境。保险市场秩序的正常与否,对于公平竞争、行业发展、行业形象、行业竞争力等有着重要的影响,因此,通过整顿保险市场,维护正常的保险市场秩序是监管不可或缺的目标。四是防范和化解保险经营风险。防范和化解经营风险是保险业持续健康发展的重要内容。对于不同发展阶段的保险公司,这一方面的监管目标又略有差异,新公司应着重于防范经营风险,经营时间较长的公司对于防范和化解风险均应重点关注。

在2003年以前,保监会系统及保险行业对监管与发展的关系、监管目标和认识不是很统一,在开展监管工作时也存在一定差异。有的认为监管目标就是查处违规、防范风险,发展的事与监管部门无关,应由保险公司自己去做。有的认为发展很需要,但不知道如何通过监管促进发展,也不清楚发展的定位和目标是什么。从保险业发展的实际情况来看,在解决宏观政策问题、统筹规划行业发展、加强法制建设、完善市场体系、创造良好外部环境等方面,还存在不少困难,缺乏一个强有力的统筹协调部门,保险市场由此产生了一系列问题。

保险业的发展是建立在经济和社会发展的基础之上,经济在发展,社会在进步,客观规律要求保险业必须适应潮流不断发展。虽然保险业近几年来发展迅速,但还处于发展的初期阶段,仍不能满足经济建设和社会发展的要求,与我国经济社会发展的形势不相适应,这就向监管部门统一监管思路,明确监管目标提出了迫切要求。

在 2003 年,监管部门通过总结我国经济建设和新中国保险业几十年的经验,全系统基本形成共识,对于保险业不发展,就将在当前各行业激烈竞争和金融业相互融合的过程中不断被边缘化的风险有了较为清醒的认识;明确了监管是发展过程当中的一项重要工作,监管的最终目标是发展,监管和发展并不矛盾;明确了监管部门要通过监管来防范和化解风险,进而促进保险业发展;明确了保险业的发展不仅要满足自身发展的需要,更要积极为经济建设和社会发展服务。通过监管目标的不断完善,带动了保险监管工作的创新,逐步改变了过去监管与发展"两张皮"的问题,树立了市场观念、创新观念、服务观念,监管工作也由被动监管向主动监管转变。

2.4 监管手段不断加强、改善

2003 年,中国保监会升格为正部级单位后,进行了组织架构的调整和完善,监管力量得到进一步充实。通过加强和改善保险监管,市场秩序进一步好转,促进了保险业持续健康快速发展。

2.4.1 监管法规逐步健全完善

修订后的《保险法》于 2003 年 1 月 1 日开始正式实施,为我国保险业的发展和保险监管工作奠定了坚实的法律基础和制度保障,对加强与改善保险监管、深化保险体制改革、推进保险市场化进程等产生了重大而深远的影响。通过学习宣传新《保险法》,进一步强化了监管人员依法监管的意识,增强了保险公司依法经营的观念和保险从业人员遵纪守法的自觉性,并以此为契机,扩大了保险的社会影响。与此同时,保监会积极抓紧修改、制定与新《保险法》相配套的法规,包括修改《保险公司管理规定》、颁布《保险公司偿付能力额度及监管指标管理规定》等规章,进一步健全完善了我国保险监管法律法规体系。

2.4.2 市场行为监管进一步加强

保监会在 2003 年下发实施了《财产保险公司分支机构监管指标》、《财产保险公司分险种监管报表》,明确和规范监管重点和标准;出台了《人身保险新型产品精算规定》，规范了寿险新型产品业务的发展；与人民银行联合下发了《关于加强银行代理人身保险业务管理的通知》，规范和促进了银行代理业务的发展。编写了《人身保险现场检查手册》，统一了人身保险现场检查的标准和程序。同时，根据保险市场存在的突出问题，有重点、有针对性地开展车险、银行代理等专项业务检查，认真妥善处理信访投诉，加大了对保险违法违规的处罚力度，整顿和规范了市场秩序。2003 年共受理书面信访投诉 5339 件，查处市场违规案件 466 起，处理相关责任人 37 名，有力维护了保险市场的稳定和被保险人的利益。

2.4.3　偿付能力监管迈出实质性步伐

随着保险业的发展、保险公司内控能力不断增强和市场秩序逐步好转，偿付能力监管的实质推进逐步提上日程。为此，保监会对 2001 年《保险公司最低偿付能力及监管指标管理规定》进行了修订，于 2003 年 3 月颁布实施了《保险公司偿付能力额度及监管指标管理规定》，该规定进一步明晰了偿付能力额度的监管方法，调整了监管指标，完善了相关监管措施，初步建立了符合我国国情的偿付能力监管制度框架和指标体系。同时，要求各保险公司提交有关偿付能力情况报告，偿付能力监管开始进入实质性落实阶段。在全面分析各保险公司偿付能力的基础上，对偿付能力不足或者监管指标严重超标的公司分别采取了监管谈话、提交解释报告等监管措施。随着偿付能力监管制度的不断完善和执行力度的不断加强，偿付能力监管的效果开始显现。

2.4.4　行政审批制度继续深化

在 2002 年年底已取消 58 项行政审批项目的基础上，根据《国务院关于取消第二批行政审批项目和改变一批行政审批项目管理方式的决定》的精神，中国保监会于 2003 年 3 月取消了 28 项行政审批项目。具体包括：保险公司分支机构变更机构名称审批，保险公司分支机构业务范围审批和业务范围变更审批，人身保险公司分支机构条款费率备案，保险代理机构、保险经纪公司、保险公估机构变更住所审批和破产审批，外资保险公司分支机构变更名称审批（以分公司名义进入中国的外资保险公司除外），外资保险机构驻华代表机构展期审批和同城变更地址审批，外资保险机构驻华代表机构更换、增减代表、副代表、外籍和港澳台工作人员备案，境外保险机构（含分支机构）撤销审批，境内中资保险机构的境外代表机构撤销审批等。

2.4.5 条款费率管理制度改革稳步推进

2003 年车险条款费率管理制度改革在全国范围内推开,经过大量深入细致的工作,市场运行基本平稳。航空意外险改革逐步推进,发布了行业指导性条款。通过改革,保险公司更加尊重市场规律,注重产品开发和客户服务。保险产品种类逐步增加,费率趋于合理,较好地满足了社会需求。

2.4.6 基础建设得到加强

基础建设是保险业持续快速健康发展的重要保障。监管部门在 2003 年大力加强基础制度建设,特别是加强了保监会系统的信息化建设,提高保险数据收集和分析处理水平,为加强监管提供了技术支持,打下了良好基础。

2.5 监管服务水平不断提升

监管部门通过树立和深化服务意识,寓服务于监管之中,通过提升监管服务水平,努力为市场主体服务,创造良好发展环境。

2.5.1 增加主体,扩大开放,完善市场结构

一是支持保险公司发展服务网点,促进保险中介市场发展,2003 年共批设保险公司分支机构 316 个,保险专业中介机构 922 家。二是进一步扩大保险市场对外开放。2003 年,共批准 3 家外国保险公司进入我国保险市场,批准 10 个外资保险公司营业机构开业。外资保险公司业务范围和经营区域进一步扩大,允许外国非寿险公司在华设立独资子公司,允许在华外资非寿险公司向国内客户提供除法定业务外的全部非寿险服务,对外开放城市增加到 15 个。

2.5.2 放宽经营区域和高管人员任职资格限制

一是允许中资保险公司分支机构在省级行政区域设立分支机构后,可以通过专业保险中介或者设立营销服务部的方式在全辖区内开展业务,通过扩大经营区域,打破了原来保险业务行政区域的条块分割,有利于保险公司减少管理层级,降低运营成本,促进市场充分竞争。二是放宽保险公司高级管理人员任职资格限制。2003 年 7 月中国保监会对《保险公司高级管理人员任职资格管理规定》进行了修改,主要是缩小了保险公司高管人员的审批管理范围,取消了外籍高管

人员的语言限制，放宽了从业年限和工作经历方面的要求，合理调整了高管人员报备审批制度。这些修改措施，适应了保险业快速发展的需要，为吸引更多优秀人才参与保险事业的建设和发展创造了条件。

2.5.3 拓宽保险资金运用渠道

2003 年 5 月，中国保监会颁布新的《保险公司投资债券管理暂行办法》，允许保险公司投资的债券由三峡、铁路、电力、移动通信等中央企业债券扩充到可以自由选择购买由中国保监会认可的、信用评级机构评级在 AA 级以上的所有企业债券，保险公司投资企业债券的比例由不超过总资产的 10%提高到 20%。2003 年 7 月，中国保监会又明确保险公司可以投资中央银行票据，进一步增加了保险资金运用的渠道。

2.6 监管方式不断改进

一是提高了监管透明度。监管部门通过健全信息披露制度，及时公布政策法规、重大监管举措、行政审批事项和保险业统计数据，提高了监管透明度，使社会公众增强了对保险业的了解，提升了保险业的行业形象。二是积极鼓励创新。在日常监管中，监管部门鼓励保险公司进行产品、销售和服务创新，不断发掘和培育新的业务增长点，加强风险管理服务，把服务渗透到保险消费的各个环节，丰富保险服务的内涵，促进我国保险业加快发展。三是建立健全了协调监管机制。通过与银行、证券监管机构以及同中央银行、财政等部门的协调沟通，加强对金融市场的协调监管，提高保险监管实效，为保险业创造良好的宏观环境。四是加强了行业自律。进一步明确保险行业协会、保险学会在市场经济条件和保险业快速发展的新形势下的职能定位，行业自律和理论研究作用得到加强。

2.7 存在问题

回顾总结我国的保险监管历史，监管一直在不断改革和完善。2003 年的保险监管尽管取得了积极进展，但由于我国保险业总体发展还处于较低水平，市场结构和经营机制正在完善之中，同时，随着保险产品和技术不断创新，这些都对保险监管提出了新的要求，保险监管仍有待进一步加强、改进和完善。目前保险监管还存在以下一些问题：

2.7.1 保险监管理论研究薄弱

目前，我国保险理论和保险监管研究相对滞后，研究力量比较薄弱，研究人才较为短缺，研究体制不健全，没有形成一套较为成熟、系统、符合我国实际的保险理论体系，保险基础理论研究和保险应用理论研究都不够深入，理论研究和实践发展存在脱节，与快速发展的保险业不相适应。

2.7.2 监管法制建设相对滞后

保险监管法制建设滞后于保险业的发展。新《保险法》虽然已经颁布实施，但有些规定过于笼统，需要制定配套的实施细则。由于各种原因，《保险公司管理规定》的全面修改和《保险违法行为处罚办法》起草出台到目前为止仍未有效落实。对保险市场出现的许多问题，缺乏有力的法律武器加以规范，在监管实践中常常出现一些违法行为找不到处罚依据以及对同一违法行为出现不同处罚结果的情形，不利于监管权威的树立。

2.7.3 监管体系和技术手段有待进一步完善

保监会的内设机构和运行机制还在进一步完善，各保监局内设机构的设置和人员配备还在逐步落实，监管队伍的知识结构还有待进一步优化，宏观研究、精算、法律和财务分析等方面的专业人才队伍还有待加强。

信息化是非现场监管和偿付能力监管的重要基础和手段。目前，监管部门的信息化水平低，信息化程度落后于保险机构，监管机构与保险公司尚未建立信息交流和共享的平台，数据统计口径不统一；偿付能力监管还没有完全落实到位；现场检查的标准和程序有待进一步规范和完善；信息披露、信用评级等市场化的监管手段运用还不充分，这些都在一定程度上影响了监管效率。

2.7.4 监管力度和透明度有待加强

目前，保险市场上的弄虚作假、误导、违规支付手续费、恶性竞争等行为依然存在，监管力度需要进一步加强。此外，无论是从保护消费者利益考虑，还是从维护市场的公平和效率考虑，保险监管的透明度都应提高。提高监管透明度，有利于降低保险市场交易的成本，增加公平交易的机会，提升保险业形象。目前我国保险监管的透明度较低，社会公众难以及时、准确、完整地获得关于保险公司、保险产品、保险市场的重要信息，大大降低了保险消费的信心，影响了保险业发展。

2.7.5 偿付能力监管存在较大差距

虽然目前强调市场行为监管与偿付能力监管并重，并将逐步向偿付能力监管过渡，但在实践中市场行为监管占用了大量的监管资源，效果并不明显，一些违法违规行为屡禁不止。而相应投入到偿付能力监管等关键领域的力量又显得不足，监管的实效不高。从目前世界主要国家和地区的保险监管实践来看，偿付能力监管的核心地位日益突出。近几年中国保险市场发展很快，监管部门也在大量借鉴国外偿付能力监管的经验和技术，在偿付能力监管方面虽然出台了不少规章制度，取得了进展，但由于落实不够，偿付能力监管的作用尚未得到充分发挥，仍然存在较大差距。根据经验，有效的偿付能力监管体制通常具备以下五项要素：一是审慎的资产负债评估制度；二是最低偿付能力计算标准；三是以财务、业务真实性和事后监督为目标的现场监管制度；四是以动态趋势分析和风险预警为目标的非现场监管制度；五是保险公司退出以及保险保障基金使用的法规和处理机制。但我国的偿付能力监管仅在某些方面取得了一定进展，还有很多数据积累、统计分析的基础性工作有待开展和落实。

3. 我国保险监管展望

随着我国经济持续快速发展，人民生活水平的不断提高，经济体制的逐步完善，保险业发展面临良好机遇，具有坚实客观基础，发展前景十分广阔。如何通过加强和完善保险监管来促进保险业发展，是监管部门当前和今后相当一段时期面临的的重要课题。

3.1 监管思路将进一步明确统一

我国保险业的发展空间巨大，但保险业能否加快发展，能否在经济建设和社会发展中发挥更大作用，监管思路是关键因素。随着“做大做强、加快发展”的逐步深入落实，以及保险业面临的发展形势，保监会系统和保险业内的监管思路将进一步统一到发展的最终目标上来。监管部门将紧紧围绕全面建设小康社会的奋斗目标，坚持寓监管于服务之中的指导思想，加强和改善监管，把监管职能继续转移到主要为市场主体服务和创造良好发展环境方面，将始终把加快发展作为首要任务，充分发挥保险功能，更好地服务经济建设和社会发展全局。

3.2 监管法规将进一步健全完善

在《保险法》修订实施后，原来的《保险公司管理规定》在经营范围、条款费率、资金运用、偿付能力等诸多方面的条款已不完全适应新《保险法》要求，因此，修改《保险公司管理规定》是健全保险监管法规的一个重要内容。《保险违法行为处罚办法》作为贯彻落实新《保险法》的重要工具，目前，起草工作已基本完成，争取该行政法规的尽快出台对依法行政、加强和改善监管将有十分重要的意义。

在健全完善监管法规的基础上，坚持依法监管十分重要。我国逐步建立的市场经济的实质是法制经济，对于保险监管而言就是要根据市场取向原则依法监管、依法行政。随着由法律、行政法规、规章和规范性文件等组成的保险监管法规体系逐步建立健全，监管部门将进一步加大普法力度，提高执法水平，坚持依法监管。

3.3 宏观调控将逐步加强

宏观调控是国家综合运用经济、法律和行政等手段，对国民经济运行过程进行全面监控和调节。保险业进行宏观调控，就是按照保险业初级阶段的特点和状况，运用行政、经济、法规和政策指导等手段对保险市场运行、保险机构经营和风险状况等进行监控和调节，对保险业发展趋势进行有效分析和科学把握，实现保险业持续健康发展、市场公平竞争、公司偿付能力充足和保护被保险人利益等调控目标。当前，随着市场取向改革的大力推进和行政审批事项改革的不断深化，建立宏观监管调控体系、加强保险市场宏观调控是监管部门面临的一项新课题。

加强保险市场宏观调控，一是要研究建立保险市场宏观调控机制。主要是根据保险业发展和保险市场运行实际状况，建立科学的保险市场宏观调控指标体系，保证信息的有效完备性和决策的科学性，在此基础上对保险市场进行宏观调控。二是发挥保险市场在完善金融调控机制中的作用。保险市场在金融资源配置中具有重要作用，可以促进货币市场、资本市场的繁荣和金融市场的协调发展。要利用保险资金的特点和优势，进一步促进保险市场与资本市场、货币市场有机结合、协调发展,发挥保险在维护金融市场的整体稳定和防范系统性风险方面的积极作用。

在加强保险市场宏观调控中,编制保险业中长期发展规划是重要内容之一。保险业中长期发展规划的编制不仅将确定我国保险业中长期发展目标、任务和措施,而且也是对我国保险业发展现状的概括、保险资源的评估、发展经验的总结和发展环境的分析。在分析现状和总结经验的基础上,进一步明确我国保险业中长期发展的总体目标和战略重点,为我国保险业中长期发展提供科学全面务实的政策指导。编制保险业发展规划将紧紧围绕完善社会主义市场经济体制和全面建设小康社会的奋斗目标,抓住重要战略机遇期,抓好发展这个第一要务,牢固树立全面、持续、可协调的科学发展观,在全面分析国内外经济社会发展等综合因素和环境的基础上,根据我国经济社会发展以及人民生活对保险的需求,按照"五个统筹"的要求,提出我国保险业的发展道路、发展模式和发展战略,进一步明确保险业为什么要发展、怎样发展和发展一个什么样的保险业等重大问题。

3.4 市场行为监管将继续加强

在我国保险业处于初级阶段的发展时期,加强市场行为监管,整顿和规范保险市场秩序是重要工作之一,今后一段时期,监管部门将继续重点加强以下几个方面的监管:一是严肃查处寿险新型产品的误导行为。强化保险机构对代理人的管理责任,更好地保护被保险人的利益。二是进一步整顿车险市场秩序。坚决制止借车险改革之机扰乱市场秩序和侵害被保险人利益的行为,维护市场正常的竞争秩序。三是加大保险中介机构违规行为的查处力度。建立相应的市场退出机制,通过市场竞争和优胜劣汰,优化中介市场结构,形成一批信誉好、实力强和经营规范的保险中介机构。四是在整顿和规范保险市场秩序的同时,加快保险业信用体系建设。逐步建立健全保险信息披露制度、保险信用评级制度和保险失信惩戒制度等。

要抓好上述这几个方面的监管,加强对法人机构的监管十分关键。保险市场上的各种违法违规行为,表面看在分支机构,但其根源在总公司,加强对法人机构的监管力度可以起到事半功倍的作用。具体有:一是深化公司体制改革,完善法人治理结构,促进法人加强对分支机构的管理。二是加大对法人机构的检查力度,开展治理结构、内控制度等检查,防范和化解系统性风险。三是建立违法违规行为定期通报制度,实行分类和差异化监管,跟踪、关注重点公司的市场行为。

3.5 偿付能力监管将逐步有效落实

偿付能力涉及到保险公司业务运作的各个环节，不仅依赖于产品定价、准备金提取、再保险安排和投资收益等，还受到宏观经济环境、市场利率、资本市场等外部环境的影响。我国保险业的偿付能力监管制度建设已取得了积极进展，重要的是进一步补充、完善和落实。具体而言，目前影响偿付能力监管的落实主要有三个因素：一是建立健全科学、完整的偿付能力监管指标体系面临不少困难。偿付能力监管指标体系的内容包括实际偿付能力额度计算、最低偿付能力额度确定、资产和负债的评估认可、监管会计准则的建立、监管指标的设置管理、保险公司统计报表要求、指标异常或偿付能力不足的监管措施等诸多方面，涉及到保险经营和保险监管的许多环节。二是精算制度有待进一步完善，这是全面实施偿付能力监管的重要前提。三是报表、资料真实性管理有待加强。监管部门主要通过分析保险公司的各种财务、业务报表和资料，从而评价保险公司偿付能力状况，因此，报表、资料的真实性是偿付能力监管的前提和基础，但在实践中这方面的管理还有待大大加强。

2003 年 3 月发布的《保险公司偿付能力额度及监管指标体系管理规定》为偿付能力监管打下了良好基础，下一阶段主要将从以下几个方面进行进一步完善、落实：一是抓紧制定监管会计准则。二是出台《非寿险责任准备金提取办法》，统一非寿险业务准备金的计提标准和计提方式。三是健全保险保障基金制度。四是加强保险资金运用监管，建立投资决策、投资交易和资金托管三分离的防火墙制度。五是加强与有关部门的合作，防范系统性风险。监管部门将继续加强对偿付能力监管方式的研究，充分借鉴发达国家的技术手段，并结合我国保险市场实际和特点，逐步形成有中国特色的科学、合理的监管体制和方式，在以市场行为监管和偿付能力监管并重的平衡中，逐步有效落实偿付能力监管，进一步推动我国保险业的可持续发展。

3.6 新的监管课题将不断涌现

3.6.1 如何监管逐步出现的保险集团

随着经济全球化和金融创新的发展，金融融合趋势日趋明显，我国也逐步出现了一批保险集团公司。截至2003年年底，我国共有中国人保控股、中国人寿(集团)、中国再保险(集团)、中国保险(控股)、中国太平洋保险(集团)和中国平安保险(集团)等6家保险集团公司。如何加强对保险集团公司的监管，成为监管部门面临的新课题之一。从目前来看，首先应当积极探索建立符合中国国情的保险集团发展战略。在我国现阶段，建立和发展保险企业集团符合现代保险业的发展趋势，它可以实现资源共享和优势互补，提高经营效率，有利于促进保险业做大做强和实现金融市场的协调发展。其次，应当研究探索保险企业集团通过股权方式实现多样化经营。支持保险公司通过股权合作、依法并购等多种形式实现金融业务的相互渗透与结合，增强自身实力。如可以考虑在现行法律法规的框架内，积极研究探索银行与保险公司进行股权合作的可能性。第三，应当完善保险集团法人治理结构，切实防范化解风险。保险企业集团与子公司之间股权结构复杂，容易产生关联交易等问题，如果没有相对完善的法人治理结构和严密的内控制度，将产生相当巨大的风险。第四，应当加强法制建设，完善法律法规和监管标准，不断提高监管水平。如研究制定有关管理办法，加强对保险企业集团的监督和管理，强化关联交易监控，研究建立保险企业集团风险防范机制和有效的防火墙制度，防止风险传导和放大，避免出现连锁性、系统性风险。

3.6.2 如何加强对上市公司的监管

保险公司股份制改革和上市的目的在于转换经营机制、提高竞争能力，真正建立资本充足、内控严密、运营安全、服务和效益良好的现代保险企业。保险公司上市后与资本市场联系更为紧密，对金融改革进程的推进有着重要影响，今后还将继续有保险公司上市，这对保险监管工作提出了新的更高的要求。今后应主要从以下几个方面加强对上市公司的监管：一是规范保险公司法人治理结构。保监会将通过颁布《保险公司法人治理结构指引》等方式，推动保险公司治理结构的规范。按照现代企业制度要求，建立健全公司治理结构，加强经营管理，完善内控机制，切实提高竞争力。二是进一步加强监管合作，完善协调机制。上市保险公司的监管涉及面比较广，需要监管机构和有关部委之间的协调与合作。目前，保监会已与银监会、证监会建立了“监管联席会议”和“经常联系”机制，为提高监管效率、鼓励金融创新、有效防范风险进行了有益的探索。今后，保监会还将积极与境外监管机构及中介机构进行沟通合作，加强对国内保险公司境外上市后的监管工作，保护被保险人和投资者的合法权益。

3.7 基础建设将不断夯实

这方面主要包括:推进监管信息化建设,建立科学的监管统计指标体系,建设监管机构与保险公司通畅的信息平台。尽快推行业务、财务信息全科目上报制度,通过电脑软件实现自动汇总生成监管报表,监管重点将放在对报表数据的分析上。不断完善现场检查标准和程序,提高现场检查工作质量和效率,实现规范化监管。切实加强非现场监管,逐步统一监管部门非现场分析的格式和标准,更加全面及时准确地分析人身保险市场运行情况。

此外,提高监管信息透明度也是完善保险监管基础建设的重要组成部分。提高监管透明度客观上可以促进监管力量的延伸,改善投保人、被保险人信息不对称和不完全的问题,有利于防止误导行为发生,有利于社会发挥监督作用,有利于改善和加强监管,有利于社会保险需求和保险供给的互动,从根本上来说有利于保护被保险人利益和促进保险业发展。

3.8 行业自律和社会监督作用将进一步发挥

行业协会是沟通政府、企业和市场的桥梁与纽带。在保险业快速发展的新形势下,进一步发挥保险行业协会促进行业自律、规范行业行为、开展行业服务、维护公平竞争的职能,有利于加强监管、促进发展。可以考虑以行业协会为依托,建立会计、精算等专业委员会,实现其在自律、维权、协调、宣传、交流等方面的作用。

此外,可以考虑加强与会计、法律、精算和咨询等专业机构的协作,充分发挥其在各领域的专业优势,充分发挥其作为保险中介服务机构的社会监督作用,促进保险业发展。

附件:

中国保监会主要职责

中国保险监督管理委员会是国务院直属正部级事业单位,根据国务院授权履行行政管理职能,依照法律、法规统一监督管理全国保险市场,维护保险业的合法、稳健运行。

1. 中国保监会的主要职责。中国保监会的主要职责有:

(1)拟订保险业发展的方针政策,制订行业发展战略和规划;起草保险业监管的法律、法规;制订业内规章。

(2)审批保险公司及其分支机构、保险集团公司、保险控股公司的设立;会同有关部门审批保险资产管理公司的设立;审批境外保险机构代表处的设立;审批保险代理公司、保险经纪公司、保险公估公司等保险中介机构及其分支机构的设立;审批境内保险机构和非保险机构在境外设立保险机构;审批保险机构的合并、分立、变更、解散,决定接管和指定接受;参与、组织保险公司的破产、清算。

(3)审查、认定各类保险机构高级管理人员的任职资格;制订保险从业人员的基本资格标准。

(4)审批关系社会公众利益的保险险种、依法实行强制保险的险种和新开发的人寿保险险种等的保险条款和保险费率,对其他保险险种的保险条款和保险费率实施备案管理。

(5)依法监管保险公司的偿付能力和市场行为;负责保险保障基金的管理,监管保险保证金;根据法律和国家对保险资金的运用政策,制订有关规章制度,依法对保险公司的资金运用进行监管。

(6)对政策性保险和强制保险进行业务监管;对专属自保、相互保险等组织形式和业务活动进行监管。归口管理保险行业协会、保险学会等行业社团组织。

(7)依法对保险机构和保险从业人员的不正当竞争等违法、违规行为以及对非保险机构经营或变相经营保险业务进行调查、处罚。

(8)依法对境内保险及非保险机构在境外设立的保险机构进行监管。

(9)制订保险行业信息化标准;建立保险风险评价、预警和监控体系,跟踪分析、监测、预测保险市场运行状况,负责统一编制全国保险业的数据、报表,抄送中国人民银行,并按照国家有关规定予以发布。

(10)按照中央有关规定和干部管理权限,负责本系统党的建设、纪检和干部管理工作；负责国有保险公司监事会的日常工作。

（11）承办国务院交办的其他事项。

2. 派出机构的主要职责。中国保险监督管理委员会派驻各省、自治区、直辖市和计划单列市的保监局，根据中国保监会的授权履行辖区内保险业的行政管理职能，依照国家有关法律、法规和方针、政策，统一监督管理保险市场，维护保险业的合法、稳健运行，引导和促进保险业全面、协调、可持续发展。保监局作为中国保监会的派出机构，主要履行以下职责：

（1）贯彻执行国家有关法律、法规和方针、政策，研究制订辖区内保险业发展战略规划；

（2）依据中国保监会的授权，依法对辖区内保险机构、保险中介机构的经营活动进行监督管理；

（3）根据中国保监会的规章，制订辖区内保险市场监管的相关实施细则、具体办法和工作措施；

（4）依法查处辖区内保险违法、违规行为，维护保险市场秩序，依法保护被保险人利益；

（5）监测、分析辖区内保险市场运行情况，预警、防范和化解辖区内保险风险，并将有关重大事项及时上报；

（6）负责辖区内保险公司分支机构、保险中介机构及其分支机构的市场准入、退出等有关事项的审批和管理工作；

（7）负责审查核准相关高级管理人员的任职资格；

（8）负责管理有关的保险条款及费率；

（9）归口管理辖区内保险行业协会、保险学会等行业社团组织；

（10）中国保监会交办的其他事项。

第五章

财产保险篇

财产保险一直是我国保险业务的主要组成部分，它经营的历史最长、业务范围最广。我国财产保险市场历经几十年风风雨雨，虽初成体系，但仍无法与国际财产保险市场相匹敌，在经营理念、科技含量、增长方式、人才机构、投资渠道等诸多方面都难以达到国际化、市场化和规范化的要求。

改革开放以来，财产保险业务一直保持了较快的发展速度，也体现出我国财产险市场巨大的发展潜力和发展空间。目前，如何加快中国财产险业体制变革、机制转换、业务创新的步伐，在开放国内保险市场的进程中发挥比较优势、迎接机遇和挑战是我国财产险市场着力要解决的问题。

1. 我国财产保险市场的历史回顾

1.1　我国财产保险市场的发展历程

新中国成立以来，我国财产保险业经历了一个曲折的发展过程，大致可以划分为三个阶段：

1.1.1　起步、停办的曲折发展阶段(1949～1979 年)

新中国成立后，为建立起新的适应社会主义建设需要的保险业，人民政府于 1949 年对旧中国保险业进行了全面的清理、整顿和改造，同时为了尽快恢复和发展受连年战争破坏的国民经济，于 1949 年 10 月 20 日在北京批准成立了中国人民保险公司，从此揭开了中国保险史上新的一页。中国人民保险公司成立后，迅速在全国建立分支机构，并以各地人民银行为依托，建立起广泛的保险代理网。为配合国民经济的恢复和发展，中国人民保险公司积极开展业务，重点承办了国营企业、县以上供销合作社及国家机关财产和铁路、轮船、飞机旅客的强制保险，开办了火灾保险、运输险、汽车险、邮包险、航空运输保险、金钞险、船舶险等财产保险业务。从1949年中国人民保险公司成立到1958年10年间，我国的财产保险业有了一定规模的发展，取得了一些经验，为恢复灾后生产、稳定社会生活发挥了积极作用。

随着“一五”期间社会主义改造的逐步完成和农村人民公社化，受极左思想影响，人们对保险是否还有必要在我国继续存在产生了怀疑。1958年，全国财贸工作会议正式作出决定：停办国内保险业务。从此，中国财产保险业进入了长达20年的停滞阶段。

1.1.2 全面恢复和初步发展阶段（1980～1991年）

为适应经济体制改革和对外开放的需要，国务院作出了“逐步恢复国内保险业务”的重大决策，我国财产保险业跨入了一个新的历史时期，取得了较快的发展。

1980年起，国内财产保险业务全面得到恢复，过去企业发生意外损失统一由财政解决的做法也作了相应改变，凡全民所有制和集体所有制企业的财产均可自愿参加保险，而全民所有制单位投保的财产，一旦发生损失，由保险公司按保险合同规定负责赔偿，国家财政不再核销和赔款，我国财产保险业开始向商业化发展。

我国保险市场在1986年前一直由中国人民保险公司独家垄断，在恢复国内业务初期曾起到一定的积极作用，促进了我国财产险业在短期内迅速恢复和发展。但随着社会主义市场经济的迅猛发展，财产险业垄断经营的弊端开始暴露，甚至影响了保险市场的开拓能力。1986年2月，中国人民银行批准设立“新疆生产建设兵团农牧业保险公司”，专门经营新疆生产建设兵团农场内部的种养两业保险，1992年该公司更名为“新疆兵团保险公司”，并相应扩大业务范围。1988年5月和1991年4月，平安、太平洋等两家全国性综合性股份制保险公司相继成立，打破了中国人民保险公司独家垄断的局面，使我国财产险市场形成了“三雄争霸”的局面。这一时期，我国财产保险业在国家有关政策的支持下得到较大发展，处于我国保险业的主导地位，保费收入稳步增长，在总保费收入的比重一直在70%以上，保险产品也日益增多，为保障社会生产和人民生活的安全发挥了较大的作用。1991年，我国财产险业保费收入136.83亿元，同比增长28.17%，占总保费收入76.77%。

1.1.3 快速发展和逐步开放阶段（1992年至今）

自1992年，美国友邦保险公司作为第一家进入中国的外资保险公司落户上海以来，我国财产险市场的对外开放程度在不断扩大。与此同时，国内财产险市场经营主体进一步增加，1994 年底和 1995 年初，天安保险公司和大众保险公司在上海成立，1996 年，华泰、华安、永安等股份制保险公司又分别在北京、深圳和西安设立，紧接着美亚、丰泰、民安、东京海上等一批外资产险公司也纷纷获得中国大陆建立分公司的许可并开始发展业务，一个以国有制为主体，中外保险公司并存，多家保险公司竞争的财产险市场多元化格局初步形成。

从市场份额来看，中国人民保险公司在财产险市场上所占比重在逐年降低，但其凭借广泛分布的分支机构和长期经营的历史经验，仍然在市场份额方面占据着绝对优势。1992 年，太平洋和平安所占财产险市场份额还相当有限，人保公司保费收入 241.28 亿元，太平洋保险公司保费收入 6.43 亿元，平安保险公司保费收入 1.97 亿元。但随后几年太平洋和平安的发展极为迅速，到 1996 年，人保公司财产险保费收入 350 亿元，太平洋、平安已分别达到 55.5 亿元和 33.14 亿元，人保财产险市场占有率从 1992 年的 96%下降到 1996 年的 78%。

到 90 年代中后期，市场主体迅速增加，财产保险市场竞争进一步加剧，虽然总体看新公司在财产保险市场上所占份额较小，但其保费增长速度很快，具有较好的发展潜力。2002 年，人保、太平洋和平安三家公司在我国产险市场占比分别为 71%、13%和 11%，其他 20 家中外产险公司占比不足 5%。这一阶段，伴随着财产保险市场格局的较大变化和细分，财产保险业务在竞争中迅速成长，年均保费收入增幅在 30%以上。

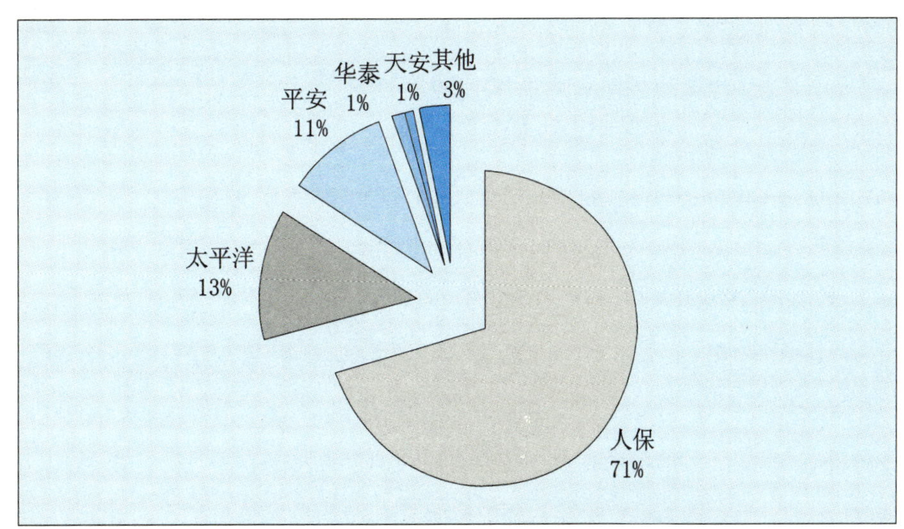

图 5—1　2002 年我国财产保险市场分布情况

1.2 财产保险市场发展的基本评价

1.2.1 财产险保费收入快速增长，发展潜力大

历史地看，财产保险曾发挥十分重要的作用。在我国恢复国内保险业务后的一个较长时期内，财产保险一直处于我国保险业的主导地位。从1980年到2002年间，我国财产险市场得到持续快速发展，保费收入增长了近170倍，年均增长速度为26.3%。下表反映了近10年来我国财产险业务发展状况。

表5—1 1992～2002年我国财产险业务发展状况

年 份	财产险保费收入(亿元)	保费收入增长速度(%)	GDP增长速度(%)	财产保险保费占总保费比重(%)
1992	147.4	7.72	14.2	69.63
1993	251.4	70.56	13.5	63.57
1994	336.9	34.01	12.6	67.33
1995	390.7	15.97	10.5	65.67
1996	452.49	15.82	9.6	58.27
1997	485.99	7.40	8.8	44.67
1998	499.6	2.80	7.8	40.05
1999	521.12	4.31	7.1	37.4
2000	598.4	14.83	8	37.5
2001	688.24	15.01	7.3	32.63
2002	779.51	13.26	8	25.53

资料来源：历年《中国保险年鉴》、历年《中国统计年鉴》。

财产保险业的发展繁荣主要源于国民经济的高速发展，但发展速度也直接受制于国民经济环境的变化。1992年邓小平南巡讲话发表后，国内经济环境空前活跃，直接拉动次年财产保险业务成为整个90年代增长幅度最高的年份。1997年开始的经济软着陆和整顿经济环境，直接导致以社会物质财产作为保险标的的财产保险业务在1997年和1998年开始进入低增长状态，财产险比重开始大幅下降，1999年由于通货紧缩又造成当年的财产险业务增长成为90年代的最低点。进入2000年，国有企业机制转换带来整个国有经济资产总量的增加，加上住房制度改革，使全国企业财产保险和住房抵押贷款保险业务上扬，整个财产保险市场一改连续三年的颓势，出现了14.8%的高增长率。总体而言，我国财产险业务的发展态

势基本体现了国际保险变化的趋势,表明财产险市场开始逐渐走向成熟。

2002 年,我国财产险保费收入世界排名为第 13 位,仅占世界非寿险市场份额的 1.08%。因此,尽管在恢复国内业务的 20 年间,我国财产保险市场取得了长足的发展,但与国际同业相比,财产险市场发展水平仍然较低,还存在有待开发的潜力。表 5—2 反映了我国财产险业务与世界非寿险业务的对比情况。

表 5—2 2002 年中国与其他主要国家和地区非寿险保费收入情况

单位:百万美元

国家/地区	非寿险保费收入	占世界市场份额(%)	世界排名
美国	519858	47.66	1
日本	91028	8.35	2
英国	77026	7.06	3
德国	74911	6.87	4
法国	44649	4.09	5
意大利	31616	2.90	6
加拿大	28520	2.61	7
西班牙	20415	1.87	8
荷兰	18915	1.73	9
韩国	16143	1.48	10
中国大陆	11834	1.08	13
中国台湾	7932	0.73	15
巴西	7852	0.72	16
印度	3197	0.29	27
中国香港	2342	0.21	32
总计	1090775	-	-

资料来源:根据“瑞士再保险公司,Sigma,2003 年第 8 期”整理。

1.2.2 险种结构不断进行调整,发展不均衡

自 1980 年全面恢复保险业以来,以企财险、机动车辆险、货运险和家财险为主体的传统财产险产品获得了较大的发展,但各险种的发展速度却快慢不一。其中,机动车辆保险业务增长势头最为迅猛,于 1988 年首度超过企业财产保险,

成为中国财产险市场上第一大险种；企业财产保险业务总体呈上升趋势，其中1996年、1997年增幅最大，1997年以后保费增长放缓；货运险从1985年到1997年一直保持增长的趋势，其中1996年、1997年增长最快，但1997年以后保费收入开始下降一直到2000年才有所回升。图5—2和5—3反映了1985年和2001年财产保险险种结构变化情况。

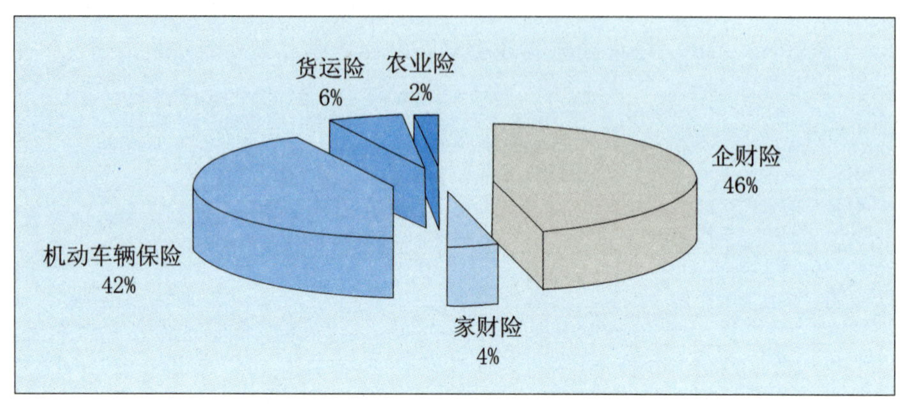

图5—2　1985年产险险种结构

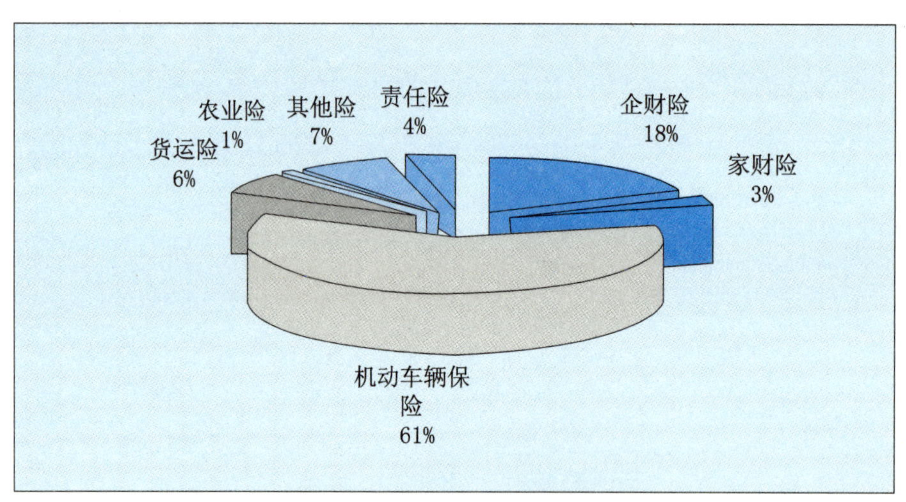

图5—3　2001年产险险种结构

1.2.3　财产险市场多元化结构初步形成，集中度高

随着改革开放的不断深入，各类市场主体逐渐进入了我国财产保险市场开展业务。2001年，为进一步推动国企走出国门，防范和控制国际贸易风险，我国首家政策性专业保险机构——中国出口信用保险公司正式成立。至此，初步形成了以国有商业保险公司和股份制保险公司为主体、政策性保险公司为补充、中

外保险公司并存、多家公司竞争发展的新格局。

截至 2002 年底，我国财产险市场共有经营财产险保险公司 20 家。其中，中资保险公司 11 家，实现财产险保费收入 773.15 亿元，占财产险保费总收入的 99.18%；外资保险公司 9 家，实现财产险保费收入 6.36 亿元，占财产险保费总收入的 0.82%。分保险公司看，中国人民保险公司、中国太平洋财产保险公司、中国平安财产保险公司的保费收入分别占到总财产险收入的 70.48%、13.10%、10.55%，而其他 17 家保险公司收入仅占市场的 5.87%，可见市场集中度依然相当高，垄断竞争的格局没有发生根本变化。

1.2.4 财产保险的职能和作用得到较大的发挥

近年来，财产保险市场较好地发挥了经济补偿功能，特别是在许多洪涝、地震等自然灾害和空难等重大意外事故发生后，各保险公司及时查勘施救、赔付损失，在灾后重建、恢复生产和善后处理等方面发挥了十分积极的作用。2002 年，各财产保险公司累计赔付 432 亿元。此外，财产保险业可运用资金余额不断增加，保险资金运用渠道逐步拓宽，保险资金成为支持国家经济建设的一个重要资金来源，保险的资金融通作用已经日益明显。同时，随着各类责任保险业务的发展，保险通过发挥社会管理功能，为优化经济运行环境、提升社会公共管理水平、提高人民群众的生活质量作出了越来越大的贡献。

2. 我国财产保险市场的现状分析

2003 年，我国财产保险业以机动车险条款费率管理制度改革（以下简称“车险改革”）为龙头，以加快发展为目标，积极深化各项改革，努力探索经营机制和保险服务的创新，强化公司内控管理，切实转变监管思路，不断创新监管手段，财产险市场呈现出良好的发展态势。

2.1 2003 年财产险市场基本状况

2.1.1 保费收入

2003 年，非寿险业共实现保费收入 869.41 亿元，比上年增加 89.9 亿元，同比增长 11.71%，比上年同期增幅下降了 1.85 个百分点，占全国总保费收入的

22.41%，与上年相比下降了 3.11 个百分点，其中意外险保费 23.61 亿元，健康险保费 1.87 亿元，占非寿险总保费的 2.85%。保险密度为 65.5 元，保险深度为 13.1%。

全国车险保费收入为 547 亿元，同比增长 15.89%，占全部财产险保费收入的 62.64%，比上年增加 1.31 个百分点。图 5—4 为 2002～2003 年月度财产险保费收入对比图，各月累计保费收入增长势头平稳。

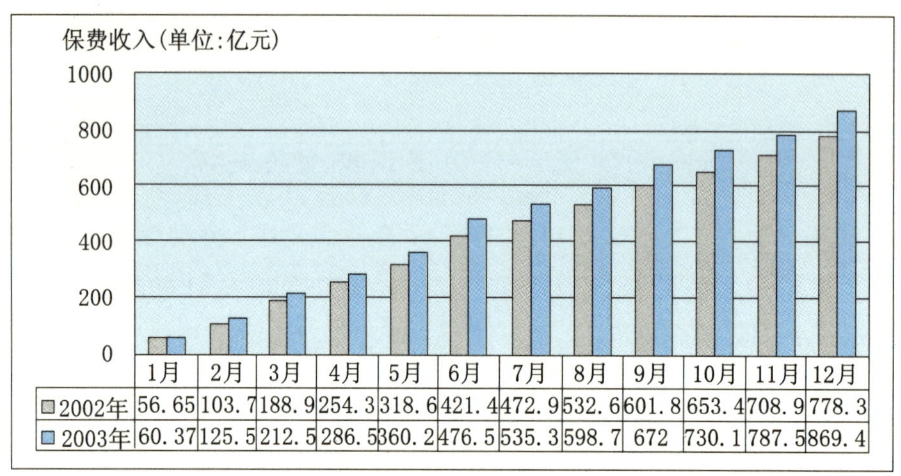

	1月	2月	3月	4月	5月	6月	7月	8月	9月	10月	11月	12月
2002年	56.65	103.7	188.9	254.3	318.6	421.4	472.9	532.6	601.8	653.4	708.9	778.3
2003年	60.37	125.5	212.5	286.5	360.2	476.5	535.3	598.7	672	730.1	787.5	869.4

图 5—4　2002～2003 年月度财产保险累计保费收入对比图

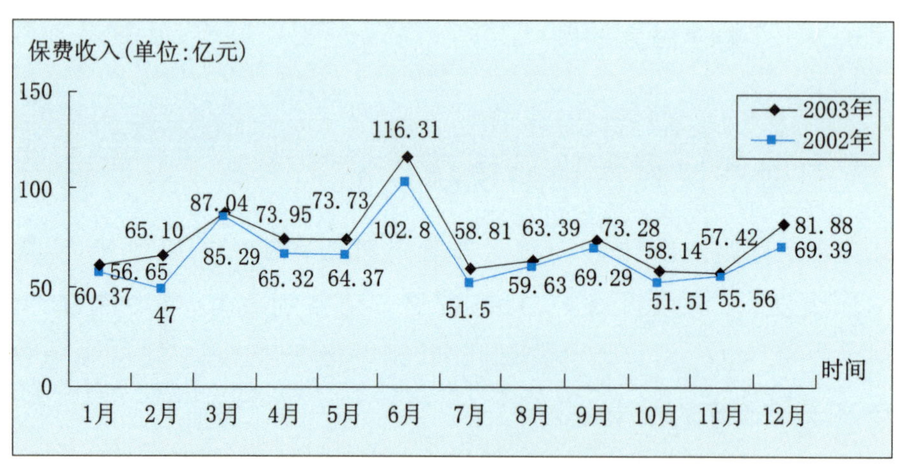

图 5—5　2003 年月度财产保险保费收入变化图

2.1.2　赔款支出

2003 年，全国财产险业累计赔款支出 476.32 亿元，比去年同期增加 71.4 亿元，同比增长 17.63%，高于保费收入增幅 5.92 个百分点，简单赔付率为

54.79%，高于上年 2.76 个百分点。其中，车险累计赔款支出为 332.07 亿元，同比增长 21.89%，占财产险赔款支出的 69.72%，高于上年 2.44 个百分点；车险简单赔付率为 60.97%，高于上年 4.3 个百分点。赔款趋势与保费收入增长趋势相一致，基本上是基于业务发展原因所形成的相对比较正常的趋势。图 5—6 反映了 2002～2003 年财产保险月度及累计赔款支出对比情况。

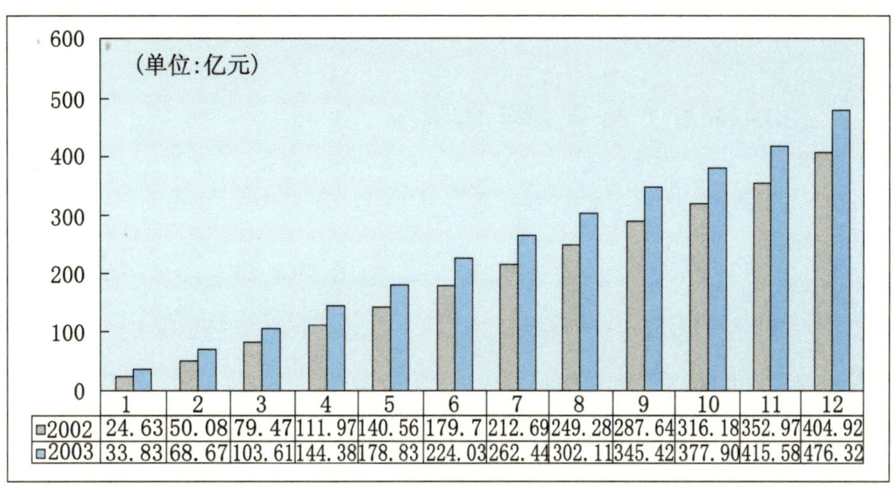

	1	2	3	4	5	6	7	8	9	10	11	12
2002	24.63	50.08	79.47	111.97	140.56	179.7	212.69	249.28	287.64	316.18	352.97	404.92
2003	33.83	68.67	103.61	144.38	178.83	224.03	262.44	302.11	345.42	377.90	415.58	476.32

图 5—6　2002～2003 年月度财产保险累计赔款支出对比图

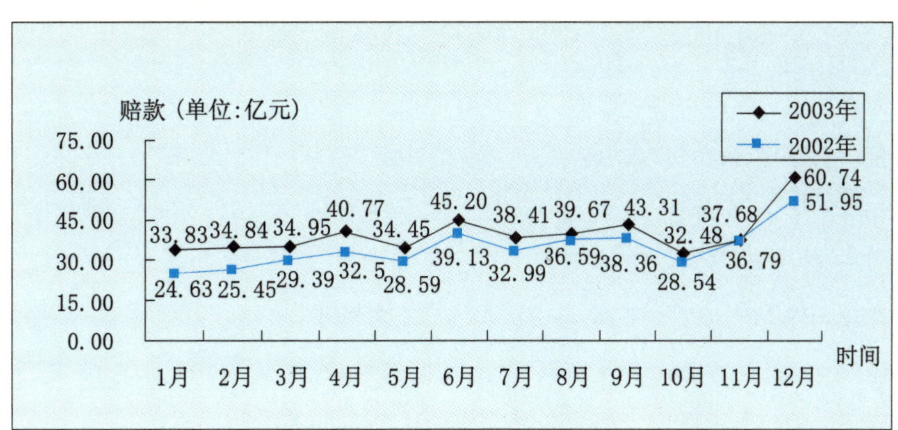

图 5—7　2003 年月度财产保险赔款支出对比图

2.1.3　承保和盈利

2003 年，财产险承保金额和责任限额共计 34.8 万亿元，同比增长 46.8%；保险密度 65.5 元，保险深度 0.75%。全国财产保险公司总资产达到 1165.38 亿元,资本金总计达223.2亿元,同比增长13.1%。

据初步统计,中外资财产保险公司预计实现税前利润31.73亿元,同比增长20%左右。分保险公司看,中国人保预计税前利润20.56亿元,占64.8%;太平洋产险预计税前利润8.22亿元,占25.91%;平安产险预计税前利润4.43亿元,占13.96亿元,而出口信用、大众、华安、太平、联邦上海、日本财产等六家公司预计可能出现亏损。

2.2. 2003年财产险市场主要特点

2.2.1 财险业务保持稳步增长,但增幅有所趋缓

2003年,全国财产保险业务克服了因车险改革费率总体下降、业务结构战略调整和“非典”等因素的影响,继续保持了稳步发展的态势,保费收入突破800亿元,同比增长11.71%,高于同期国内生产总值9.1%的增长速度,但与2002年13.56%的增长速度比较,全年财产保险业务增长速度有所放缓。

全年各季度财产险保费收入增长幅度分别为:一季度12.47%、二季度13.55%、三季度8.35%、四季度11.89%,增势稳定。尽管一、二季度受到“非典”的影响,但从总体来看经济发展势头良好,延续了2000年以来的快速发展,特别是2003年2月财产保险业务的增长速度高达38.51%,创造了全年业务增长的最高水平。从下半年开始,一些财产险公司对业务发展策略和业务结构进行了调整,业务增速有所减缓。

自1997年人身保险业务占比超过财产保险以来,财产保险保费收入占总保费的比重一直逐年下降,2003年财产险保费收入在总保费收入中的比重继续下降,由2002年的25.52%下降至22.41%。这种变化趋势,与中国人身保险发展起步晚以及寿险业本身的特点有关,也与车险市场化改革平均费率下降有关。但由于我国财产险所占比重低于国际保险市场非寿险业务所占比重,应该说财产险市场今后尚有较大的发展空间。

2.2.2 市场主体不断增加,市场格局有所变化

随着我国保险体制改革的不断深入和对外开放范围的逐步扩大,财产保险市场上的主体数量不断增多。2003年底,全国共有产险公司25家,其中中资产险公司11家,外资产险公司14家。中国人民保险公司更名为中国人保控股公

司，并设立中国人民财产保险有限公司和中国人保资产管理有限公司。我国财产保险市场已经形成以国有控股公司和股份制产险公司为主、中外产险公司共同发展的新格局。

表 5—3　2003 年财产保险市场经营主体一览表

序号	名称	性质
1	中国人民财产保险股份有限公司	中资
2	中国太平洋（财产）保险公司	中资
3	中国平安保险股份有限公司	中资
4	华泰财产保险股份有限公司	中资
5	天安保险股份有限公司	中资
6	大众保险股份有限公司	中资
7	华安财产保险股份有限公司	中资
8	永安财产保险股份有限公司	中资
9	中华联合财产保险公司	中资
10	中国大地财产保险有限公司	中资
11	太平保险公司	中资
12	美亚保险公司上海分公司	独资
13	美亚保险公司广州分公司	独资
14	美亚保险公司深圳分公司	独资
15	东京海上火灾保险公司上海分公司	独资
16	香港民安保险有限公司海口分公司	独资
17	香港民安保险有限公司深圳分公司	独资
18	瑞士丰泰保险公司上海分公司	独资
19	皇家太阳联合保险公司上海分公司	独资
20	美国联邦保险公司上海分公司	独资
21	三井住友海上火灾保险公司上海分公司	独资
22	三星火灾海上保险公司上海分公司	独资
23	中银集团保险有限公司深圳分公司	独资
24	安联保险公司广州分公司	独资
25	日本财产保险公司大连分公司	独资

新的市场主体日益增多使财产险市场格局有所变化。2003 年，在全国范围内中国人保、太平洋、平安三家最大的产险公司的市场份额为 69.84%、12.23%、

9.60%,三家公司占据了财产险市场90%以上的市场份额,其他21家中外产险公司所占市场份额不足10%。2003年,各中资财产险公司市场份额情况与上年相比变化不大,三家最大的产险公司市场份额略有下降。外资保险公司市场份额有所增加,总保费收入占财产险市场份额的1%,同比增长35.96%,大大高于中资保险公司和产险市场平均水平。值得注意的是,外资保险公司在开放较早的上海、广州地区已经占有重要地位。2003年,上海地区外资产险公司保费收入5.11亿元,占该地区财产保险市场份额的8.87%。

2.2.3 车险改革平稳推进,取得阶段性成果

在广东省机动车辆保险费率改革试点一年的基础上,2003年1月1日起,全国范围内开始实施新的机动车辆保险条款费率管理制度。改革以来,通过各方努力,车险市场稳步发展,车险保费持续增长,车辆的保险覆盖面有所提高,车险服务模式不断创新,车险市场秩序明显好转。2003年,全国车险保费收入547亿元,占非寿险总保费的62%,与往年基本持平,承保的各类机动车总数为2653万辆,同比增长11.26%。图5—8反映了2003年各月保费收入的变化情况。

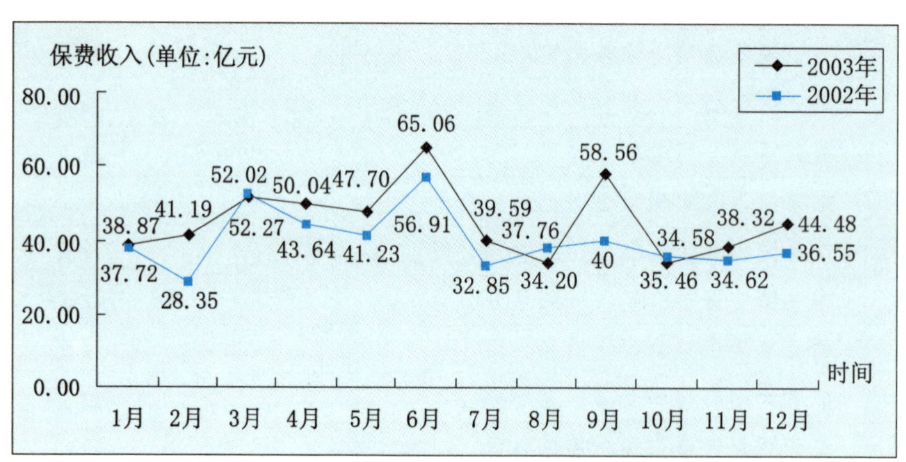

图5—8 2003年各月车险保费收入变化情况

机动车保险条款费率的改革在全社会中引起了高度关注,保险公司创新产品,提高服务,在改革中求发展;保监会严格监管,正确指导,在监管中促发展,确保了车险改革的平稳有序发展,消费者收到实惠,改革的成果得到社会公众认可。主要表现在:一是保险公司逐步树立和加强了经营效益观念,提高了管理水平,注重目标市场和客户群的选择,不断创新产品功能和服务模式。二是保险公司提高服务质量,增强了市场竞争力,改变了单纯以削价竞争抢夺市场份额的做

法。三是车险改革使得车险费率更加贴近市场需求，定价机制更加科学合理，车险个性化产品增多，增加了消费者选择的空间，投保人得到价格实惠。四是增强了“随人因素”和安全驾驶在车险费率调控方面的功能，有效发挥了车险在促进道路交通安全方面所起的社会管理职能。五是车险改革也促使保险监管部门在监管内容、监管重点、监管方式、监管手段等方面进行改革创新，使之更加贴近公司和市场。

总的来看，车险改革作为一项制度创新和管理创新，促使保险公司发挥保险市场主体作用，寻找各自的市场定位，自律意识明显增强，有效推动了财产险市场结构和业务结构的调整，使车险费率向科学、公平、合理方向调整，车险产品呈现多样性、个性化趋势，基本达到了改革预期的目的，取得了阶段性成果，获得了阶段性成功。

2.2.4 财产险险种结构有所调整，地区发展不平衡

在财产险的各主要险种中，机动车辆保险的保费收入仍稳居首位，所占财产险业务比重较 2001 和 2002 年有所增加，改变了过去三年比重持续下降的态势。企业财产保险保费收入 124.96 亿元，占财产险业务总量的 14%，同比增长 1.83%，增幅平稳。货物运输保险保费收入 40.92 亿元，占财产险业务总量的 4.57%。保费收入最低的是农业保险和保证保险，保费收入分别为 4.64 亿元和 2.03 亿元，分别占财产险业务总量的 0.52%和 0.22%。2003 年，财产险分险种业务发展表现各异，建安工程险、信用险等小险种发展较快，所占业务比重逐年上升，发展最快的建安工程险增幅高达 61.67%。图 5—9 反映了财产险主要业务的占比情况。

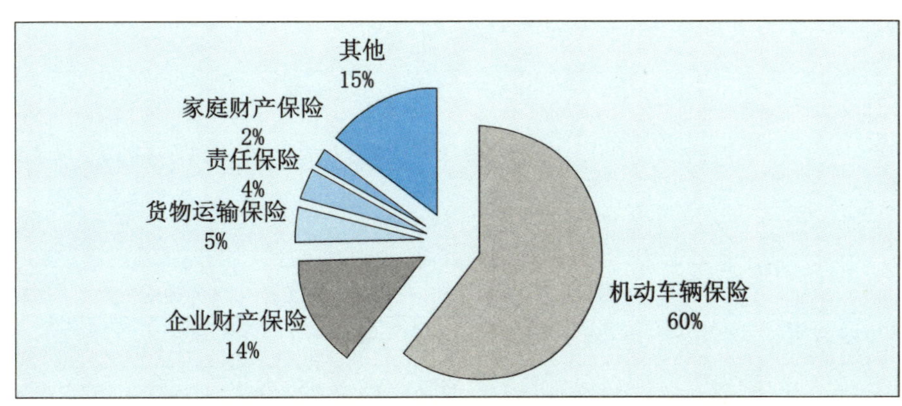

图 5—9 2003 年财产险市场分险种业务占比情况

一个国家或地区的保费收入与当地经济发展水平有密切关系。目前我国经济发展水平的不平衡直接导致了财产保险业发展的不平衡，地区发展差距明显，保源向省会城市和经济中心城市呈现高度的区域性集中。东部地区依然是财产险业规模最大、最具活力的地区，2003 年财产险保费收入排在前的江苏、上海、北京、山东、广东、浙江等 6 个省区全部处于东部地区，占到了全国财产保险保费收入的 45%，中西部地区市场占比较 2002 年略有下降。图 5—10 反映了我国各地区财产险保费收入占比情况。

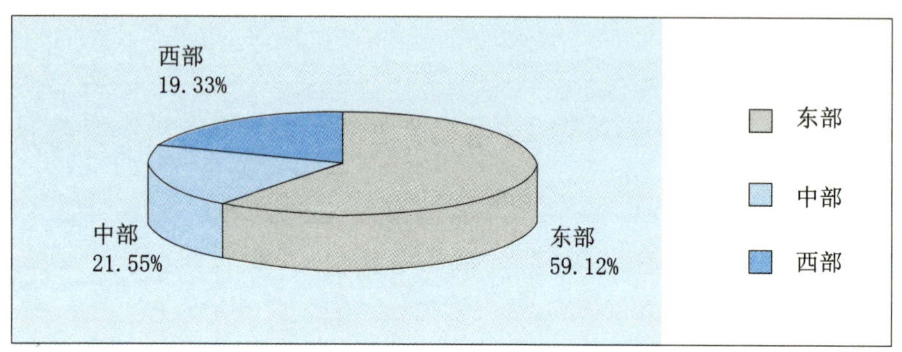

图 5—10 我国各地区财产险保费收入占比情况

从增幅来看，西部地区财产保险保费收入增长速度最快，超过东部地区增长速度，平均增长率高达 12.65%；东部地区增速减缓，平均增长 12.09%，略低于 2002 年 12.49%的水平；中部地区保费收入平均增速比去年同期下降了 10 个百分点，其中吉林、黑龙江、江西等 3 个省份保费收入出现了负增长。图 5—11 反映了我国不同地区财产险保费收入增长情况。

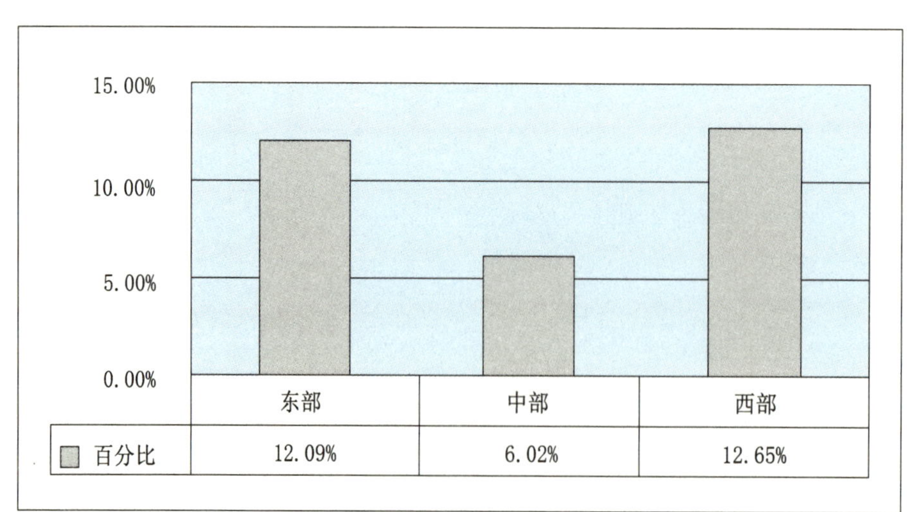

图 5—11 我国各地区财产险保费收入增长情况

2.2.5 产品创新动力增强,保险功能得到一定的发挥

各保险公司加大了根据社会公众保险消费进行产品创新的力度,努力解决原有的保险产品设计滞后、产品趋同、结构单一的问题,开始有针对性地开发具有公司特色的产品,满足不同地区、不同人群的需要。一方面根据自身的实力和特点,针对不同的市场客户群,推出了不同的车险产品,改变了车险产品"大一统"的老面孔,适应了不同消费群体的不同需求;另一方面开始重视新型产品开发、改造传统产品和销售渠道方面的创新工作。2003 年,11 家中资财产保险公司在市场上销售的新产品共有 39 个,报保监会审核的产品共 1094 件。

为适应市场不同保险需求设计开发的新产品推动了财产险市场的发展,也在更大程度上使财产保险的各项功能得以充分发挥。一是在抗击非典斗争中,财产保险业反应迅速、及早介入,及时开发了 13 个相关产品,开辟绿色服务通道和特别销售渠道,提供了缩短免责期和等待期、"一站式"理赔等特别保险服务,充分发扬了"服务大局、勇担责任、团结协作、为民分忧"的行业精神,树立了保险的社会形象,扩大了保险的社会影响。二是在一些重大灾害事故发生后,保险公司及时提供经济补偿,对灾后重建、恢复正常的生产生活秩序发挥了重要作用。2003 年我国财产险业共支付赔款 476.32 亿元,同比增长 17.63%。三是在车险改革中,各公司在厘定费率时都将车辆驾驶中各项安全因素进行考虑,充分利用了费率杠杆的经济调节作用,促进了投保人安全驾驶,这一原则与交通管理部门提出的车险费率能够与车辆安全行驶挂钩是一致的,发挥了运用车险费率调控手段,提高安全驾驶意识的社会管理职能。

2.2.6 保险经营管理水平提高,服务意识得到加强

在车险改革的带动下,财产险市场各经营主体的经营观念和服务意识开始发生根本性的改变,管理手段和技术水平有了显著提高,为财产险市场实现快速协调健康和可持续发展奠定基础。

一是随着宏观经济环境与制度环境的逐步完善,各产险公司的管理理念向以发展为主题、以市场为导向、以服务为中心、以效益为目的的多元化经营思想转变,注重内控建设,强化成本核算,健全考核机制和风险控制体系,强化对分支机构合规性、效益性等意识教育,加大对重要岗位和关键环节的风险管控力度,使保险公司风险防范能力明显提高。

二是伴随竞争的日趋激烈,各产险公司开始注重细分市场,努力开拓市场服

务领域，不断采用新技术扩充新的业务品种，通过开通24小时服务热线、提供保险咨询、理赔报案、受理投诉服务等方式积极推进客户服务的规范化、专业化和标准化。

三是经营观念的转变促进了保险公司在管理技术上的投入和应用，非寿险精算制度开始在产品厘定、准备金提取、财务核算以及偿付能力管理方面得到应用，信息技术的广泛应用逐渐形成了新的业务管理模式，使业务流程得到高效整合，管理质量得到明显提升。

2.2.7 保险监管不断完善，市场秩序逐步好转

2003年，财产险监管工作坚持以市场化改革和依法行政为原则，坚持寓监管于服务的监管理念，通过加强和改善监管方式，提高保险监管的有效性，为市场培育和业务发展做出了贡献。

一是积极培育市场，鼓励有序竞争，以竞争促发展。改进并完善了市场准入机制，批准设立两家外资再保险公司，加快了保险公司分支机构市场准入审批工作；积极鼓励公司开发个性化产品，根据市场需要设计新产品，扩大保险服务领域，满足社会多样化需求，培育新的业务增长点。2003年，共批准195家分支机构筹建，224家分支机构开业。

二是加强财产险市场制度化建设，创新监管方式和手段，防范和化解风险。保险监管部门为促进财产保险公司分险种核算和统一业务统计口径，下发了《财产保险公司分险种监管报表》；为加强对财产保险公司分支机构的管理，下发了《财产保险公司分支机构监管指标》；为维护和规范车险市场公平竞争行为，下发了《关于规范无赔款优待管理的通知》；为加强对投资型财产险业务的管理，防止出现利差损风险，下发了《关于加强投资型财产保险产品的通知》；为强化车贷险的规范化管理，下发了《关于规范汽车消费贷款保证保险业务有关问题的通知》；为提高车险产品审批效率，下发了《关于车险费率调整权限等有关问题的通知》；为有效解决人民币业务境外分保购汇需求，与外汇管理局联合下发了《关于境外再保险分出业务售付汇管理有关问题的通知》。

三是依法严格监管，维护被保险人利益和市场秩序。主要是以车险为重点，统筹安排、周密组织和布置了市场整顿工作，加大了保险违规行为的处罚力度。2003年，保险监管部门共查处市场违规案件249起，取消高管人员任职资格6人，向公司建议撤换高管人员21人。

总体而言,2003 年我国财产保险业务取得了长足的发展,保持了良好的增长态势,与此同时,我们必须看到与新时期保险业面临的新形势、新任务和肩负的责任相比,无论是发展速度还是业务规模,无论是管理水平还是内控制度等,我国财产保险业务的发展还存在诸多问题。突出地表现为:一是对科学的发展观认识存在偏差,改革发展和创新动力不足;二是保险市场秩序有待进一步整治,还存在违规支付高额手续费、坐扣保费、不严格执行保监会批准的条款费率、代理人管理薄弱等问题;三是财产险业务的社会覆盖面偏低、对社会经济生活渗透能力还不够,保险的各项功能没有得到充分发挥;四是保险公司内控管理机制缺乏有效性,管理和创新水平有待提高。

3. 我国财产保险市场发展的前景展望

3.1 财产保险市场环境分析

党的十六大提出,本世纪头二十年对我国来说是一个必须紧紧抓住并且可以大有作为的重要战略机遇期。保险业置身于经济和社会发展的大局,面临着十分重要的历史机遇。

3.1.1 良好的宏观经济形势有利于财产险业务的长远发展

经济决定金融,保险业的发展状况与经济的发展程度有较为稳定的正相关关系。近年来我国宏观经济一直运行良好,主要经济结构不断得到改善,经济运行质量不断得到提高,表现突出,为财产保险市场孕育了巨大的发展空间。

从国际经济形势来看,世界经济复苏步伐开始加快,国际经济发展环境好转。据国际货币基金组织(IMF)预测,2004 年世界经济增长将由 2003 年的 3.2%提高到 4.2%。其中,预计美国经济增长率将达到 4.1%,欧元区经济增长率将由 2003 年的 0.5%提高到 2%左右,日本经济增长率为 1.4%。随着世界经济周期性调整的继续进行,发达国家继续保持宽松的宏观经济政策,发展中国家更容易通过稳步推进国内改革刺激内需。

从国内宏观经济情况来看,随着国家西部大开发、振兴东北老工业基地等战略部署的实施,国内投资项目和投资总量会大量增加,新兴产业和汽车、住房、通信、家电等行业继续迅猛发展,个人居民储蓄保持快速增长,人民生活水平不断提高。2003年全国房屋销售额为4898.86亿元，增幅为38.3%，社会消费零售总额为45842亿元，增幅为9.1%，轿车销售量为204万辆，增幅为92.8%，个人居民存款储蓄余额为11.07万亿元，固定资产投资为55118亿元。这都为企业财产保险、家庭财产保险、建安工程险、货运险、机动车辆保险等业务发展拓宽了保险服务领域，社会对于防灾、防损、防意外等方面需求构成支撑财产险发展的巨大市场资源。

3.1.2 微观风险环境的变化为财产险市场发展提出了更高的要求

随着科技的进步、社会的发展，客观条件的变化，微观风险环境也越来越复杂，理想的可保风险条件不会一成不变，有些原先不可保的风险变得可保了，或者加上一些约束条件变得可保了，这尤其对财产险承保技术的要求越来越高，对财产险发展的意义也日益凸现。

首先表现在日益增加的个体财富和社会财富使风险载体日益增多，单位经济价值增加，损失强度增大。这种背景下所发生的任何意外的风险事故都将导致更高的损失强度，对于财产险市场上家财险、团体险、工程险、责任险等多个险种的发展都有正面的刺激作用。

其次是经济全球化趋势、资源配置方式的进步增加了经济领域的联动风险，也会对经济运行产生更多意外的损耗，面对更加广泛的风险环境和风险载体，产险业的发展必须从更高的层面来考察可保风险、承保范围，进行保险技术创新和产品设计，同时，也要立足长远，在资本运营、组织形式上增强创新意识，制定国际化的发展策略。

3.1.3 保险监管法制体系的不断完善为加快财产险市场发展提供了保障

财产保险的发展与一国的法律体系，尤其是民法体系的成熟状况是密切相关的。只有建立了维持社会经济运行秩序和明确界定个人权利义务的法律体系，财产保险公司的业务才具备了保障权利、监督义务的能力，在西方较为发达的财产保险险种，如第三者责任保险、信用保证保险、产品责任保险等，都与这些国家较为完善的民事诉讼法、合同法、消费者权益法有着密切的关系。市场经济本身就是法治经济，是信用经济，产险公司在参与经济运行的过程中，对于处置标的物、确定风险因素、厘定责任归属等情况时需要更多法律的支持。随着我国经济改革的深入推进,法律体系的改革正在稳步进行,修改后的宪法已经强化了对私有产权的保护,而民法体系也在不断完善当中,这将大大有益于财产险市场的成长与发展。

3.2 财产保险市场需求分析

面对大自然与社会中的不确定性,在缺乏足够能力完全自保的情况下,人们越来越需要保险这种机制来保障自身日益增加的物质财富。近年来随着社会经济的发展,我国居民和企业对财产保险产品的消费能力已明显增强,形成了巨大的潜在购买力。下面就分险种情况对财产险需求情况分析如下:

3.2.1 机动车辆保险需求

机动车辆及第三者责任保险一直是我国财产保险公司的主要保费收入来源。目前,我国机动车辆的承保率还处于较低水平。2002 年,我国机动车辆的承保率仅为 24.34%。这说明市场上还有近 75%的机动车辆未购买任何保险。此外,在已投保车辆中实际上还有相当数量的车辆处于未足额投保状态。2003 年,我国轿车销售量为 204 万辆,增幅为 92.8%,为机动车辆保险提供了丰富的保源。

3.2.2 家财险需求

尽管家财险在 2003 年获得了快速发展,但从我国现有居民的家庭财产状况、收入及存款增长状况来看,其市场增长空间还非常巨大。据国家统计局城调队 2002 年中国城镇居民家庭财产抽样调查结果显示,我国城镇居民的家庭财产平均为 22.83 万元,户均拥有人民币资产 73706 元。但城镇居民的户均储蓄性保险支出仅为 3094 元,占户均人民币资产的 4.20%,其中用于购买家财险的户均支出不足人民币资产的 1%。从 2001~2003 年家财险市场发展情况来看,在 2001 年我国每亿元居民储蓄存款中家财险保费收入仅为 0.65 万元,也就是说,居民存款每增加 1 万元,仅购买 0.65 元的家财险。

表 5—4　2001～2003 年家财险保费收入与居民存款的对比

	居民储蓄存款余额(亿元)	家财险保费(万元)	每亿元存款家财险保费(万元)
2001	73762.4	47878.20	0.65
2002	86911	237038.56	2.73
2003	110695	194186.47	1.75

资料来源:《中国统计年鉴》(2002～2003 年)、《2003 年国民经济和社会发展统计公报》。

因此,随着居民家庭财产总额的不断增加和保险意识的不断增强,家财险将成为我国财产保险业务的重要增长点,也将成为财产保险公司的重点业务之一和重要利润来源之一。对于财产保险公司而言,要占领未来家财险市场,关键在于尽快开发出品种多样、功能全面且符合市场需求的家财险产品。

3.2.3　企财险需求

企财险一直是多数财产险公司的主要保费收入来源之一,但企财险的发展速度却差强人意。企财险是 2003 年财险市场表现较差的险种之一,保费收入增长率仅为 1.83%,这和我国企业的发展现状是不对称的。众所周知,随着我国市场经济体制改革的逐步深入和国民经济的快速发展,企业数量和企业资产总额一直保持较快的增长速度,企业总体效益也在不断提高。就企业利润总额和企业存款增长状况来看,2003 年我国工业企业实现利润总额 8152 亿元,比上年增长 42.7%;企业存款总额达 76785 亿元,较上年增长 19.4%。然而,我国每亿元企业存款中企财险保费不足 20 万元,2001 年企财险的承保率仅为 47.14%,不足额投保现象还很明显。企财险保源的富足和企财险保费低增长的不一致性,充分说明我国企财险的潜在发展空间巨大。

3.2.4　责任险需求

责任保险的产生与发展壮大,被称为整个保险业发展的第三阶段,它既是法律制度走向完善的结果,同时又是保险业直接介入社会发展进步的具体表现。西方发达国家责任险在非寿险中占比达 40%～50%,而我国责任险在财产险中占比仅有 4%左右,这大大限制了保险业各项功能尤其是经济补偿和社会管理功能的充分发挥,这既表明了中国保险业的落后,也说明了财产保险和责任保险市场巨大的发展潜力。

3.3 财产保险业务发展趋势分析

3.3.1 第三者责任强制保险得到实施

车险改革继续深化，为贯彻落实《中华人民共和国道路交通安全法》中实行机动车第三者责任强制保险的规定，确保机动车第三者责任强制保险制度的顺利实施，保险监管部门在充分调研和征求意见的基础上，已基本完成了《机动车第三者责任强制保险条例》的草拟工作，现已正式进入法律审核程序，将会在不久后正式颁布实施。机动车第三者责任强制保险制度的正式实施关系到广大保险消费者的切身利益，关系到机动车辆保险的经营效益，同时也关系到财产保险公司的经营与发展，对我国保险业乃至社会各界将具有深远影响。

与此密不可分的是机动车保险的改革发展，2003 年是车险改革的第一年，市场运行平稳，公众得到实惠，社会各界普遍反映良好，已经取得了明显的市场效应，改革取得了初步成果。结合机动车第三者强制保险的即将实施，车险费率市场化取向改革也将进一步深化，车险产品更加市场化，更加贴近不同消费群众的需要，同时，保险监管部门和保险行业协会将加快与交通管理部门共同建设“车险信息库共享平台”的进程，实现“保险费率与交通事故挂钩”，充分利用费率杠杆提高对机动车辆和驾驶员的社会管理效率。

3.3.2 财产险产品将加快升级创新和转型换代

新型非寿险产品在一些亚洲国家，有着广阔的保险市场和客户群体，其产品性质与长期寿险产品具有相同的功效，目前国内中外资财产保险公司尚无一家公司开发出人身意外险类的非寿险投资、理财、分红型产品。利用人身意外保险、家庭财产保险等保险标的物，开发设计非寿险投资、理财、分红型产品具有多方面的有利条件，对于非寿险产品转型换代具有非常现实的意义。因此，保险监管部门将鼓励和支持财产保险公司转变观念，在严格控制和防范经营风险的基础上，积极大胆开发设计非寿险新型产品，推进非寿险业发展和满足社会公众需求，同时为非寿险新型产品的开发营造良好的市场和政策环境。

3.3.3 产险营销体制进一步创新

目前财产险公司更多的是依靠员工的直接展业，而随着非寿险产品的升级转型，现有产险营销体制难以满足市场对财产险产品的需求。各财产险公司为在市场竞争中取得先机和优势，将积极地推进营销方式和营销体制的改革和创新，重点发展银行保险、相互交叉代理、个人营销体制等新的营销方式，尝试开展网上保险、电话投保等其他有效经营方式，拓宽保险产品的销售渠道。一是在借鉴寿险银行保险代理成功经验的基础上，在有效控制和严密防范风险的前提下，充分利用银行现有资源，开发简单易操作的银行保险产品，提高保险公司与银行间的战略合作关系，进一步提升财产险的渗透力和社会覆盖面。二是内控管理机制较强的综合保险集团积极探索旗下不同类型保险公司间相互交叉代理和个人营销体制，在防范风险、规范经营的前提下，利用集团优势积极推进非寿险销售体制的改革创新。

3.3.4 责任保险得到高度重视和快速发展

责任保险是一种具有很强社会管理功能的保险，责任保险的发展与社会生产和人民生活的关系密切，得到了国务院、保险监管部门和保险企业的高度重视，将全面采取措施推动责任保险的改革和发展。一是国家有关部委和行业监管部门通过立法或规章的形式，确立以责任保险为手段转嫁或转移企业的经营风险或政府管理职责的改革思路，深入研讨责任险的市场定位和市场功能。二是责任险法律环境的健全完善，将为保险公司开拓责任保险和开发设计责任险产品提供广阔领域和难得的发展机遇。三是各类职业责任保险试点工作的开展，将推进责任保险业务的发展。卫生、建筑、公安等部门在不断总结试点地区和试点工作的经验的过程中将逐渐完善职业责任鉴定的科学性。四是为适应责任保险的需求，改善现有责任险产品的缺陷和不足，保险公司将会引进一些国外成熟的责任险产品，加强责任保险和产品的社会宣传，推广有示范作用的产品和做法。

3.3.5 农业保险(含渔业保险)的试点工作将加快落实

十六届三中全会明确提出要探索建立政策性农业保险制度。2003 年以来，国务院领导曾多次就发展农业保险的作用做出了重要批示。保险监管部门也已就建立我国政策性农业保险制度问题进行了比较深入的调研，并取得了阶段性成果。中国保监会将积极推进农业保险的试点工作，按照建立多层次体系、多渠道支持、多主体经营的农业保险制度框架，充分发挥国家农业产业政策和财政税收政策支持农业保险的作用，探索不同经营主体开展农业保险的经营模式。对条件较成熟的地区批准筹备设立专业性农业保险公司；总结有关公司经营农业保险的经验，引导其扩大经营区域；鼓励商业保险公司积极开发农业保险产品，开展商业性农业保险业务；鼓励商业保险公司以代办等多种方式开展农业保险业务；鼓励银行或其他组织参与代理农业保险工作；积极加强与当地政府部门的协调，争取当地政府对开展农业保险的政策支持等。

3.3.6 以偿付能力为核心的监管工作将进一步加强

加强和改进监管、提高公司内控管理水平是防范风险的手段和保障。越是加快发展，越是要强化监管责任和内控制度执行的有效性。根据保险监管部门的监管理念，下一步的财产保险监管工作中会从以下几方面入手：

一是积极推进财产保险公司分险种核算制度的实施，建立非寿险精算制度，形成完善的产品定价机制和有效的准备金提取机制，为更有效实施偿付能力监管奠定基础。

二是推进法人机构建立信息披露制度，完善公司法人治理结构，建立健全由法律制度、市场监督和信用评级组成的保险诚信体系。

三是继续推进车险改革，强化对保险公司依法合规经营的监管，保证车险盈利水平的提高，巩固车险改革的成果。

四是改进和简化条款费率管理制度，提高审批管理条款费率的效率，最大限度地满足市场对保险产品的不同需求。

五是规范车贷险、房贷险的经营行为，保证房贷险经营的安全性和合规性。

第六章

人身保险篇

人身保险是国民经济建设和社会发展的重要组成部分，新中国成立以来发展几经曲折。自1982年正式恢复国内人身保险业务以来，随着改革开放的不断深入、国民经济的迅速发展和人民生活水平的逐步提高，我国人身保险业务保持着良好的快速发展势头，经营主体持续增加，业务规模迅速扩大；产品形态不断丰富，服务空间日益拓展；创新和竞争能力逐步提高，经营理念渐趋规范。我国人身保险业务的迅速发展，为社会公众提供了日益增多的、具备不同保障层次及满足各种投资理财需求的保险服务，提高了人身保险业在整个国民经济中的地位，扩大了人身保险业的社会影响，为保险业加快发展、做大做强和促进经济社会发展做出了积极贡献。

1. 我国人身保险发展回顾

我国人身保险业的发展与经济发展状况密切相关，先后经历了建国初期的发展和后来的停办时期，以国内业务恢复、个人营销机制引入、新型产品推出、银行代理开拓为主要特征，我国人身保险自1949年以来主要经历了以下几个发展阶段。

1.1 起步、停办的曲折发展阶段(1949~1978年)

建国初期，政府通过全面清理、整顿和改造旧中国保险业，为新中国人身保险业的诞生和发展创造了条件。受当时特定的历史环境影响，当时市场主体单一，由中国人民保险公司独家垄断经营，销售方式主要通过直销方式进行，产品种类较少，设计较为简单，经营初期主要有旅客意外伤害强制保险、各种团体和个人寿险、职工团体人身保险以及意外险等业务，后来才发展了综合福利保险、健康保险等产品。在销售渠道方面也非常简单，主要是员工的直接销售模式。

1952年1月，外国保险公司退出中国保险市场。1958年，随着人民公社运动的开展，受“左”的思想的影响，国内保险业务除了涉外保险业务勉强维持以外，其余的均被停办。从1959年开始，铁路、轮船、飞机旅客意外伤害强制保险的办理分别转交到铁路、交通、民航部门，除此之外的人身保险一律停办。

在这一阶段，我国国民经济发展水平还相当低，当时的经济体制压缩了保险业的发展空间，保险业整体发展水平也比较落后，人身险市场供给主体单一，销售渠道单调，产品种类少，市场也处于几乎完全封闭的状况。

1.2 业务逐步恢复阶段（1979～1991年）

1979年4月国务院批准《中国人民银行分行行长会议纪要》，作出“逐步恢复国内保险业务”的重大决策。国内业务恢复初期，先后推出企业财产保险、货物运输保险和家庭财产保险产品，到1982年正式恢复办理人身保险业务，主要有简易人身保险、团体人身意外伤害保险及养老年金保险业务，这些大部分属团体性质，规模也较小，1982年当年保费收入仅为159万元。随着业务发展，后来陆续扩展到各种医疗健康保险、子女教育保险、婚嫁保险、团体人寿保险等。伴随着国民经济的快速增长，加上人身保险基数低，人身保险发展十分迅速，1982～1987年间保费收入年平均增长超过300%。虽然这段时期陆续有国外保险机构开始在我国设立代表处，但人身保险市场业务经营并未开放。

1987年，中国人民银行批准交通银行及其分支机构设立保险部，并于1991年批准在其保险部的基础上组建中国太平洋保险公司；1988年5月，批准平安保险公司成立，并于1992年更名为中国平安保险公司。随着这两家全国性保险公司的出现，我国人身保险市场的垄断局面逐步被打破。在此期间，中国人民银行批准在四川省、大连市、沈阳市、长沙市、厦门市设立5家股份制人寿保险公司，开始探索人身险与财产险分业经营的道路，1991年前后，中国人民银行又先后批准在珠海、本溪、湘潭、丹东、广州、太原、天津、福州、哈尔滨、南京、昆明等地组建地方性人寿保险公司，当时的中国人民保险公司在这些人寿公司均占有一定的股份。由于许多地方政府财政部门也是这些寿险公司的发起人之一，因此这些新的寿险公司除了办理商业保险外，还接受地方政府的委托，代办社会保险业务。随着保险市场经营主体的增多，保险产品逐步增多，促进了人身保险的发展。这一阶段，考虑到金融保险业在国民经济中的重要性和民族保险业刚刚起步的状况，国务院在1987年12月将金融保险业列为限制外资投资行业，1988年7月外经贸部又将保险业列为禁止外商投资的行业，人身保险业仍处于尚未对外开放的状况。

总体而言，人身保险业在这一阶段基本上保持了较为稳定的增长，垄断局面被打破后，人身保险产品逐步增多，保费收入稳步增长。但国内保险市场仍以财产保险为主，人身保险的发展程度还相当低，产品设计较为简单，销售渠道十分单一；市场竞争程度很低，全国各地区的保险机构设置和业务发展很不平衡，同时，市场中还存在不少不规范的经营行为。

1.3　业务快速发展阶段(1992年以来)

在这一时期，我国人身保险业取得了快速发展，其中1992年出现的个人营销、1999年推出的新型产品、2001年全面启动的银行代理和整个阶段市场主体的持续增加起到了十分关键的作用。

1.3.1　个人营销出现

个人营销是指寿险公司向营销员支付手续费，营销员在公司授权范围内销售个人人身保险产品，个人营销在许多国家和地区都是人身保险的主要销售渠道。在对外开放以前，我国保险市场仍然是一个以财产保险为主、人身保险占比很小的市场，1992年以前，人身保险业务主要以团体直销和兼业代理为主，个人保险尚处于萌芽阶段，居民的保险意识淡薄。随着1992年美国友邦保险有限公司在上海设立分公司，引入寿险营销机制，开创个人代理人销售人身险产品之先河，随后，国内保险公司也相继引入寿险营销制度，带来了传统销售方式的改革，并进而带动了个人寿险产品创新和服务创新，推动了人身保险业的快速发展。到上世纪90年代中期，个人营销渠道实现的保费收入已经超过团体直销，在1996年后逐渐成为寿险业务发展的主流，并使人身险保费在1997年超过财产险。个人营销制度的引入不仅带来了人身保险业的飞越式发展，更重要的是，通过大量个人营销员深入城乡的宣传和推销，很大程度地宣传保险知识，推动了整个社会保险意识的迅速提高。

个人营销制度能得到迅速发展，主要原因在于：一是个人营销制度进入中国的时候，中国的寿险业还很不发达，社会公众对寿险的认知程度不高，寿险业务比较分散，险种单一。通过大量的个人营销员能弥补保险公司员工不足的弱点，接触较多的客户，能更大范围地宣传保险知识，推动整个社会保险意识的提高。二是个人营销员通过上门服务，可以深入到社会的每一个家庭，进行有针对性的宣传和推销，有利于加强客户对保险公司的了解和信任，同时也便于发现和挖掘客户的潜在需求。事实上，个人营销员能够将客户对寿险产品的意见和建议真实和及时地反馈给保险公司，这也正是保险公司产品开发的重要依据。三是个人营销员的收入与业务完全挂钩，打破了传统的分配机制，使个人营销员爆发出了强烈的展业积极性和主动性。图 6—1 是 1992～1999 年我国人身保险业务发展情况图：

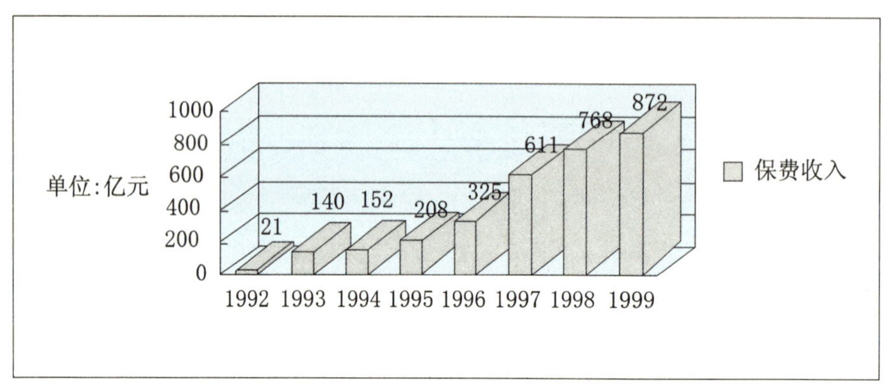

图 6—1

从图 6—1 可以看出，1992～1999 年间，我国寿险业得到了迅猛发展，7 年间保费收入从 21 亿元增长至 872 亿元，年均增长率达到 70.29%，比同期 GDP 的 19.24%增长速度（名义）高出 51.05 个百分点；寿险业的保险密度从 1.79 元增加到 69.27 元，保险深度从 0.09%增长至 1.06%。

1.3.2 新型产品推出

我国寿险公司在 1999 年以前经营的主要是传统产品。对于寿险公司而言，这些产品的死亡率、费用率、利率风险全部由寿险公司承担，其中有一个显著特点，就是预定利率与央行基准利率挂钩，利率风险很大。我国自改革开放以来长期处于一种高利率的环境之下，保险公司经营人身险经验不足，对利率风险缺乏足够认识，尤其在 1997 年以前，央行基准利率较高，传统寿险产品的预定利率也定在一个较高的水平，最高时期超过 9%。“九五”期间，我国的宏观经济调控政策发生了较大调整，自 1996 年 5 月起至 1999 年 6 月，央行基准利率连续 7 次下调，一年期定期存款利率由 10.98%降为 2.25%。由于寿险业的资产基本上集中于银行存款和政府债券，其投资回报水平逐年下降，利差损大量产生。为防止继续产生新的利差损，中国保监会于 1999 年 6 月将寿险产品新单的预定利率上限下调为 2.5%;这对于防范和化解利差损风险、促进人身保险业持续健康发展起到了非常重要的积极作用。预定利率下调后,传统寿险产品的内在矛盾和风险暴露,一是原有高预定利率产品利差亏损严重,潜在风险巨大;二是预定利率降低后业务拓展难度增大,且销售低预定利率传统产品存在退保风险。

在市场压力下,寿险公司纷纷着手研究开发分红、投资连结、万能寿险等新型产品。对此,监管部门积极支持,并于 1999 年提出了"推动寿险公司发展新型产品"的发展思路,鼓励寿险公司调整寿险产品结构。1999 年 10 月 25 日,中国平安保险股份有限公司率先在上海推出投资连结保险,拉开了新型产品迅速发展的序幕。此后,其他寿险公司纷纷加大研究力度和推出新型产品。这些新型产品通过保险和投资进行分离或适度分离,突出投资增值性,使人身险保单更具投资价值;同时预定利率通常较为保守,与市场利率关联程度大大降低;产品弹性有所增加,更加符合市场实际需求。1999 年以来,随着分红、投连、万能等新型产品投入市场,推动了人身保险实现高速增长,2002 年人身险保费收入达 2274.64 亿元,是 1999 年的 2.61 倍,其中分红产品、投连产品、万能保险等新型产品的保费收入为 1225.11 亿元,占总保费收入的 53.86%。新型产品的快速发展对于防范和化解利差损风险、满足不同层次客户的保险需求、优化保险产品结构、推动保险公司提高经营管理水平、扩大保险业对宏观经济的影响等起到了积极作用。

1.3.3 银行代理全面启动

个人营销改变了国内寿险公司传统的销售模式,极大地促进了人身保险业务的迅速发展,但在发展中也遇到了队伍建设难度和管理成本日益增大、人员素质和人均产能逐步下滑等困难。在这种形势下,人身保险业要获得更大发展,开拓新的销售渠道势在必行,其中银行代理渠道在近年来取得了快速发展。银行代理是指寿险公司向商业银行等支付手续费,商业银行在从事其自身业务的同时,在寿险公司授权范围内代理销售保险产品。

银行代理包括销售渠道和产品的双重创新,在 1999 年以前,银行代理业务规模一直很小,寿险公司也没有开发专门的银行代理产品。直至平安人寿于 2000 年正式推出"千禧红"产品后,银行代理业务的发展才开始启动;2001 年以后,银行代理业务发展开始加速;自 2002 年第三季度开始,银行代理业务已全面超过团险业务。2002 年银行代理销售实现保费收入 388.42 亿元,占人身险保费收入的 17.09%。我国通过银行代理销售人身保险虽然起步较晚，但由于该渠道使寿险公司进入了银行强大的销售网络，大大促进了人身保险业务的发展。

1.3.4 市场主体持续增加

1992 年以来，保险经营主体的持续增加对于完善市场结构、促进业务发展也起到了十分重要的作用。

1992 年，国务院同意上海和广州为保险业对外开放地区，同年，中国人民银行批准美国友邦保险有限公司在上海设立分公司，外资保险开始进入保险市场。1994 年和 1995 年，中国人民银行分别批准设立天安保险股份有限公司、大众保险股份有限公司，这两家公司以经营财产保险业务为主，但兼营少量的人身保险业务。1996 年，新华人寿保险股份有限公司、泰康人寿保险股份有限公司成立，打破了我国人身保险市场三家主体垄断经营的局面。

1996 年 7 月，经国务院批准，中国人民保险公司改组为中国人民保险（集团）公司，下设专门经营人身保险业务的中保人寿保险有限公司。同时，根据《保险法》确立的商业保险与社会保险分开经营的原则，国务院决定将 1988 年和 1991 年批准成立的 17 家地方性寿险公司全部并入中保人寿保险有限公司。1998 年 10 月，根据金融业分业经营、分业监管的原则，为进一步促进我国保险业持续健康发展，国务院批准撤销中国人民保险（集团）公司，将原中保人寿保险有限公司更名为中国人寿保险公司。

到 2002 年底，我国人身保险市场主体增加到 23 家，其中中资公司 7 家，中外合资公司 11 家，外商独资分公司 5 家，初步形成了以国有保险公司和股份制公司为主体、中外保险公司并存、多家保险公司竞争发展的新格局。

2. 我国人身保险发展现状

2003 年，我国人身保险业务保持了持续、快速、健康发展的良好势头，经营主体持续增加，业务规模迅速扩大，产品供给不断丰富，服务领域日益拓宽。

2.1 基本情况

2003 年，人身保险保费收入达 3010.99 亿元，同比增长 32.36%，在产寿险总保费中所占比重为 77.59%。其中，寿险保费收入为 2230.62 亿元，同比增长

31.54%，占人身险保费收入的 74.29%；健康险（按传统口径）保费收入为 241.92 亿元，同比增长 97.58%，占人身险保费收入的 8.06%；意外险保费收入为 99.58 亿元，同比增长 26.51%，占人身险保费收入的 3.32%；养老金保费收入为 430.43 亿元，同比增长 12.74%，占人身险保费收入的 14.34%。随着业务的快速增长，2003 年末寿险公司总资产达 7607 亿元，比上年末增加 2432 亿元。图 6—2 是 2003 年各月的保费、同比增速及新单保费变化情况：

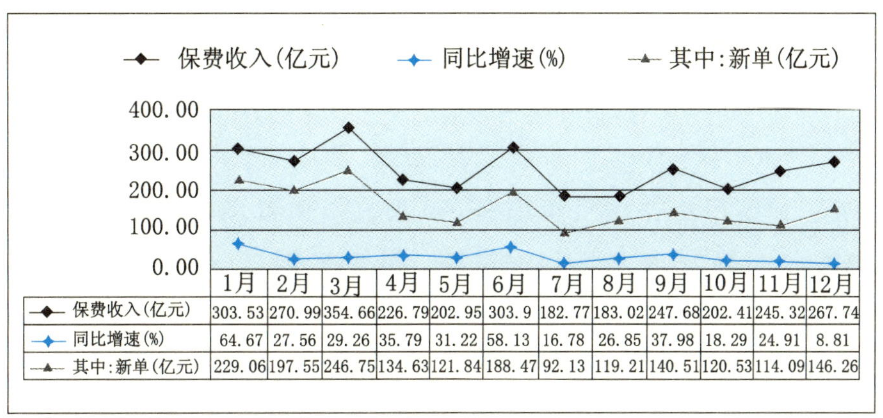

	1月	2月	3月	4月	5月	6月	7月	8月	9月	10月	11月	12月
保费收入(亿元)	303.53	270.99	354.66	226.79	202.95	303.9	182.77	183.02	247.68	202.41	245.32	267.74
同比增速(%)	64.67	27.56	29.26	35.79	31.22	58.13	16.78	26.85	37.98	18.29	24.91	8.81
其中:新单(亿元)	229.06	197.55	246.75	134.63	121.84	188.47	92.13	119.21	140.51	120.53	114.09	146.26

图 6—2

全年累计赔款和给付支出 364.7 亿元，同比增长 20.84%；其中，寿险和养老金给付金额为 264.15 亿元，健康险和意外险赔款支出分别为 69.9 亿元、30.65 亿元。图 6—3 是 2002～2003 年月度赔款给付情况：

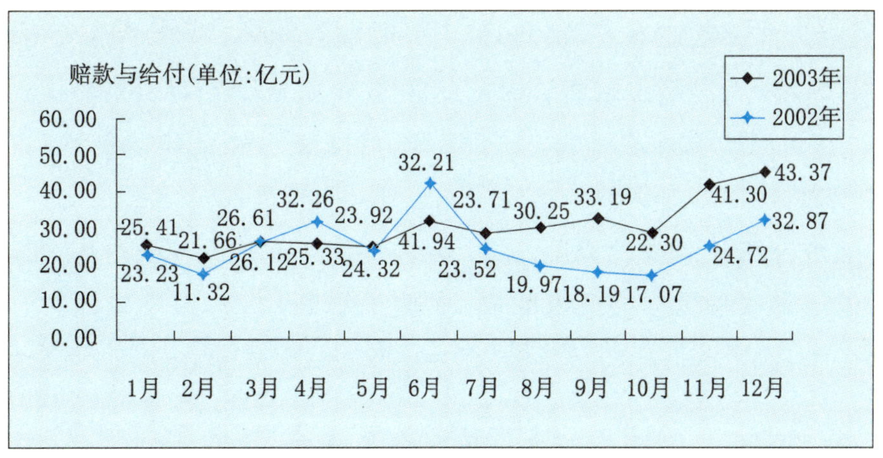

图 6—3

2.2 市场特点

2.2.1 业务增速前高后低，外部因素影响加强

2003年，人身保险业克服各种不利影响，继续保持持续、快速、健康增长，保费收入首次超过3000亿元，同比增速超过30%，大大高于国内生产总值9.1%的增长速度，资产规模在年末达7607亿元。尽管2003年人身保险继续保持了较快的增长速度，但与2002年54.90%的增长速度比较，明显有所放缓。其中，上半年业务发展速度明显高于下半年。由于2003年年初经济发展势头良好，加上保险公司“开门红”政策的激励，因此2003年年初人身保险业务延续了前两年的高速发展，增速相对较快。2季度虽然受到“非典”因素影响，在个别疫情严重地区业务增速和单月保费出现负增长，但从总体来看，对全年业务的影响不大。1、2季度增幅分别为38.45%和42.77%。从下半年开始，一些公司对业务发展策略和业务结构进行了调整，业务增速有所放缓。

“非典”、货币政策和季节性等外部因素影响人身险业务发展是2003年人身保险业务发展的一大特点。“非典”事件在短期内对人身险业务造成了一定影响，业务增速和单月保费出现下滑，个别疫情严重地区甚至出现负增长，但总体来说，对全年业务的影响尚不突出。2003年4月，在“非典”事件的影响下，4月当月保费收入同比增长35.79%，1～4月累计同比增长为37.92%，与上年同期增速相比，均出现明显下滑。央行决定于2003年9月21日提高存款准备金率1个百分点，并通过债券公开市场业务回笼货币资金，从外部对银行代理业务产生较大冲击，对人身保险业务发展的影响十分明显。此外，年底前资本市场有所走强，影响投资偏好型消费者的保险需求。2003年底，在国有股减持和全流通的争论声中，国内A股市场探底回升，交投活跃，月成交金额创年内新高。由于金融产品的替代性，也对人身保险业产生了一些影响：一是在一定程度上导致投资偏好型消费者放弃购买储蓄投资型保险，选择持币观望或转投股市；二是同为银行代理销售的开放式基金净值显著增长，对银行代理业务形成一定压力，分流了部分客户。

2.2.2 经营主体继续增加，市场格局逐步变化

我国人身保险业的市场结构在近几年尤其是2003年发生了许多变化。2003年，人身保险市场中新增加了8家主体，中国人寿成立了集团公司和股份有

限公司,因此,至年末全国共有寿险公司31家,其中中资寿险公司9家,中外合资寿险公司17家,外资寿险分公司5家。此外,根据新《保险法》的有关规定,还有部分产险公司在经营短期意外险和健康险业务。随着新的市场主体进入和对外开放的进一步扩大,市场格局有所变化。其中部分新进入市场的中资公司和外资公司发展迅速,市场份额和影响力逐步提高,人身保险市场形成了新的竞争格局。表6—1是2003年末人身保险市场的经营主体情况:

表6—1 2003年末人身保险市场的经营主体情况

序号	名称	性质
1	中国人寿保险(集团)公司	中资(集团)
2	中国人寿保险股份有限公司	中资
3	中国太平洋人寿保险股份有限公司	中资
4	中国平安人寿保险股份有限公司	中资
5	新华人寿保险股份有限公司	中资
6	泰康人寿保险股份有限公司	中资
7	太平人寿保险有限公司	中资
8	民生人寿保险股份有限公司	中资
9	生命人寿保险股份有限公司	中资
10	安联大众人寿保险有限公司	合资
11	光大永明人寿保险有限公司	合资
12	海尔纽约人寿保险有限公司	合资
13	恒康天安人寿保险有限公司	合资
14	金盛人寿保险有限公司	合资
15	首创安泰人寿保险有限公司	合资
16	太平洋安泰人寿保险有限公司	合资
17	信诚人寿保险有限公司	合资
18	中保康联人寿保险有限公司	合资
19	中宏人寿保险有限公司	合资
20	中意人寿保险有限公司	合资
21	中英人寿保险有限公司	合资
22	海康人寿保险有限公司	合资

续表

序号	名称	性质
23	招商信诺人寿保险有限公司	合资
24	瑞泰人寿保险有限公司	合资
25	恒安标准人寿保险有限公司	合资
26	广电日生人寿保险有限公司	合资
27	美国友邦保险有限公司上海分公司	独资
28	美国友邦保险有限公司广州分公司	独资
29	美国友邦保险有限公司北京分公司	独资
30	美国友邦保险有限公司深圳分公司	独资
31	美国友邦保险有限公司苏州分公司	独资

从市场份额来看，外资公司保费收入占人身保险市场份额的1.90%，增长速度略高于中资公司，为45.07%（中资公司的同期增速为30.25%），比2002年上升了0.15个百分点；部分外资公司在开放较早的上海、广州地区已经占有重要地位。在中资公司中，受增设分支机构、大力发展银行代理等因素影响的太保寿、新华、泰康、太平人寿，其市场份额均有明显上升。

2.2.3 险种结构有所调整，新型产品发展迅速

2003年，人身险各类业务发展表现各异，寿险和意外险稳步增长，健康险（按传统口径）增长相对较快，增速前高后低，养老金平稳发展。图6—4、6—5是各类业务的占比及同比增长情况：

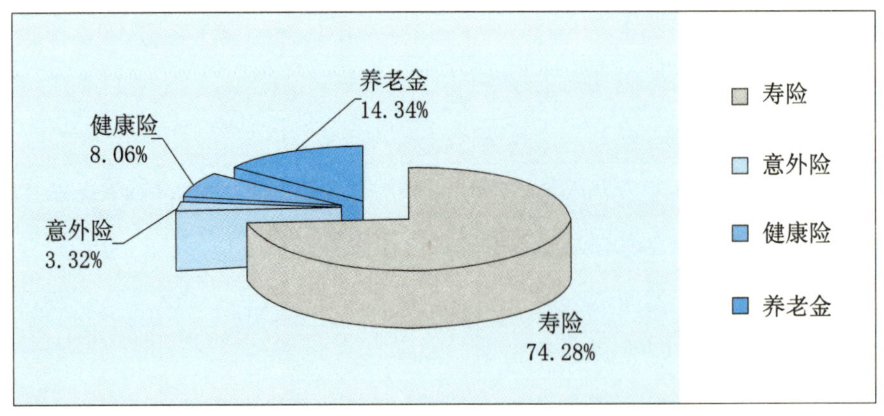

图6—4

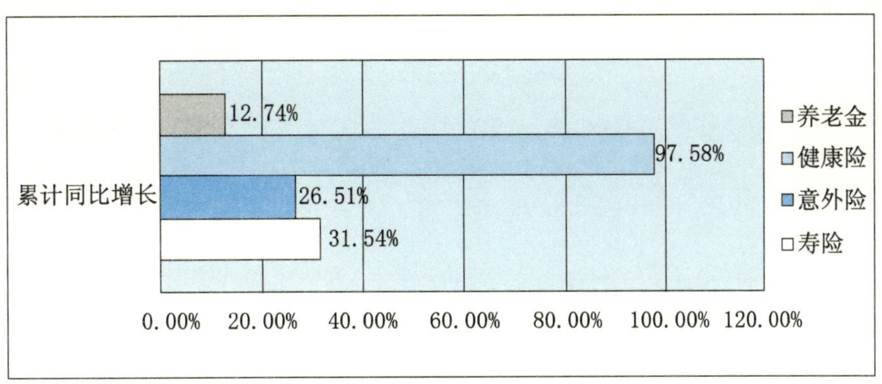

图 6—5

从险种结构上看,2003 年寿险、意外险、健康险和养老金业务的占比分别为 74.28%、3.32%、8.06%和 14.34%。与 2002 年相比,意外险和养老金的份额有所下滑,健康险业务出现了较大的增长。健康险保费收入为 241.92 亿元,同比增长 97.58%,在人身险业务中的占比为 7.58%,比 2002 年提高了 2.92 个百分点。在意外险方面,产险公司初步进入短期意外险市场,并显示出一定的竞争力。根据新《保险法》的有关规定,各产险公司从 2003 年 1 月 1 日开始也可以经营短期意外险和短期健康险业务。全年产险公司经营的短期意外险保费收入共 25.82 亿元,虽然只占全部人身险保费收入的 0.86%,但占全部意外险保费收入的比例却达到 25.93%,显示出一定的竞争力。

2003 年,我国人身保险业适应经济发展形势,调整经营思路和业务结构,在发展传统产品的同时,积极发展分红、投资连结和万能寿险等新型产品。在抗击"非典"期间,各寿险公司还及时推出相关产品,为人民群众提供了切实保障。其中,新型产品尤其是分红产品的快速发展是人身保险业务发展中的突出特点。全年累计新型产品保费收入累计为 1750.22 亿元,同比增长 41.74%,占人身险保费收入的 58.15%;其中分红产品保费累计为 1670.01 亿元,同比增长 47.54%,占人身险保费收入的 55.48%;投资连结产品保费累计为 73.04 亿元,同比增长 6.03%,占人身险保费收入的 2.43%;万能产品保费累计为 16.93 亿元,同比增长-50.25%,占人身险保费收入的 0.56%。

2.2.4 销售渠道趋向多元,银行代理地位日益重要

销售渠道是保险销售市场的重要组成部分,2003 年,人身保险业销售渠道的多元化趋向较为明显。销售渠道的多元化降低了经营风险,为消费者带来了便

利,也有力地推动保险业务的持续发展。从全年来看,个人营销渠道增速稳中有降,全年保费为1688.27亿元,同比增长22.46%。银行代理渠道增速前高后低,全年保费为764.91亿元,同比增长63.48%;团体直销渠道平稳增长,全年保费为498.28亿元,同比增长20.25%。图6—6是2002~2003年销售渠道结构变化情况:

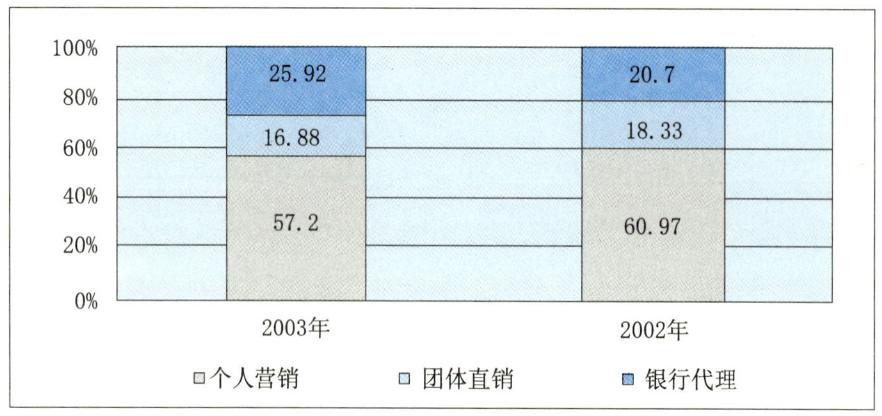

图6—6　不同销售渠道结构变化情况

尽管2003年个人营销和团体直销业务继续保持稳步增长,分别比上年增长22.46%和20.25%,但由于银行代理业务的高速发展,个人营销和团体直销的占比出现了不同程度的下降。银行代理业务保费收入764.91亿元,在人身保险销售渠道中的占比上升为25.57%,比2002年提高了8.49个百分点;业务规模比上年增长63.48%,对人身险业务的增量贡献比达40.35%,银行代理业务成为2003年人身保险业务增长的最重要拉动力量。

2.2.5　各地区发展很不平衡,东部地区优势有所扩大

人身保险业的发展与当地经济发展水平,尤其是与中等收入阶层占全部人群比例的高低相关性较强。目前,我国经济发展水平很不平衡,东部地区明显领先于中部和西部地区,且差距仍在继续拉大;而在人身保险业务方面,中部、西部地区与东部地区的差距同样明显。以2003年为例,保费收入排在前6位的江苏、上海、北京、山东、广东(含深圳市)、浙江全部在东部地区,这6个地区常住人口合计为3.17亿,占全国人口的24.70%;地区生产总值(GDP)合计为57323.63亿元,占全国国内生产总值的49.12%;人身险保费合计为1453.04亿元,占全国人身险保费的48.27%,比上年提高了0.03个百分点。

中部地区除河南、河北、黑龙江外，湖北、湖南、安徽等省业务规模也上了新台阶，保费规模均超过了 80 亿元，其中安徽、江西、河北等省保持了相对较快的发展速度，以 66.48%、65.80%、60.36%的同比增速排在各省份前 3 位。西部地区保险市场继续保持良好的发展势头，但由于基数较小，在全国人身保险市场中所占份额仍较低。2003 年，西部地区中的陕西、甘肃、青海、宁夏、新疆五省区人身险保费收入均比上年同期有较大增长。

2.2.6 对外开放进一步扩大，外资公司呈现新的特点

我国人身保险业对外开放是一个逐步进行的过程，1992 年外资寿险公司开始进入内地寿险市场，目前共有中外合资寿险公司 17 家，外资寿险分公司 5 家。2003 年，人身保险业认真履行入世承诺，进一步扩大保险市场对外开放，当年新增加中外合资寿险公司 6 家，其中包括引进了在养老保险方面有专长的瑞典斯堪的亚公共保险公司，同时，外资寿险公司业务范围和经营区域进一步扩大。2003 年外资寿险分公司和中外合资寿险公司业务保持稳步较快增长，全年保费收入为 57.28 亿元，同比增长 45.07%，占我国人身险保费收入的 1.90%。

外资寿险公司期缴个人业务比重相对较高，以 2003 年业务为例，外资寿险公司的续期保费为 30.61 亿元，占全部保费的 53.44%；趸缴保费 10.22 亿元，占全部保费的 17.84%；个人营销业务保费为 50.44 亿元，占全部保费的 88.05%。由于新的外资寿险公司的加入，以及原有外资寿险公司的快速发展，2003 年外资寿险公司的市场份额从原来的 1.75%上升到 1.90%。在上海、广州等外资寿险公司相对集中的区域保险市场上，2003 年外资寿险公司的市场份额已分别达 14.08%、16.70%。

2.2.7 功能得到有效发挥，社会形象明显提升

随着人身保险业的长足发展和其保障范围的日趋拓宽，其经济补偿、社会管理和资金融通功能得到了更加有效的发挥，起到了“促进改革、保障经济、稳定社会、造福人民”的作用。人身保险业通过为伤害、灾害事故损失提供经济补偿，为建立健全社会保障体系提供支持，在完善社会主义市场经济体制和全面建设小康社会中作出了积极贡献。比较突出的事例是 2003 年的抗击“非典”斗争和衡阳“11.3”特大火灾赔付案件。在抗击非典的斗争中，保险业通过勇于承担社会责任、及时推出相关产品、积极开展理赔服务，共向 313 例非典患者赔付 500 多

万元,向社会捐款1000多万元,向医护人员捐赠保险保额2亿多元,体现了高度的政治意识、大局意识和责任意识,大大提升了行业形象,得到了社会的普遍认可;同时也提高了社会各界的保险意识,有效扩大了保险需求,促进了业务发展。此外,保险业的快速发展和从业队伍的不断扩大,也创造了大量的就业机会,为减轻就业压力、促进社会稳定作出了积极贡献。

2.2.8 养老与健康保险得到广泛关注

近年来,我国正在建立完善的社会保障体系,人身保险业针对我国养老保障和健康保障需求不断扩大的趋势,积极拓宽相关服务领域,大力推动企业年金和健康险的发展。这不仅有利于发挥人身保险业的经济补偿、社会管理和资金融通功能,减轻政府负担,解除广大人民群众的后顾之忧,促进国民经济发展,也可以为保险业务创造新的业务增长点。

保监会自2003年初起就将参与企业年金和健康保险专业化发展列为工作推动重点,并整合行业力量开展了关于这两大业务的经营模式、组织管理等方面的积极探索与研究工作,先后举办中国首届企业年金与保险发展论坛、中国健康保险发展论坛,与卫生部、劳动和社会保障部一起举办三方健康管理和健康保险研讨会,积极参与企业年金基金管理暂行办法的协调推动工作,推动了健康保险管理暂行办法、寿险养老金管理暂行办法的起草工作。寿险公司积极参与辽宁改革试点,在劳动部承诺退出企业年金经办领域的同时进入这一市场,积极提供更好的服务。2003年,养老金业务和健康保险业务均取得了快速发展。

此外,健康保险得到广泛关注还得益于上半年发生的非典疫情,从实际来看,抗击"非典"形势最为严峻的2季度也是健康保险发展最快的时期。目前,健康险业务在许多公司的重视程度有所提高,部分公司已经尝试按照事业部模式管理健康险业务,有的公司还提出了设立专业化健康险公司的设想。

2.2.9 保险监管不断加强,市场秩序进一步好转

在我国人身保险业务迅速发展的同时,保险监管部门坚持市场行为和偿付能力监管并重,在2003年出台了一系列监管法规,完善监管手段,加强监管力度,保险市场秩序进一步好转,对于保护被保险人合法权益、防范化解经营风险、促进业务发展发挥了积极作用。

一是规范整顿市场秩序。通过加强现场检查,妥善处理客户投诉,发布公告

提醒公众,规范和整顿了市场行为和市场秩序。

二是加强误导风险防范。目前代理人队伍达到140万人,有些人员基础薄弱,展业技巧粗放,诚信意识不强,对保险认识不到位,受佣金制度的推动夸大保险责任,承诺较高回报,一定程度上损害了行业的品牌和形象。针对这些误导现象,保监会除加强市场行为监管外,开始着手从制度上完善销售体制和从业人员资格体系。

三是加强新型产品监管。为规范寿险新型产品健康发展,防范和化解风险,保监会于5月发布《人身保险新型产品精算规定》,对新型产品的开发和管理建立了统一的标准,对各种新型产品的保险利益做出了规范,提升了新型产品的信息透明度。其中还决定停止销售用分红概念包装的健康保险产品。

四是加强银行代理业务监管。2003年年初,中国保监会与中国人民银行加强协调沟通,并于2003年4月与人民银行联合下发《关于加强银行代理人身保险业务管理的通知》,该通知对于加强监管、防范误导、提高银行和寿险公司对银行代理业务认识、促进业务发展起到了十分积极的作用。

五是偿付能力监管基础性工作得到有效推进。2003年3月,中国保监会颁布《保险公司偿付能力额度及监管指标管理规定》,通过预警指标体系对保险公司的偿付能力状态和变化趋势进行监测,通过强制性的偿付能力额度进行监管,凡是实际偿付能力额度低于法定最低偿付能力额度的,保监会根据具体情况,可分别采取谈话、责令整改、限制费用、停止新业务和依法接管等措施,确保偿付能力逐步好转。此外,中国人寿上市改变了人身保险行业的偿付能力状况,为偿付能力监管有效推进提供了契机。

2.2.10 基础建设工作不断推进

基础建设是保证人身保险业持续快速健康发展的根基和重要保障,抓好基础工作可以为保险业的长远发展提供技术支持和制度保证。保监会在2003年主要从以下几个方面夯实基础建设:

一是加强了保险监管的信息化建设。逐步建立和完善保险监管信息系统,为人身保险的非现场统计分析奠定了良好基础。

二是编写了《人身保险现场检查手册》。《人身保险现场检查手册》的编写出台为提高现场检查工作质量和效率,统一人身保险检查标准和程序,实现人身保险规范化监管,充分发挥现场检查在保险监管中的重要作用,对促进人身保险业持续健康发展产生了积极影响。

三是启动了新的生命表编制工程。争取在三年时间内编制完成真正的行业生命表，并希望通过此次修订，在行业内建立一种定期调整生命表的制度。

四是行业基础建设得到加强。包括组织寿险精算师考试，发布《团体年金分红型/万能型产品销售自律公约》、《健康险经营活动行业自律公约》。

2.3 存在问题

总体而言，2003年的人身保险业务取得了长足发展，保持了良好的增长态势，但从我国人身保险行业的总体发展情况来看仍处于发展初级阶段，总体规模较小，保险密度、保险深度仍较低，保险的功能作用发挥不充分，其主要矛盾仍然是国民经济社会的快速发展、人民生活水平的迅速提高对保险业的需求与保险业发展滞后的矛盾，同时在快速发展中也存在一些潜在风险。这些主要体现在以下几个方面：

2.3.1 市场主体结构有待进一步完善

我国目前共有31家人身险主体在参与经营业务，但人身险市场仍处于相对集中的格局。2003年三家主要的寿险公司占据了86%的份额，在某些业务上，也存在一家或几家企业主导市场的行为，这种现象在一些市场不发达的地区更为突出。专业保险中介机构所占市场份额仍非常有限，一个由保险公司、被保险人、保险中介机构三个方面构成的成熟的保险市场体系尚未真正形成。

2.3.2 业务结构、质量和持续发展值得关注

当前的人身险业务结构和业务质量，无论是传统产品还是新型产品均值得关注。在传统产品方面，固定预定利率的寿险业务销售难度较大，且存在利率升高后的退保风险；意外险业务的费率逐年下降，经营利润逐步下滑；由于外部环境和专业化程度较低的制约，健康险业务的经营风险一直较高；养老金业务的税收优惠政策尚未取得明显突破，业务发展还面临不少困难。在新型产品方面，2003年，分红产品占95.42%的份额，但大部分是5年期的趸缴业务，质量不高，不仅不利于寿险公司提高经营效益和持续发展，也不利于投保人形成正确的保险意识；投连和万能产品业务发展逐步萎缩，2003年累计保费分别为73.04亿、16.93亿元，在新型产品保费中的占比分别仅为4.17%、0.97%，这不利于人身

保险发展空间的拓宽。

2.3.3 银行代理业务发展亟待新的突破

2003年是银行代理业务高速发展的一年,但与业务规模迅猛发展不相适应的是,银行保险产品单一,各寿险公司的产品具有高度的同质性。目前,银行保险产品基本以分红两全保险为主,各公司的产品之间没有太大差别,同时还潜在一定的经营风险。在保险公司与银行的合作过程中,双方还没有形成真正的战略合作伙伴关系,代理手续费的提高在整体上压缩了银行代理业务的利润空间。由于银行与保险公司合作机制较为脆弱、手续费恶性竞争、产品较为单一等原因,其可持续发展存在风险隐患,产品和合作模式亟待新的突破。

2.3.4 误导现象仍有发生

虽然监管部门一直在采取措施加强误导风险防范,但由于多种因素的影响,人身保险市场上的误导现象仍有发生,在新型产品快速发展的同时,如何引导合法合规的营销行为、进一步提高从业人员素质、加强消费者保险知识和意识等问题应进一步加强关注。

2.3.5 外部经营环境有待进一步改善

人身保险是我国社会保障体系的重要组成部分,大力发展商业养老保险、商业健康保险有利于减轻政府在社会保障体系中的负担,也有利于解除广大人民群众的后顾之忧,从而实现经济和社会的协调发展。然而,在实际运作中,商业保险没有获得必要的政策扶持和倾斜,外部经营环境还有待改善,主要包括企业年金税收优惠政策尚不到位,团体员工福利计划尚未得到税收优惠,医疗体制改革相对滞后,这些都在一定程度上制约了人身保险业务的发展,影响了其功能作用的有效发挥。

3. 我国人身保险发展展望

我国经济持续快速发展,人民生活水平的不断提高,经济体制的逐步完善,人身保险发展面临良好机遇,具有坚实客观基础,发展前景十分广阔。同时,人身保险面临的宏观经济和金融形势不断发生变化,因此,今后一段时期,人身保险业仍将继续保持良好的发展势头,但同时可能出现一些波动。

3.1 宏观发展形势

3.1.1 面临良好机遇

党的十六大和十六届三中全会分别确立的全面建设小康社会和完善社会主义市场经济体制的宏伟目标,均与保险业息息相关;人身保险业在抗击非典中的积极表现赢得了社会的广泛赞誉和关注。这些都为今后人身保险业加快发展提供了大好机遇。

3.1.2 具有坚实基础

自改革开放以来,我国政治稳定,经济持续发展,1978～2003 年,我国经济以年均约 9.3%的速度增长,这为人身保险业持续发展奠定了坚实的物质基础。2003 年我国人均 GDP 突破 1000 美元,年末居民本外币储蓄存款余额达 11.06 万亿元,预计 2004 年仍将继续保持快速增长。人均可支配收入的增长状况是影响人身保险业发展的重要因素,随着广大人民群众可支配收入不断提高,人身保险需求将不断扩大。随着我国人口结构的逐步老龄化和城市化水平的不断提高,客观上要求发展养老和健康保险。

3.1.3 前景十分广阔

尽管 2003 年人身保险业保持了较快的发展速度,但同经济社会迅速发展对保险提出的广泛需求相比,差距还很大,功能和作用没有得到充分发挥,人身保险业还没有渗透到经济和社会的各个领域。目前,我国人身保险的保险深度和保险密度大大低于世界平均水平,发展面临良好机遇,具有坚实基础,因此,我国人身保险业的发展前景十分广阔。

3.2 微观需求状况

据调查分析,人身保险的需求状况主要是:人身保险渗透现状表现为“三低”,即普及程度低、支出意向低、支付水平低。居民保险消费注重保障功能,关注公司信誉、服务和财力。影响居民人身保险消费的因素主要有:保险意识淡薄和家庭收入较低是制约人身保险渗透程度的重要客观原因,居民保险消费的满意度较低是制约人身保险渗透程度的重要主观原因。居民人身保险预期需求主要有以下特点:有购买意向者主要集中于中等收入家庭,健康险预期需求位居各项需求之首。

3.3 具体情况展望

3.3.1 外部影响将明显加强

由于利率市场化进程加快、资本市场发展完善、税收优惠政策出台落实等外部因素影响的明显加强,同时考虑到部分公司调整业务结构,人身保险业务发展可能出现波动,增速可能有所放缓,具体如银行代理业务和短期个人营销业务增速有所放缓。

3.3.2 市场主体将继续增加,治理结构将逐步完善

根据《外资保险公司管理条例》和拟修改的《保险公司管理规定》,对设立全国性保险公司及保险公司设立分支机构的条件有所放宽,人身保险市场准入标准更为合理,因此,今后一段时期内,市场主体将继续增加。随着现有主体设立分支机构,以及一批中外资寿险公司可能获得批准进行筹建,人身保险市场竞争的深度和广度都将日趋激烈,竞争方式将转向差异化保险服务。此外,根据我国加入 WTO 的协议,外资保险公司的经营区域将进一步扩大,中外资寿险公司将在各地区、各领域进行全方位竞争。

随着国有公司股份制改革取得实质性突破,以及其他股份制保险公司进一步完善治理结构,各保险机构改革力度将逐步加大,经营理念将转变深化,效益意识将进一步增强。一些公司的业务发展模式将向规模与效益并重型转变,主动调整业务结构,提高承保质量,加强规范经营,市场上恶性竞争行为有所减少。

3.3.3 产品监管将继续完善

一是加快产品创新。目前,人身保险业务的持续快速发展面临不少困难,必须在产品创新方面有所突破,尤其是结合保险资金运用渠道的拓宽来进行产品创新,在促进保障性产品发展的同时,加快发展可以规避利率风险的投资型产品;同时,积极争取税收优惠政策,推进专业化进程,促进养老金和健康险的产品创新,这都有利于改善人身险业务的结构和质量。

二是改革产品审查备案制度。当前，人身保险产品审查备案制度面临两方面的困难：一方面是当前产品创新速度很快，把握不准，另一方面是产品条款内容过于复杂晦涩，审查备案难度大。人身保险业进入新的发展阶段之后，对于新产品应采用既宽容、又谨慎的原则，既要促进创新，又要充分估计风险，这对改革现行产品审查备案制度提出了要求。现行的人身保险产品审查备案制度实施已近4年，随着寿险公司产品开发技术的提高，改革完善现行制度的时机已基本成熟，将朝着“放宽事前管制，加强事后监管”的方向发展。

三是推进条款通俗化进程。人身保险产品是一种复杂产品，即使是受过良好教育的人也较难理解。在保险业发达国家，其保险产品形态一般都比较简单，我国人身保险业要获得持续发展，必须推进产品条款通俗化。推进条款通俗性是一项长期、复杂的工作，内容十分广泛，包括标准化条款、规范术语等，推动人身保险条款通俗化对于保护消费者利益、提高消费者保险意识、扩大人身保险产品覆盖面有着十分积极的意义。预计这一进程将在近期内得到有效推进。

3.3.4 养老金业务发展空间巨大，但竞争将日趋激烈

建立完善的社会养老保障机制是全面建设小康社会的重要组成部分。随着经济体制改革的推进和老龄化社会的来临，加快发展养老金业务对完善社会保障体系具有重要意义，而且时机也已逐步成熟。经过十几年的发展探索，我国发展企业补充养老保险具备了一定的基础，在国家建立有税收优惠的企业年金制度之前，保险业已经办理了大量没有税收优惠的团体养老保险业务。我国政府意识到发展多支柱养老金体系的重要性，颁布了一些发展补充养老金保险的政策法规。随着我国保险市场的进一步开放和资本市场的健康发展，养老保险将获得更加完善的市场化投资运作环境。

养老金市场发展空间巨大，其中的企业年金业务政策性强，涉及到多个政府部门和不同的市场主体，包括保险公司在内的各类金融机构都在积极进入这个领域。虽然保险业开办最早，经验最丰富，在产品、精算和账户管理等方面具有一定优势，但在这方面的竞争将日趋激烈。

3.3.5 健康保险试点和专业化进程将有所突破

随着宏观环境的不断改善、人民生活水平的不断提高和健康保障意识的不断增强，我国商业健康保险发展迎来了难得的发展机遇。在重点地区和有条件

的地方开展试点，探索发展模式，是推动健康保险发展的切实有效途径。保监会将在继续加强与有关部委沟通的基础上，充分发挥保险业积极性，争取地方政府支持，进一步开展大型企业集团的第三方管理试点、优势行业的补充医疗保险试点，以及保险公司与医疗服务机构合作探索风险共担、利益共享经营模式的试点等工作。

此外，健康保险专业化经营进程也将实现突破。专业化是健康保险发展的核心，如果没有专业化经营，商业健康保险就会成无源之水。因为健康保险具有设计方面多、风险类型多、风险控制难度大等特点，专业化要求很强，专门的健康保险公司可以专注于提高服务质量，促进业务发展。在今后一段时期，健康保险专业化经营进程将在不断探索中实现突破，包括专业化经营理念的不断强化，专业经营主体的增加、专业法规和管理办法的出台、市场准入专业标准的规范。

3.3.6 银行代理业务将逐步出现转型

银行保险在我国目前主要体现为银行代理形式，银行代理是银行保险的初级层次，从短期来看，银行保险作为一种金融创新，在我国金融业目前实行分业经营、分业监管的制度下，仍将以银行代理形式继续保持较快发展。从长期来看，随着金融业务的发展和机制创新，银行代理将逐步向银行保险转变。

目前银行代理的主要产品是 5～10 年期储蓄性分红产品，与银行储蓄存款和基金业务有相似之处，银行保险业务的发展停留在“拼手续费、抢网点”的低层次竞争上，日益上涨的销售成本和较低的投资收益大大压缩了银行保险的盈利空间，各公司纷纷探索银行保险新的盈利模式。一方面，原有的 5 年期储蓄分红产品将大大减少，长期和期缴业务将逐步得到推广。另一方面，将可能发展专业的银行保险公司。发展专业银行保险公司，通过资本、股权等形成相互渗透和长期合作的战略关系，可以解决银行与寿险公司的利益共享问题，可以从机制角度解决银行代理业务中产生的诸多问题，实现银行代理向银行保险转变，这也是国际上银行保险业务成功发展的重要经验。

3.3.7 团险业务将逐步规范发展

团体业务对于我国保险业务的恢复发展曾起到积极作用，但近年来发展不规范，出现相对滞后，与蓬勃发展的个险和银行代理业务形成鲜明对照。2003 年保险业对团险发展进行了重新定位和思考，提出发展员工福利计划。今后一段时期内,外资公司将可以经营团险业务,这将进一步加快我国团险业务与国外接轨的步伐,人们将进一步认识到团险的产品形式,以及"低风险、低成本"的主要特点。同时,考虑到各寿险公司效益观念的强化,大型团体保险项目"掠夺性报价"将逐步减少;团险将充分发挥保险公司在员工风险保障方面的独特优势,为企业员工提供生命、健康、意外、失能等一揽子风险保障,在提供个性化产品和服务的同时,提高风险管控意识、效益意识,逐步杜绝"长险短做、个险团做,超高手续费、低于成本报价"等违规经营行为,实现团体保险的健康发展。

3.3.8 销售渠道将继续多样化

随着人身保险市场主体的增多,市场竞争日益激烈,保险公司将加强市场细分,实行差异化销售战略,积极探索新的销售渠道。一是将深化银行代理渠道,将银行代理销售从银行现金柜台销售逐步向理财柜台转移。二是将通过与银行、邮政、电信等服务行业的合作,开展直复营销(DM),电话销售、网络销售渠道。三是职团开拓销售将有所启动。四是保险机构与专业保险代理公司、经纪公司的合作将进一步扩大。

3.3.9 监管得到进一步加强落实,消费者权益得到更好保障

随着市场行为监管措施的加强落实,对保险机构和从业人员的要求也将更高,保险机构将加强日常管理,不断提升服务方式,丰富保险服务内涵。保险监管部门将大力促进人身保险行业的诚信建设,提高经营透明度,要求保险机构加强对业务人员的管理力度和培训力度,切实防范误导现象,使消费者权益得到更好保障。

监管部门将着手推进偿付能力监管的实施,保险监管重心将转移到更加市场化、专业化的偿付能力监管上来,并通过偿付能力监管,引导保险公司改善法人治理结构、加强内部管理和防范和化解经营风险、提高竞争力,从而在根本上保障被保险人的利益。

第七章

再保险篇

再保险是现代保险公司普遍采用的用以分散巨灾风险和特殊风险的一种机制,具有广泛的开放性和国际性。再保险市场在国际保险市场占有极重要的地位,再保险市场的发育和成长对促进一国或一个地区保险业发展具有至关重要的作用。

我国再保险业务的发展晚于直接保险业务。经过多年的努力,再保险市场的建设及运行已有了一定程度的发展,对社会进步和经济发展的影响也在与日俱增。但总体来说,我国再保险市场尚处于发展的初级阶段,总体承保能力有限,技术手段比较落后,监管制度不健全,不能有力地支持直接保险市场的发展。随着我国改革开放的进一步深化,无论是风险层面的环境变化,还是宏观经济及制度环境的变化,都为再保险的长远发展提供了充分的空间,而再保险业实力的增强和作用的发挥,对于我国保险业的做大做强具有特殊的意义。

1. 我国再保险市场发展的历史回顾

1.1 2003 年以前我国再保险市场的发展历程

我国再保险市场起步于 20 世纪 30 年代,当时的分保业务由外商操纵。新中国成立后,伴随我国直接保险业的发展,再保险市场从小到大发展到了今天的规模,整个进程可以分为以下几个阶段:

第一阶段:萌芽阶段(建国之初至 80 年代初)

这一时期我国再保险市场尚未形成,业务发展曲折反复。由于当时我国直接保险市场发展也极不完善,保险业务时常间断,甚至存在长期停滞的状况,这严重影响了我国再保险业务的正常发展。

建国之初,为扶持私营保险公司经营,除由中国人民保险公司和中国保险公司接受私营公司分出业务外,政府还支持私营保险公司在自愿参加原则下组成上海民联分保交换处(简称"民联")参加分保交换业务。50 年代初,政府取消了在华外国保险公司的种种特权,外商保险公司退出我国保险市场,"民联"也宣告解散,再保险市场主体逐渐减少,分保业务演变为由人保一家办理国际再保险的局面。当时,国内保险业务并未办理分保,这一是因为当时国内惟一的保险公司是中国人民保险公司,属国有垄断经营,风险由财政兜底,人民币业务一直不办理分保;二是因为当时国家外汇储备的有限和外汇管制的严格使国内保险业务很难向国外再保险公司支付分出保费。但同时,国内保险公司在办理涉外保险业务时,将分出业务办理国际分保,把我国进出口贸易和海外各地分支机构经营的运输保险业务分给伦敦保险市场,到 1959 年,我国已与 27 个国家的 54 家保险公司建立了分保关系。

60 年代,国内保险业务停办后,我国仍然在谨慎开展涉外保险业务,中国人民保险公司在继续办理分出业务的同时开始尝试办理少量分入业务,由于整个宏观经济形势不乐观和国内保险业务的全面停滞,这一阶段的再保险业务发展并不理想。

第二阶段:初步形成阶段(80 年代初至 1995 年)

这一时期直接保险业务的全面恢复带动了国内再保险业务发展,同时有力地配合和促进了我国对外经贸活动的开展,国内再保险需求快速增长。

1985 年,中国人民保险公司开始试办系统内分公司向总公司的分出业务,并取得了一定的效果,为进行再保险实践摸索了经验,也为下一步的再保险体制改革奠定了良好的基础。随着我国直接保险市场规模的逐步扩大,为提高国内市场的承保能力,减少对国外再保险市场的过度依赖,政府于 1988 年出台了《保险企业管理暂行条例》,对法定分保政策做出了明确规定。国内开始办理 30%法定分保业务,并暂由中国人民保险公司再保险部代行国家再保险公司的职能。1988 年后,随着其他直接保险市场主体的相继出现,再保险需求日益加大,在法定保险的框架内再保险业务已形成一定规模。

进入 90 年代,国民经济持续高速发展,国内直接保险市场日趋活跃,市场主体日益增加,经营业务逐步拓宽,巨灾风险时有发生,原来的高法定分保率、分保渠道限制以及运转不畅的商业保险公司代行国家再保险公司职能等再保险市场体制问题已开始在一定程度上制约中国再保险市场的形成和发展。1993 年,太平洋和平安两家保险公司被许可经营国内、外再保险业务,再保险市场的独家垄断局面被打破,进一步推动了再保险市场的初步形成。

第三阶段:发展阶段(1996 年～2002 年)

1996 年,中国人民保险公司组建集团公司,成立了中保再保险有限公司,一方面接受商业分保业务,一方面是各商业保险公司法定分保业务的惟一分入人,成为国内第一家经营再保险业务的专业公司。1999 年 3 月,中国再保险公司在中保再保险有限公司的基础上组建成立,标志着我国再保险市场有了独立的供给主体,再保险业逐步成为我国保险市场的重要组成部分。此外,为降低高风险标的对外部市场的依赖,这一时期还出现了再保险联合体,如核共保体自 1999 年成立并投入运行,2000 年国内就实现保费收入 239 万美元,同时由于其与国际核共体的紧密联系,还实现分入保费收入 74 万美元,在一定程度上解决了保费外流和市场容量问题。

这一阶段,我国的再保险经营主体包括一家专业的再保险公司和各家直接保险公司,专业再保险公司接受法定分保和部分商业分保,直接保险公司可以接受商业分保业务,人民币分保机制初步形成,国内商业分保趋于活跃,再保险业务有了很大的发展,再保险业在国内保险市场上的地位有了很大提升。2002 年,专业再保险公司法定分保费收入 179.12 亿元,同比增长 14.8%,商业分保费收入 12.66 亿元,同比增长 76.08%;财产险直接保险公司商业分保费收入 2.39 亿元,同比增长 27.1%,其中境内分入 1.83 亿元,境外分入 0.56 亿元;人身险直接保险公司商业分保费收入 173.16 万元。

1.2 我国再保险监管的发展历程

我国再保险市场发展的历史不长,业务规模较小,建国以来我国对再保险的监管一直主要是强调业务的保护,集中于对法定分保的具体规定,而其他相应的监管法律制度建设比较滞后。但随着我国加入世贸组织,再保险市场将从有限制的开放逐渐走向全面开放,再保险监管制度也有了进一步的发展。

在行业发展初期,为了分散巨额赔付的偿付风险,保障直接保险公司的经营稳定性,政府于 1988 年出台了《保险企业管理暂行条例》首次对再保险业务作了规定,确定法定分保比例为 30%,并且禁止国内保险公司向国外保险公司分出或者接受分入业务。随后,人民银行于 1992 年发布了《上海外资保险机构暂行管理办法》以及一些其他规范性文件,再次对再保险业务作了一些比较简要的规定。

1995 年,我国第一部保险基本法《保险法》出台,以法律的形式确立了法定分保和商业分保国内优先的制度，并明确由政府成立国家再保险公司，制定相关管理措施，建立有关业务统计指标，实施法定分保，同时将法定分保比例降低为20%，取消了禁止向国外分出的规定，只保留了金融监督管理部门的限制权。1998年中国保监会成立以后，将法定再保险作为监管的重点，先后修订、发布了《法定分保条件》等规章和规范性文件，对法定分保业务作了更为具体的规定，2000年制定了《人身险法定分保条件实施细则》和《财产险法定分保条件实施细则》，2001年制定了《长期健康险法定分保条件》。这一系列法规对法定分保的业务范围、业务申报、保费准备金、现金赔款、再保手续费、分保账务结算等方面作出了详细规定，基本理顺了法定分保业务，使法定分保业务足额率、法定分保资金到位率较往年有了明显好转。

为适应中国入世的要求，2002年，中国保监会颁布了《再保险公司设立规定》，对再保险公司的设立和经营做出了明确规定；并在同年修改通过的新《保险法》中取消了原《保险法》第101条规定的20%法定分保条款。

总体来说，我国已基本建立了初步的再保险监管运行规则，分别对法定再保险和商业再保险的交易作了相关规定，主要有以下几点：

1.2.1 保险公司经营再保险业务的规定

我国再保险业务的经营需要经过授权，并且不得经营超出原保险业务范围之外的再保险业务。《再保险公司设立规定》第2、3条对此进行了明确规定。中国再保险公司的营业范围是接受境内保险公司的法定分保业务，办理转分保业务和经批准的国际再保险业务。另外，《保险公司管理规定》第89条规定：关联保险公司之间进行的再保险分入分出业务应当报中国保监会批准。

1.2.2 分出公司自留额的规定

《保险法》第99条规定，经营财产保险业务的保险公司当年自留保费，不得超过其实有资本加公积金总和的四倍。第100条规定，保险公司对于每一危险单位，即对一次保险事故可能造成的最大损失范围所承担的责任，不得超过其实有资本加公积金总和的10%；超过部分，应当办理再保险。

1.2.3 分出公司分出范围的规定

《保险法》第104条规定，金融监督管理部门有权限制或者禁止保险公司向中国境外的保险公司办理再保险分出业务或者接受中国境外再保险分入业务。

1.2.4 分出公司分保计划的规定

对于个别风险的再保险安排,《保险法》第 101 条规定:保险公司对于危险单位的计算办法和巨灾风险安排计划,应当报经金融监督管理部门核准。《保险公司管理规定》第 87 条规定:保险公司应于每年 11 月 1 日以前将下一年度的分保方案报中国保监会批准;分保方案如需调整,也须报中国保监会批准。保险公司的分保方案应包括合同分保、用汇计划、保费自留额及临分方案等内容。

1.2.5 优先分保的规定

《保险法》第 103 条规定,保险公司需要办理再保险分出业务的,应优先向中国境内的保险公司办理。《保险公司管理规定》第 88 条也规定:保险公司需要办理再保险分出业务的,应优先向中国境内的保险公司办理;但国外分保条件明显优惠的,可向境外保险公司办理。在同等条件下,再保险分入公司应优先接受境内保险公司的分出业务;再保险分入公司接受的再保险业务需要办理转分保时,应优先向境内的保险公司办理。

1.2.6 法定分保的规定

根据我国加入 WTO 的承诺,自 2003 年 1 月 1 日起,法定分保分出比例从 20%下降为 15%,并在未来几年内将每年减少五个百分点,直至 2006 年完全取消。

随着再保险技术广泛应用于各直接保险公司的风险管理决策中,我国再保险监管的重心也将逐步转移到对商业再保险业务的监管上和对再保险公司偿付能力的监管上来,从这个意义上说,我国再保险监管正向规则化和国际化迈进,进入一个新的历史发展时期。

1.3 我国再保险市场发展的基本评价

总体来看,经过长期艰苦的摸索和实践,我国再保险市场有了较大的发展。一是目前我国已与 100 多个国家和地区的 1000 多个保险公司和再保险公司建立起直接或间接的再保险业务联系,再保险的经营规模和业务领域不断扩大,业务险种不断增多。二是再保险公司的巨灾风险防范能力和管理水平逐渐提高,服务意识和技术支持力度有所增强。三是国有再保险公司体制改革初见成效，通过私募的方式实现了股权结构的多元化，向国际化、成熟化发展。四是再保险监管体系建设逐步与国际化接轨，再保险运行规则初步形成，作为保险业坚实支柱的再保险越来越为保险界所重视。

但同时也必须清醒地认识到，我国再保险市场的发展仍不充分，商业化程度低，落后于直接保险市场的发展水平，还存在着很多不足，如：(1)市场主体单一，再保险供给能力不足；(2)市场法律环境不完善，尤其是商业分保方面的法律制度十分不完善；(3)经验和技术水平落后于世界水平，缺少足够的提供精算、核保等技术服务意识和跟踪市场发展变化规律进行产品创新的意识；(4)再保险经纪人和信用评级机构发展滞后，市场体系不健全等。

2. 我国再保险市场的现状分析

2.1 2003年再保险市场基本状况

2.1.1 初步形成多家市场主体竞争格局

2003年是我国再保险市场主体发生重大变化的一年。在这一年，我国再保险市场出现了多家专业再保险公司，打破了国家专业再保险公司独家经营的局面，形成多家再保险公司共同竞争的市场格局。

2.1.1.1 国有再保险公司股份制改革顺利完成。作为我国第一家也是惟一一家国家专业再保险公司，中国再保险公司按照国务院批准同意的股份制改革方案于2003年底正式重组改制为中国再保险(集团)公司，并以投资人和主发起人的身份控股设立中国财产再保险股份有限公司、中国人寿再保险股份有限公司和中国大地财产保险股份有限公司。重组为控股公司后，中国再保险(集团)公司一方面作为国家授权经营股东的代表，成为股份有限公司的控股股东，另一方面作为国务院直属的国有资产管理公司，对下属的合资公司、子公司和附属机构进行管理，揭开了我国再保险业产寿险分体改制、集团化经营的崭新一页。

2.1.1.2 三家外资再保险公司进入中国再保险市场。按照中国入世承诺，中国再保险市场从2003年起逐步对外开放。凭借长期对本地市场的深入了解、雄厚的财务实力和在国际市场经营多年积累的丰富经验，世界前三大再保险公司于2003年顺利进入我国再保险市场。2003年10月24日,全球第一大再保险公司慕尼黑再保险在北京正式设立分公司,成为第一家在中国取得全国范围寿险及非寿险再保险业务经营许可的外国再保险公司,开启了我国再保险市场多家公司竞争的大门,并于当年11月1日作为首席再保险接受人正式向中国出口信用保险公司提供再保险保障。2003年12月,全球第二大再保险公司瑞士再保险公司也在北京成立分公司,成为第二家进入中国市场的国际著名再保险公司。此外,全球第三大再保险公司通用科隆再保险集团获得保监会许可,开始筹备分公司;英国最大的保险组织劳合社正式向保监会提出申请在中国设立再保险营业机构的要求。至此,我国再保险市场结束了由中国再保险公司独家垄断的局面。

2.1.2　再保险业务发展情况

2.1.2.1　全国直接保险公司分出保费和分入保费情况。2003年,各直接保险公司分出保费总额264亿元,其中财产险公司分出197.5亿元,占74.8%,寿险公司分出66.5亿元,占35.2%。从财产险业务分出构成来看,普通财产险和车险业务分出保费71.9亿元和88.6亿元,分别占分出业务的36.4%和44.9%,责任险、农业险等其他各类险种的分出保费仅占19.7%。

2003年,各直接保险公司商业分保费收入2.78亿元,其中财产险直接保险公司分保费收入2.76亿元,同比增长15.5%,人身险直接保险公司分保费收入190.61万元,同比增长10.1%。可见,在国内直接保险公司分入业务中,财产险分入收入占绝对优势的比例。

2.1.2.2　法定再保险和商业再保险业务发展情况。法定分保一直是我国再保险市场的主要业务,占据着市场主要份额。2003年,由于法定分保比例已按照入世要求比上年减少了5%(即各直接保险公司须以15%的分保比例向中国再保险公司分出保费收入),全国法定分保收入比上年同期有所下降,为165.89亿元,占全国分入保费总收入的77.9%。

商业分保业务在我国再保险市场一直处于辅助地位,其规模相对法定再保险业务偏小,业务也主要是针对一些巨额风险和责任过于集中的标的。2003年,我国商业分出保费为98亿左右,但大部分都分往国际市场。由于新进入市场的两家外资再保险公司均于年底开业,业务发生量极小,我国专业再保险市场的分入业务主要来源于中国再保险公司。2003年,专业再保险市场分保费总收入为

210.23 亿元(包括 16.51 亿元的财务分保费收入),同比增长 9.62%,其中,实现商业分保收入 44.34 亿元,剔除财务分保因素,同比增长了 119.83%。这说明国内保险公司对商业分保的需求在逐渐上升。

2.1.2.3　专业再保险市场的赔付情况。作为 2003 年底前惟一的专业再保险经营主体,中国再保险公司 2003 年累计赔款和给付 117 亿元,其中财产险赔付 97.7 亿元,同比增加 15.5%;寿险赔付 93 万元,同比减少 93.2%;意外险 5.2 亿元,同比减少 5.4%;健康险 13.2 亿元,同比增加 30.1%。

2.2　我国再保险市场发展的主要问题

2.2.1　再保险市场有效供给不足

虽然我国的直接保险公司均可以从事再保险业务,但直接保险公司的承保能力、业务壁垒等因素限制了其再保险的供给能力,同时他们之间的横向互保因为同处于竞争对手地位而使竞争及分保方向具有很大的局限性。从国际保险市场的发展历史来看,专业的再保险公司是当今再保险市场的主流。目前,随着我国再保险市场的逐渐开放,已有 4 家专业再保险公司(包括两家外资)在我国开展再保险业务,这为进一步发展再保险市场迈出了重要的一步,但一个成熟的、多元竞争的再保险市场格局仍尚未形成,商业再保险的分出业务大量流向国际再保险市场。再保险市场主体的缺乏将影响直接保险市场的承保能力,成为制约我国再保险乃至我国保险市场整体发展的瓶颈。

2.2.2　再保险市场监管法制不健全

要培育一个较为成熟的再保险市场,一套相对完善的再保险监管体系是必不可少的。我国在再保险管理法律制度建设方面还十分薄弱,不成系统。现有对再保险业务的有关规定大多散见于《保险法》、《保险公司管理规定》、《再保险公司设立规定》、《保险公司最低偿付能力及监管指标管理规定》、《法定分保条件》等法律法规或者规范性文件中,一般为原则性要求,并没有相应的技术性要求加以保障,相应的实施细则实为空白。此外,我国再保险业务一直以法定分保为主,相比而言,关于法定分保的法律规定较为完备,商业分保方面的有关法律制度却十分不完善,与国际再保险监管差距较大。这主要体现在保险监管部门在鼓励市场竞争和自由经营的同时,没有通过法律形式对商业再保险的运作规则加以明确，缺乏对再保险财务状况、再保险资本金水平、再保险自身风险防范、选择国外保险分入人标准以及对国外保险分入人偿付能力和审查评价等问题的监管要求，《保险公司偿付能力管理规定》中关于各项监管指标的要求也忽视了再保险的因素。因此，欠缺与国际惯例相吻合的再保险法律环境以及再保险市场运行规则，对改革开放后中国再保险市场的规范经营和有序竞争造成一定的影响。

2.2.3　再保险市场技术服务水平落后

通常，再保险公司对专业技术水平的要求较高，需要比直接保险公司更全面地对每一类型风险的状况进行分析和研究，并据此向直接保险公司提供厘定费率或改进风险管理和经营策略的建议，或者根据直接保险公司的经营需求及时开发新的再保险产品，提供灵活的再保险保障。而我国再保险市场的建立比国际市场晚了一个多世纪，而且再保险从业人员大多来自国内各保险公司，其经验与技术水平不仅落后于国际先进水平，即便与国内各直接保险公司相比也没有太多优势，管理水平和经营技术较低，再保险产品功能简单，因此很难在技术或经验上给予保险公司一定的支持与帮助。此外，我国的专业再保险公司主要职能是代国家行使法定分保的职能，在主营业务来源稳定和竞争动因不足的条件下，缺少足够的提供精算、再保、核保等技术支持服务意识和跟踪再保险市场发展变化规律进行产品创新的意识，很少主动承担对保险公司进行业务培训、提供技术支持或者帮助保险公司进行创新等角色，更难成为保险市场承保条件与费率水平的引导者。由于国内市场与国际市场在这些方面的差距，国内各家直接保险公司往往愿意与国际市场上大的再保险公司合作，以期享受优质的服务与先进的技术指导。

2.2.4　再保险市场体系不健全

在国际上，大部分再保险人的业务都是通过再保险经纪人来办理的，这样能使分出公司进入一个更广的再保险市场，扩大其承保能力。我国直接保险市场中，保险经纪人已经以逐渐重要的角色成为保险市场体系中一个重要组成部分，但是再保险经纪人发展却相当滞后，缺少有经验的再保险经纪人为分出公司进行再保险规划、争取更为有利的交易条件。此外，作为国际上通行的一种偿付能力监管方式，对再保险人进行信用评级是再保险信息市场上十分重要的组成部分，专业客观的信用评级结果是投保人和政府机构选择合适的公司投保和对公司进行偿付能力监管的重要参考信息。我国再保险市场在此方面几乎是空白，没有相应的信用评级体系。

3. 我国再保险市场发展的前景展望

3.1 再保险市场发展的环境分析

目前保险业占全球 GDP 的 8%，多样化的保险需求也为保险业提出了更高的要求，再保险业的国际化经营趋势已非常明显。一方面，国内保险公司要将承保的风险向国外再保险公司分保，另一方面，国际再保险巨头也急于进入中国市场。我国加入世界贸易组织后，再保险在保险业中是对外开放幅度最大的市场。当前和今后一个时期，中国再保险市场既面临发展的机遇，又面临严峻的挑战。

3.1.1 有利条件

3.1.1.1 再保险市场发展潜力巨大。一是自 1980 年恢复国内保险业务以来，我国直接保险市场保费收入以超过年均 30%的速度增长，但再保险市场的保费收入增长速度却一直比较缓慢；同时在再保险业务中，商业分保业务的比重一直仅占 5%左右，其中国内市场消化的商业分保费比重更低，这导致我国再保险市场发展和直接保险市场发展进程不相匹配，原保险市场的高速发展会推动再保险市场的发展。二是目前我国再保险分出业务占总保费收入的比例不到 10%。相比国际平均水平，我国保险公司的自留额比例相当高，并直接反映为保险公司的负债偏高，在目前保险资金不能得以充分利用的前提下，将直接影响到我国直接保险公司的偿付能力。这就需要通过再保险方式来转移较大的潜在风险，扩大自有资本的承保能力，从而为再保险市场的发展带来广阔的发展空间。

3.1.1.2 再保险市场业务需求旺盛。一是随着我国保险市场的进一步开放和保险业务的可持续快速发展，法定分保业务继续下降，单一风险责任加大与责任准备金不足两者之间的矛盾将日益突出，不加强再保险计划的安排，单个保险公司将无法承受巨额或大面积灾害累积风险。二是我国现代经济与科技在高速发展，大型飞机船舶、核电站、企业集团等巨额保险标的越来越多，新的风险因素不断产生，风险更加趋于集中，而相应的各类安全管理监督体制尚不够健全，因此灾害事故的发生反而较以前更加频繁，损失程度也较以前更加严重，单靠国内各保险公司自身的资本实力和承保能力无法承担巨灾风险造成的损失，也不利于实现保险业的经济补偿和社会管理功能，必须依靠再保险机制来分担。三是我国幅员辽阔，各省市地区气候、地质环境复杂多样，总体上来看是个多灾害的国家，洪水、地震等事故时有发生，进一步加大了巨灾保险对再保险的需求。

3.1.2　不利条件

3.1.2.1　外资再保险主体的进入带来一定程度业务冲击。再保险市场开放后，专业再保险市场主体增加，业务竞争必然加剧。和国际具有雄厚资本和丰富经验的再保险人相比，中资再保险公司尚处起步阶段，从技术和经验上都处于劣势，再加之国家给予外资公司包括税收等方面的各种优惠，可能使中资再保险公司的市场份额和业务发展受到较大影响，如不能站稳脚跟并发展壮大，还可能造成外资再保险对中国市场的垄断，使我国保险业高度依赖国际再保险市场，不利于国内再保险市场的培育和发展。

3.1.2.2　高风险业务市场接受能力有限。随着保险业务的快速发展和保险产品的多样化，各直接保险公司的风险管理体系日趋完善，并尽力寻求更加科学而且经济的再保险保障，实现整体均衡、效益最佳。然而对于一些赔付情况波动较大或者赔付率较高的高风险产品，如医疗健康类保险产品、责任保险产品等，大多数再保险公司都对接受此类业务持相当谨慎的态度，多以缺乏经验数据或风险控制难度较大等理由拒保或提高承保条件，承保方式也多以简单的比例分保方式，极少通过财务再保险、ART等非传统再保险产品来转嫁风险。这使得高风险保障很难在国内寻求到再保支持，从而影响我国国民经济的平稳发展。

3.2　我国再保险市场发展趋势分析

3.2.1　市场主体大量增加，再保险市场竞争机制逐渐形成

开放我国再保险市场，最直观的结果就是专业再保险经营主体的增加。目前，已有十多家国外的再保险公司在我国设立了代表处，其中的大部分国外再保险公司都在积极寻求进入我国再保险市场。随着再保险市场的全面开放，将有更多的专业再保险经营主体以外商独资、中外合资、再保险集团、再保险联合体、专业自保公司等不同的组织形式加入中国再保险市场。新的再保险公司尤其是

外资再保险公司进入市场并以同等条件参与市场竞争，将会改变目前再保险市场的垄断状况，使整个再保险市场由国有专业再保险公司主导下的垄断市场转变为垄断竞争市场，竞争模式从以非技术创新、非服务创新为主的竞争模式向以技术创新、服务创新为主的竞争模式转变，国内再保险市场竞争机制初步形成，市场国际化程度和竞争强度进一步加深，资本金总量得到进一步充实。

3.2.2 再保险跨境支付减少，商业分保得到较快发展

从国外再保险发展的历史来看，商业再保险的市场化程度和发展水平是衡量一国再保险发展水平的基本尺度，因此大力发展商业再保险是我国未来再保险发展的重要方向。虽然近两年商业再保险还不能完全取代法定再保险，但随着法定分保业务的逐步取消，再保险市场的完全开放，国际再保险集团将以直接在我国境内设立分公司的方式为我国直接保险公司提供再保险分保，一方面可以大幅减少再保险的跨境支付，降低国家再保险分出总量，遏制保费外流；另一方面能推动国内商业分保的便捷和频繁，促进国内分保机制的完善，使之逐渐成为中国再保险市场的主导力量。

3.2.3 再保险技术和管理水平不断提升，国际竞争力提高

由于再保险业务本身的特性，任何一个成熟的再保险市场都应具有开放性和国际性。从国际再保险市场的发展趋势来看，再保险业务要求技术含量越来越高。中国再保险市场全面开放后，外资再保险公司凭借悠久的历史和成熟的经验形成的比较优势，必将带动国内经营再保险业务的公司在运作方式、经营理念、产品、服务、价格、人才等方面逐步实现与国际市场的接轨，及时关注直接业务新产品推出产生的新风险聚集点，改善服务手段和方式，培养出一支与国际接轨的高素质、高技能的再保险人才队伍，全面提升我国再保险经营主体的国际竞争力。

3.2.4 再保险中介市场逐渐形成并有序发展

应该说我国现在的再保险市场还只是一个雏形，从业主体的缺位使得市场中介几乎没有发展的空间，但其成长的趋势却显而易见。随着再保险主体的大量进入和竞争规模的形成，再保险中介将活跃在再保险人和原保险人之间，成为再保险市场中不可或缺的组成部分。目前我国保险经纪公司刚刚起步，虽然其

业务范围也包括再保险经纪业务，但受到内外条件的限制，还无法真正充当再保险的中介，但逐渐成熟的监管体系将会为其发展开辟一个健康的前景。

3.3　推动我国再保险市场发展的政策措施

再保险市场的发展成熟需要引进先进的机制和技术，同时也需要有一个良好的竞争环境、规范的经营规则和有效的监管制度。

3.3.1　进一步建立完善商业再保险监管制度

商业再保险市场化程度和发展水平是衡量再保险发展的基本尺度，大力发展商业分保是我国未来再保险业务发展的方向，即要加强对商业再保险分出、分入业务的监管。保险监管部门可通过制定《再保险业务管理规定》等法律法规或者规范性文件，对优先国内分保、自留额标准核定、再保险计划的审查、专业再保险公司和办理分入业务的直接保险公司偿付能力的审核以及再保险公司财务报告的监管做出详细的规定，细化其法律法规和监管措施。

3.3.2　进一步健全再保险市场的准入退出机制

对市场主体资格的监管是再保险市场监管的主要内容。随着法定分保商业化运作的推进，规范经营再保险业务主体的资格、建立完善的准入和退出机制成为保证再保险市场健康运行的关键。在《保险法》、《保险公司管理规定》和《再保险公司设立规定》等法律法规的基础上，监管部门将逐步确定系统完整的监管标准，通过对资本金实力和经营再保险的技术要求来考核现有保险公司扩展再保险业务的资格标准，对达不到监管要求的限期进行整改直至责令退出市场。

3.3.3　逐步建立起我国的再保险交易中心

建立再保险交易中心，旨在形成一个再保险市场交易的中心。在交易中心内，国内保险公司可以将自己的分出业务提交交易中心，由中心按照标准格式挂牌卖出，其他公司可以竞价购买，出价高者得标，这样通过竞价博弈模型，再保险的交易会得到一个均衡的、合理的、最优的市场价格。建立再保险交易中心的优势就在于能够使各类保险公司的承保能力得到充分的发挥，同时也有利于对特定风险资料进行收集、分析和处理，推动直接保险市场费率市场化，降低再保险交易成本。

3.3.4 逐渐形成对国际分入公司的审查和评级制度

随着与国外保险监管机构交流合作广度和深度的加强，保险监管部门会越来越依靠权威的国际信用评级机构对国际保险公司财务安全状况进行评估，进而确定我国的选择标准，掌握国内各类再保险信息，对预知潜在风险进行预警，有效降低再保险经营风险。

3.3.5 加强对国际再保险市场趋势的研究

纵观国际再保险市场，再保险方式日趋多样化，并购重组浪潮此起彼伏、愈演愈烈，出现了巨灾风险证券、不可抗力债券、期权等新型避险工具，非比例再保险、财务再保险、ART 技术以及互惠交换业务等再保险方式成为世界潮流，此外，再保险组织也呈现多元化的趋势，专属自保公司、集团保险得到较快的发展。我国再保险市场要融入世界再保险市场的大潮中去，就必须加强对这方面知识的了解和研究，吸取其他国家的经验和教训，少走弯路，加快与世界再保险先进水平接轨的步伐。

第八章

保险中介篇

保险中介是指介于保险经营机构之间或保险经营机构与投保人之间，专门从事保险业务咨询与招揽、风险管理与安排、价值衡量与评估、损失鉴定与理算等中介服务活动，并从中依法获取佣金或手续费的单位或个人。保险中介是随着保险市场的发展而产生的，是保险市场精细分工的结果。我国保险业务恢复20多年来，保险中介作为保险市场的有机组成部分，不断发展壮大，取得了显著成绩。

1. 我国保险中介市场发展的历史回顾

保险中介的主体形式主要包括保险代理人、保险经纪人和保险公估人。上世纪80年代初保险业恢复以来，这三类主体都得到了长足发展。

1.1 我国保险代理人的发展历程

保险代理人是根据保险人的委托，向保险人收取代理手续费，并在保险人授权范围内代为办理保险业务的单位或个人。其主要形式有保险专业代理、兼业代理、个人代理等。

我国保险代理人的发展大致经过了四个阶段。

1.1.1 人保公司独家代理阶段

国内保险业务恢复至1988年，保险市场上基本上是中国人民保险公司独家经营，因此，人保公司以“广代理”的模式，除西藏、台湾外，在全国构筑了一个专、兼职的综合代理网络，特别是经中国人民银行批准，在乡镇、街道设立了大量的专业保险代理机构，如保险服务所、保险代办所等。1988年，人保公司代理保费收入42.6亿元，占其总保费的37.1%。

1.1.2 初步发展阶段

1988年至1995年，我国保险市场初步形成多元化格局，保险代理人也得到初步发展。兼业代理队伍有所扩大，出现了银行代理保险的尝试。1992年，美国友邦保险公司将个人寿险营销模式引入我国，此后国内公司纷纷效仿。个人寿险营销制度的出现，对我国寿险业的发展起到了极其重要的促进作用。这一阶段尽管各种形式的保险代理活动广泛存在，且发展迅速，但由于缺乏相应的法律法规的规范，保险代理人发展中也存在手续费支付不规范、财务管理不健全、人员素质参差不齐等问题。

1.1.3 在规范中进一步发展阶段

1995年至1998年，我国出台了一系列关于保险代理人的法律法规，为其规范、健康和快速发展奠定了基础。1995年通过的《保险法》，明确定义了保险代理人的法律地位。1996年2月2日，中国人民银行颁布了《保险代理人管理暂行规定》，成为与《保险法》相配套的规范性文件，确立了专业保险代理人的法律地位，首次认可了个人代理人。同时规定除兼业代理人外，保险代理人必须参加资格考试。1996年12月15日，中国人民银行在全国各省、自治区、直辖市30个考区首次举行了全国保险代理人资格考试。1998年6月和8月，中国人民银行分别对车险市场和航意险市场进行了整顿，加强了对兼业代理机构的规范。

1.1.4 快速发展阶段

从1998年11月开始，保险代理人发展进入了新阶段。这一阶段是我国保险代理、尤其是专业保险代理快速发展的时期，我国逐步建立了以专业代理人为主体的保险代理模式，保险代理人开始走向市场，按市场规律和市场规则开展业务活动。在代理人快速发展和代理业务快速增长的同时，监管部门也加强了对代理市场的整顿规范。1999年3月1日至7月31日，中国保监会对我国保险中介市场进行了一次清理整顿，主要内容是规范保险中介市场行为，取缔非法保险中介机构，查处国外保险机构违法从事保险中介业务，整顿保险兼业代理机构，严禁保险代理人哄抬手续费、误导客户、截留挪用保险费、代保险公司定损、理赔等违法违规经营行为，加强对农村保险代办站(所)和寿险营销部的管理。在这次整顿中,对全国保险兼业代理重新进行了审批,经审批后共批准兼业代理58943家,已经申请而没有获得批准的有12238家。

1.2　我国保险经纪人的发展历程

保险经纪人是基于投保人的利益,为投保人与保险人订立保险合同提供中介服务,并依法收取佣金的单位。我国保险经纪人的发展可分为三个阶段:

1.2.1　起步阶段

国内保险业务恢复至1995年以前是我国保险经纪的起步阶段。1988年以前我国保险市场由人保公司独家经营,国内还没有专门的保险经纪机构,但国外保险经纪人已开始关注国内保险市场。1981年7月,英国最大的保险经纪公司塞奇维克保险集团在北京设立了代表处。上世纪80年代末,随着外商投资企业的增多和外国保险公司进入我国保险市场,运用保险经纪人进行展业成为保险业一种新的尝试。1993年6月,中国人民银行深圳分行和深圳市工商局分别批准了16家保险经纪公司开业,同一时期北京、天津、南京、上海、南宁、成都、长沙、海南等地保险市场也出现了类似性质的商务公司、经纪公司或顾问咨询公司等。保险经纪业务在这一阶段也有了较大发展,如广东人保的涉外非水险通过保险经纪人承揽的业务比重达30%,一些公司的比重甚至超过了50%。同时,国际上一些著名的保险经纪人进一步看好中国的保险市场,如世界最大的经纪人公司威达信、第二大经纪人公司怡安等纷纷在华开设代表处。1993年5月,英国塞奇维克集团被批准设立"塞奇维克保险与风险咨询有限公司",为外商投资企业提供保险咨询与风险管理服务,应国内保险公司要求安排各类国际再保险业务。这一时期保险经纪经营活动也存在一些问题,如经纪人收取佣金比例过高,利用保险机构之间的竞争随意降低费率等。

1.2.2　初步发展阶段

从1995年《保险法》颁布到1999年上半年,是我国保险经纪业的初步发展阶段。1995年《中华人民共和国保险法》第一次以法律形式承认了保险经纪人在我国保险市场的合法地位;1998年2月16日,中国人民银行公布了《保险经纪人管理规定(试行)》,标志着我国保险经纪人的业务活动与监督管理进一步走向正轨。为解决经纪人随意降低费率、提高佣金给付标准、将代理、经纪、公估业务混合经营及“地下保险经纪业务”问题，1999 年，中国保监会对保险中介市场进行了全面清理整顿工作，主要目标之一是查处非法的“地下保险经纪人”。这次清理整顿中，对违规经营的塞奇维克保险与风险管理咨询(中国)有限公司作出停业整顿 3 个月的处理决定。此外，还要求在中国若干省市违法违规从事财产险、建工险经纪活动的新世界基建有限公司香港公司和北京公司立即停止保险经纪活动，并按有关规定进行了处理。1999 年 5 月 15 日，中国保监会首次举行保险经纪人资格考试，设两门科目:《财政金融知识》和《保险理论与实务》。共有 7186 名考生报名，实际参加考试人数约为 4800 人，共有 162 人两门科目通过考试而获得保险经纪资格，考试一次通过率为 3.4%。

1.2.3　快速发展阶段

从 1999 年底开始，我国保险经纪人进入快速发展阶段。1999 年 12 月 16 日，中国保监会批准北京江泰、上海东大、广州长城等三家全国性保险经纪公司的筹建。这是《保险经纪人管理规定(试行)》实施以来，保监会第一次批准设立的保险经纪公司。2000 年 6 月至 7 月，上述三家保险经纪公司相继成立。到 2000 年年底，保监会在全国共批设保险经纪公司 8 家。2001 年，根据专业保险中介机构发展的实际情况，中国保监会颁布了《保险经纪公司管理规定》，规定保险经纪公司只能以有限责任公司和股份有限公司的形式设立，最低注册资本为人民币 1000 万元。保险经纪公司须按其注册资本的 15%缴存营业保证金。这些规章的实施，进一步促进了保险经纪业的快速发展。

1.3　我国保险公估人的发展历程

保险公估人是指依照法律规定设立，受保险人、投保人或被保险人委托办理保险标的的查勘、鉴定、估损以及赔款的理算，并向委托人收取酬金的公司。我国保险公估人的发展经历了三个阶段。

1.3.1　起步阶段

国内保险业务恢复至上世纪 90 年代初，是我国保险公估业发展的起步阶段。特别是随着我国保险市场主体多元化格局的初步形成，各保险公司为了赢得竞争的主动权，在面临复杂的理赔项目时常聘请相关技术专家、工程人员或商检机构参与保险理赔和定损工作，以取得合理、公平的理赔效果，取信于保户。

同时，一些保户也开始求助于理赔中介机构来获得公正、公平的保险赔付，维护自己的正当权益。在这种社会客观需求下，我国保险公估业开始起步，1990 年在内蒙古自治区成立的“保险理赔公估技术服务中心”是我国第一家商业保险公估组织。

1.3.2　初步发展阶段

1993 年至 2000 年，是我国保险公估业的初步发展阶段。一批公估机构相继在我国一些主要商业城市成立。1993 年 3 月 18 日，上海成立了东方公估行。1994 年，天津成立了“北方公估行”，杭州成立了“浙江公估行”，广州成立了“平量行顾问有限公司”，深圳成立了“民太安保险公估有限公司”等。除了上述具有规范名称和性质的保险公估公司以外，我国一些地区还成立了一大批技术类、工程类和咨询类公司，这些公司均以不同形式从事保险公估业务，如深圳技术监督评鉴事务所、广州越泰技术公司等。与此同时，东南沿海一些地区的保险公司聘用境外公估人的现象也逐年增多，一些对未来中国保险公估业看好的境外公估机构，纷纷要求在我国大陆设立代表处，如香港平量行有限公司获得批准，在广州设立了办事处，从事投资项目及进出口贸易中的保险公估业务，从而成为第一家在我国大陆设立办事处的境外公估人。从 1994 年下半年到 2000 年初，保险公估业在规范中继续发展。一方面，监管部门出台了一系列整顿保险市场的监管政策，使保险市场混乱状况在总体上有了改观。在市场激烈竞争和政策管制下，一些从事保险公估的机构开始退出市场。另一方面，随着我国保险体制改革的深化和保险市场对外开放步伐的加快，一些新的保险公估人仍在陆续进入市场，如湖北随州市成立“保险公安侦探所”，安徽定远县成立“保险理赔鉴定中心”，河南南阳市成立“保险事故鉴定中心”，北京成立平量行顾问（北京）公司；1998 年，广州成立“瑞安技术服务部”等。这一时期，由于缺乏关于保险公估人的法律、法规和政策，加之市场上的保险公估机构背景多样，各有特色，保险监管机关很难对保险公估人进行统一的监管。如从隶属关系上看，有的保险公估人隶属政府职能部门，有的属于保险公司；从审批程序上看，有的是工商管理部门批准的，有的是物价部门批准的，有的是外贸部门批准的，等等。这种状况的存在，直接影响了保险公估机构的发展。

1.3.3 快速发展阶段

从2000年开始,我国保险公估业进入快速发展阶段。2000年9月19日、2001年11月16日,中国保监会先后发布《保险公估人管理规定(试行)》和《保险公估机构管理规定》,对保险公估市场和机构进行规范管理,我国保险公估人开展业务开始有法可依,有章可循,并奠定了保险公估的法律基础。2001年,中国保监会首次核准广东、北京、大连等地的保险公估公司开业。3月23日,第一家全国性、综合性的保险公估机构方中保险公估有限公司正式开业。

1.4 对我国保险中介市场发展的基本评价

总的来看,经过20多年的发展,我国保险中介取得了较为突出的成绩,初步形成了较为完整系统的市场结构体系、法律法规体系和中介监管理念。

一是保险中介市场多元化的主体结构初步形成。初步建立了包括专业保险中介机构、保险营销员、保险兼业代理等门类齐全的保险中介服务体系,特别是专业保险中介机构虽然成立时间较短,但其能够较快在市场上立足,并逐步扩大自身的影响和作用,为越来越多的客户提供保险服务,其规范化、专业化、便于监管的优势正在逐步得到体现。

二是保险中介法律法规体系基本建立。依法经营、依法监管是保险中介发展的重要条件。二十多年来,我国保险中介市场经营规则和相关管理规章制度不断完善。除前述《保险法》、《保险代理机构管理规定》、《保险经纪公司管理规定》、《保险公估机构管理规定》等法律、规章对保险中介经营行为作出规范外,一些重要的制度、规范性文件的实施也促进了保险中介的规范发展。如在保险代理人管理方面,中国人民银行先后于1991年和1994年分别下发了《关于对保险业务和机构进一步清理整顿和加强管理的通知》、《关于保险代理机构有关问题的通知》,1997年下发的《关于对保险代理人实行持证上岗的通知》,2000年中国保监会颁布的《保险兼业代理管理暂行办法》,2001年保监会颁布的《关于保险代理公司、保险公估公司审批程序的公告》等;在保险经纪人管理方面,2001年中国保监会制订并出台了《关于保险经纪公司开展业务有关问题的通知》等。总之,我国已初步搭建了保险中介监管的法规框架,为加强保险中介监管、规范保险中介行为、促进保险中介市场发展提供了必要的法律基础,我国保险中介机构在依法、科学、规范、有序的轨道上正进一步发展。

三是保险中介监管理念逐渐成熟。特别是近几年来，我国保险中介监管的指导思想在探索中不断趋于成熟，监管理念和监管水平均有较大提升。如关于加强中介从业人员执业资格的管理和后续教育，保证从业人员素质；逐步理顺保险营销体制，通过强化保险公司对营销员和兼业代理点的管控，实现直接监管向间接监管转变；稳步发展专业保险中介机构，完善保险中介市场；不断健全保险中介从业者的市场准入和退出机制等，并把建立一个主体健全、功能完善、诚信自律、竞争有序的保险中介市场体系作为监管目标。在保险中介监管信息化和信用体系建设等方面，保险监管部门也进行了积极的探索。

2. 2003 年我国保险中介市场发展状况

2.1 基本概况

2003 年，我国通过保险中介(包括保险营销员、兼业代理、专业代理公司、保险经纪公司渠道)的保费收入为 2892.73 亿元，占全国总保费收入(3880.4 亿元)的 74.55%。截至 2003 年底，我国保险市场共有专业保险中介机构 1037 家，其中已批准开业的 705 家，批准筹建待开业的 332 家。

2.2 中介市场发展特点

2.2.1 中介业务发展较快，中介保费收入规模进一步扩大

2003 年通过中介渠道的保费收入为 2892.73 亿元，其中，个人营销保费收入 1612.83 亿元；专业保险代理公司代理的保费收入 46.78 亿元；保险经纪公司经纪业务 49.60 亿元；兼业代理业务 1183.51 亿元。

2.2.2 财产保险中介业务和人身保险中介业务发展不均衡

这种发展不均衡表现在：专业中介机构中介的财产险业务普遍大于人身险业务，而兼业代理机构、营销员代理的业务以人身险为主。从专业代理公司看，代理财产险保费收入为 9.74 亿元，占全国财产险保费收入的 3.42%；代理人身险保费收入为 17.04 亿元，占全国人身险保费收入的 0.57%，财产险和人身险两类业务总量之比为 65∶35。同时，保险代理公司 2003 年佣金收入为

6.04亿元，其中财产险佣金收入5.3亿元，人身险佣金收入6518万元，财产险和人身险佣金收入之比为9∶1。从保险经纪机构看，2003年全国保险经纪保费收入为49.60亿元，其中财产险经纪保费26.70亿元，人身险经纪保费22.90亿元。同时财产险经纪业务和人身险经纪业务在险种之间也很不均衡。如财产险经纪保费中企业财产保险16.28亿元，占61%；机动车辆险3.12亿元，占12%；建筑安装工程险2.19亿元，占8%；船舶保险7155万元，占3%；货物运输保险6406万元，占2%，其他财产险共占14%。人身保险经纪业务共计22.90亿元，其中人寿保险21.22亿元，占93%；健康保险1.47亿元，占6%；意外伤害保险2033万元，占1%。从保险公估机构看，2003年全国公估公司公估服务费收入共计4848.95万元，基本上都集中于财产险。按险种划分，企财险公估服务费收入为3090万元，占公估服务费总收入的64%；建筑安装工程险451万元，占9%；货物运输险376万元，占8%；机动车辆险373万元，占8%；机器损害险277万元，占6%；其他占5%。

从兼业代理业务看，2003年全国各保险兼业代理机构共代理保费收入1183.51亿元，其中财产险公司的兼业代理保费收入为355.81亿元，人身险公司的兼业代理保费收入为827.70亿元。2003年全国营销员共实现保费收入1612.83亿元，其中90%以上为人身险业务。

2.2.3 中介主体发展进一步加快，中介市场不断完善

2003年，各类中介机构发展进一步加快。截至2003年底，我国保险市场已开业的专业保险代理公司为507家，待开业的为207家，共计714家；保险兼业代理机构为11.7万余家，其中产险兼业代理机构48489家，人身险兼业代理机构68696家；全国保险营销服务部达26789个，保险营销员为128万人。截至2003年底，我国共有保险经纪公司165家，其中已开业的保险经纪公司83家，待开业的82家；共有保险公估公司158家，其中已开业的115家，待开业的43家。有关情况见表8—1、8—2、8—3：

表 8—1　专业保险中介机构数量统计表
（截至 2003 年 12 月 31 日）

机构类型 / 机构性质	保险代理公司	保险经纪公司	保险公估公司	合计
已批准开业	507	83	115	705
批筹待开业	207	82	43	332
合计	714	165	158	1037

表 8—2　专业保险中介机构地域分布表

序号	所在省(市)	保险经纪公司	保险公估公司	保险代理公司	机构总数
1	北京	34	14	48	96
2	上海	14	11	24	49
3	天津	2	3	12	17
4	辽宁	2	12	50	74
5	黑龙江		4	12	16
6	吉林		4	26	30
7	内蒙古			9	9
8	河北		1	15	16
9	河南	3	3	34	37
10	山东	4	5	35	4
11	山西		2	21	23
12	陕西		6	11	19
13	新疆		1	13	14
14	湖北		1	19	20
15	安徽			8	8
16	江苏	1	4	38	43
17	浙江	2	4	13	19
18	江西			12	13
19	湖南	1	1	11	13
20	广东	4	10	22	36
21	广西		2	3	5

续表

序号	所在省(市)	保险经纪公司	保险公估公司	保险代理公司	机构总数
22	福建	1	6	14	21
23	重庆		5	8	13
24	贵州		1	4	5
25	四川	2	5	17	24
26	甘肃		1	5	6
27	云南	1	2	4	7
28	深圳	9	6	16	31
29	海南	1		2	3
30	宁夏			1	1
31	青海			1	1
合计		83	115	507	705

表 8—3　全国各省(市)兼业代理、营销服务部、保险营销员数量表

序号	省(市)名称	兼业代理机构数量		营销服务部数量	保险营销员数
		产险	寿险		
1	北京	2658	1326	152	59805
2	上海	3723	2267	196	41791
3	天津	662	355	224	24842
4	重庆	2245	2245	663	19352
5	新疆	1395	1011	257	12387
6	甘肃	1224	587	52	14488
7	广西	981	1778	404	24477
8	江西	1116	1178	874	31758
9	安徽	1106	1631	1212	45236
10	黑龙江	2012	1205	828	27592
11	四川	2443	1565	1567	49926
12	浙江	1530	1202	2139	78186
13	陕西	1922	1922	906	32485

续表

序号	省(市)名称	兼业代理机构数量		营销服务部数量	保险营销员数
		产险	寿险		
14	河南	1120	1964	1887	115517
15	吉林	520	2764	1092	23068
16	湖南	1232	2618	2412	54715
17	山东	2520	14304	2224	153399
18	河北	1777	4342	1305	87817
19	湖北	1067	2148	1133	46613
20	江苏	2779	2779	1540	69690
21	辽宁	2769	6124	735	65875
22	海南	193	380	143	3324
23	内蒙古	876	29	376	10429
24	福建	1961	1928	1018	43788
25	云南	1817	1480	414	14991
26	广东	4597	6993	2654	65220
27	贵州	1064	510	230	8082
28	山西	976	1129	276	36884
29	宁夏	276	126	48	6513
30	青海	253	382	19	1728
31	深圳	1205	486	55	8130
总计		48489	68696	26789	128(万)

2.3　保险中介市场发展存在的主要问题

尽管我国保险中介市场发展取得了较好成绩，但也存在一些不容忽视的问题，带有普遍性的问题集中在以下几个方面：

2.3.1　营销员管理问题

一是保险营销员的定位不清晰，影响了其发展。目前，我国保险营销员既不是完全的代理人，又不是完全的公司内部员工。定位模糊影响了营销员工作的积极性，加大了管理的难度，造成了营销员工商登记管理的麻烦，不便于对其依法管理。二是现行的营销佣金提取机制一定程度上引发了营销员短期行为。佣金集中在保费缴纳的前 3 至 5 年集中递减式支付，且营销员收入主要与其保费收入直接挂钩，售后服务与其收入关系不大，客观上促使其重眼前利益，轻长远发展。三是保险公司对营销员的管理模式粗放，重承保、轻服务，导致保险营销业务的售后服务难以保证，进而影响公司声誉。四是对营销员的教育培训不到位。部分保险机构培训中只强调营销的方法和技巧，忽略营销员职业道德和行为规范的教育，不利于营销事业的长远发展。五是营销员队伍脱落率高，服务质量较差。据统计，能坚持在一家公司工作 2 年以上的营销员不到总数的 30%，导致不少公司已经走入“增员—流失—再增员—再流失”的恶性循环，对保险公司开展业务及提供服务带来了严重的影响。

2.3.2 兼业代理管理问题

目前，保险兼业代理行为不规范问题相当突出，其中既有代理机构自身的原因，又有被代理的保险机构的原因。从保险机构看，有同无资格的机构建立代理关系；对兼业代理机构疏于管理，致使其超范围代理、多家代理；利用兼业代理机构违规走账；通过支付代理机构手续费等形式违规退费；不建立专门的代理业务台账；兼业代理不规范、要素不全等。兼业代理违法违规问题主要有：放弃主营业务，把保险代理收入作为主要收入来源；经营行为不规范，超范围代理保险业务的违规现象较为普遍；把自身业务作为代理业务处理，收取代理手续费；部分保险兼业代理从业人员业务素质不高，在宣传中有误导行为；兼业代理机构保费结算不及时，保费拖欠时有发生等。

保险兼业代理市场存在问题的主要原因：一是保险公司依法经营观念不强，内控制度不严，为兼业代理违规行为发生提供了可乘之机；二是部分保险公司没有切实承担起对自身兼业代理业务的管控职责；三是对兼业代理机构从业人员的培训不到位；四是部分保险机构申报兼业代理机构时把关不严，导致兼业代理机构质量不高；五是保险兼业代理违规成本当前还较低，监管机关对违规机构的处罚手段往往只限于吊销许可证、通报等，加之保险监管力量不足，还不能完全有效地遏制违规行为的发生。

2.3.3 专业中介管理问题

专业中介机构相比其他中介主体，经营和管理较为规范，但由于目前发展时间比较短，专业化优势还没有充分发挥，服务质量还有待提高。此外，部分专业中介机构将保险代理、经纪、公估业务混合经营，增大了经营风险；专业代理机构、公估机构由于进入的门槛较低，经营水平良莠不齐，一定程度上影响了中介市场的形象。

3. 我国保险中介市场发展的前景展望

3.1 我国保险中介市场发展面临的环境

当前和今后一个时期，我国保险中介市场面临进一步加快发展的有利契机。一是政策环境比较有利。2004 年全国保险工作会议提出："要规范发展保险中介市场，鼓励和促进专业保险中介机构创新经营模式，发挥专业经营优势，形成规模；按照职业化、专业化的方向，稳步推进保险营销体制改革。"这些政策为中介市场的进一步发展打开了空间。二是保险中介发展已形成了一定规模，其规模效应有利于进一步发展。目前全国已有近千家专业保险中介机构、数万家兼业保险中介机构、一百多万营销员队伍，一定程度上已经形成了完全竞争市场，在共同发展中将会取长补短，优胜劣汰，有利于中介市场做大做强。三是营业性保险机构的快速发展和人们保险意识的增强，将会有力促进中介市场的发展。目前，我国营业性保险机构正快速增加，尽快占领一定的市场份额是这些新增市场主体的首要目标，达到这一目标除了依靠自身员工直销渠道外，利用代理渠道将成为必然选择。同时，随着我国加入 WTO 以及人们保险意识的增强，越来越多的企业(特别是外资企业)和个人在投保时需要借助中介这个"外脑"，也为中介市场特别是经纪、公估机构带来了业务来源。四是保监会关于放宽营业性保险机构经营区域的规定有利于中介业务的发展，特别是一些新成立的保险机构将会更加倾向于依托中介这种成本较低的渠道来拓展市场。五是保险中介法律法规的进一步健全，将有利于中介市场的长远、规范发展。近年来，我国先后颁布了《保险代理机构管理规定》、《保险经纪公司管理规定》、《保险公估公司管理规定》等法规、规章，这必将进一步规范保险中介机构的经营管理行为，有利于中介市场的长远健康发展。

3.2 我国保险中介市场的发展趋势

3.2.1 保险中介市场主体将进一步完善

从专业代理机构看,由于是法人单位,有固定的办公场所和一定的资本金,受工商、税务等部门的约束,相对兼业代理管理比较规范,违规成本也较高,便于监管,因此将会进一步加大发展力度。监管部门在审批专业保险代理公司时将本着“高起点、规范化”的原则,把发展与规范有机结合起来,加快发展的同时将强化保险专业代理公司的内控制度建设、整体素质提高。从保险公估公司看,其作为一类技术性较强的专业中介机构,发展空间较大,市场风险也相对较小。从保险经纪公司看,由于当前人们的投保理念、技术还存在差距,特别需要专业化经纪人才的介入。从监管部门政策取向分析,也将适当批设保险经纪公司。同时,将批设机构与保险经纪专业人才的培养结合起来,提高我国保险经纪公司服务水平,充分发挥其优势。

3.2.2 保险公司与中介机构将建立更加稳定的合作关系

在当前鼓励保险公司进行制度创新,深化体制改革,以成本效益为中心,走专业化发展道路的情况下,营业性保险机构主要精力将进一步集中于产品开发设计、资本运用增殖、风险管理等方面,而将展业、理赔等职能逐步分离给保险中介机构和中介从业人员。营业性保险机构和保险中介机构将在已有的合作基础上,建立起更加紧密的联系。

3.2.3 保险中介监管的规章制度将进一步健全,力度将进一步加大

根据当前中介市场的发展实际,一些相关规章制度将会出台。一是保险中介机构财务会计制度。二是保险中介机构管理规定的实施细则。三是对个人代理人的管理规定。四是对一些规定进行清理、修订。如对《保险公司财务制度》中的相关规定将进一步修改,为中介业务发展创造一个宽松的环境。五是对中介市场的监管将会越来越专业化。除保监会总部专门设立中介监管部门外,各省保监局也将设立专门负责中介监管的处室,促进中介市场的规范健康发展。

3.2.4 保险营销员管理制度改革将进一步深化

总的来讲,营销员的定位将会更加明确,同时在营销员发展上将会突出以下

工作：一是改革佣金分配制度，逐步考虑分期给付或者建立服务违规保证金，强化营销员的长期服务意识。二是营销员要走精兵之路，提高其整体素质，减少保险公司的管理成本。三是鼓励保险营销员到专业保险中介机构，发挥专业中介机构管理比较规范的作用，提升整体服务质量。四是进一步强化营销员培训。监管部门将进一步督促保险公司加强对员工全方位的培训，学习保险基本知识、保险营销技巧、诚信展业，加强法律和职业道德的学习。重视售后服务，提升保险营销员的服务质量。五是加大对违规营销员的处罚力度，对误导消费者的个人和公司给予严肃的处理。

3.2.5 对保险兼业代理的管理进一步严格规范

监管机构将对兼业代理机构进一步从严监管。一是兼业代理机构的市场准入政策将继续调整，集中在主业突出、窗口服务功能强、稳定性好、管理规范且具有固定场所的行业发展兼业代理机构，如银行、邮政、铁路等部门。二是在此基础上，对现有保险兼业代理机构实行针对性整治，保留那些管理规范、业务稳定的窗口代理机构；择优转型一批保险兼业代理机构；清除一部分严重违规机构。三是进一步明确兼业代理机构代理的产品，充分利用其窗口优势，代理一些条款格式化，简明易懂，费率固定的产品。对于技术要求比较高，需要专业知识的产品应由保险公司和保险中介公司专门人员进行销售。四是逐步建立保证金制度，继续调整解决独家代理问题。五是进一步完善保险兼业代理机构的退出机制。

第九章

资金运用篇

现代保险业的重要特征是承保业务与保险资金运用业务并重，二者被喻为保险业发展的“两个轮子”，对保险业的发展均具有重要意义。资金运用是保险公司重要的利润来源，是保险公司防范风险的重要手段，是对保险公司产品创新的有力支持，是发挥保险资金融通功能的基础和前提。我国保险业自恢复以来，资金运用工作得到有效加强，促进了保险业的发展。

1. 我国保险资金运用情况的简要回顾

自 1980 年国内保险业务恢复以来，我国保险资金运用可划分为三个阶段:

1.1　起步阶段

这一阶段为 1980～1987 年。在此阶段，资金运用还没有成为保险经营工作的主要方面。保险公司的资金基本上进入银行，形成银行存款。

1.2　全面放开阶段

这一阶段为 1987～1995 年。由于我国经济体制处于转型阶段，加上宏观大环境因素的影响，保险资金运用渠道全面放开，在投资权限分散、经验缺乏、管理滞后等情况下，保险资金广泛投入各种领域如房地产、有价证券、信托等，形成了大量不良资产。据不完全统计，仅 1992、1993 年经济过热时期因保险业资金运用形成的不良资产就达 100 多亿元。正是这一时期工作中出现的问题和教训，使我国保险业资金运用在之后一直保持比较谨慎的态势。

1.3　逐步加强阶段

这一阶段为 1995 年至今，表现为资金运用的力度和资金运用工作管理力度都不断加大。1995 年 6 月 30 日《保险法》颁布，第 104 条规定，保险公司的资金运用限于银行存款、买卖政府债券、金融债券和国务院规定的其他资金运用形式，不得用于设立证券经营机构和向企业投资。这一规定是对以往保险公司滥投资的整顿及强制性制度变革。1998 年 10 月，人民银行允许保险公司参与银行间债券市场从事现券交易，这使得国债市场现券空间打开。1998 年 7 月，经国务院批准，保险公司可以在中国保监会批复的额度内购买信用评级在 AA+以上的中央企业债券，这使得高等级企业债券市场放开。1998 年 8 月，保险公司获准进行银行间同业市场的回购交易，标志着银行国债回购市场对保险公司开放。1999 年 5 月，《保险公司购买中央企业债券管理办法》颁布，规定保险公司购买的企业债券余额按成本价格计算不得超过公司上月末总资产的 10%。1999 年 10 月，中国人民银行批复同意商业银行可同保险公司办理协议存款，协议存款最低起存金额为 3000 万元、期限在 5 年以上，存款利率由双方协商确定。这使得保险公司获准突破利率管制规定，与商业银行办理利率可协商确定的存款。1999 年 10 月，《保险公司投资证券投资基金管理暂行办法》颁布，规定保险公司投资基金的余额按成本价格计算不得超过上月末总资产的 15%，这标志着证券投资基金市场对保险公司开放，保险资金“间接入市”。2000 年 3 月，保监会批准中国人寿、平安等 5 家保险公司证券投资基金的比例提高到 10%，保险资金间接入市比例越来越高。2001 年 3 月，平安等 3 家寿险公司投资连结型保险账户资金在投资基金上的投资比例从 30%放宽到 100%，是对保险投资的进一步开放与鼓励。2001 年 3 月，保监会批复同意保险公司购买电信通讯类企业债。

2. 2003 年我国保险资金运用状况

2.1 基本概况

截至 2003 年底，我国保险资金运用余额达 8739 亿元，为国家经济建设提供了大量资金。投资各品种余额及占资金运用的比例如下：银行存款 4549.67 亿元，占比 52.06%，比 2002 年同期增长 50.34%；国债 1406.9 亿元，占比 16.09%，比 2002 年同期增长 26.99%；金融债券 828.72 亿元，占比 9.48%，比 2002 年同期增长 104.72%；企业债券 389 亿元，占比 4.45%，是 2002 年的 4.6 倍；证券投资基金 456.60 亿元，占比 5.2%，比 2002 年同期增长 48.36%；其他投资45.3亿元,占比0.05%。在银行存款中,大额协议存款占比达到70.8%。到2003年底,保险公司持有的企业债券占企业债券总量的一半,持有的证券投资基金占整个证券市场基金份额的26.3%,保险公司已成为资本市场主要的机构投资者,为资本市场的发展和稳定发挥了积极作用。

2003年,我国保险资金运用共实现收益235.03亿元,比上年增加79.18亿元,资金运用收益率为2.68%,与2002年比下降0.46个百分点。

2.2 主要特点

2003年我国保险资金运用呈现三个方面的特点。

2.2.1 资金运用结构未发生明显变化,各品种投资收益率不平衡

从资金运用结构看,银行存款仍占到大头,保险从居民储蓄中分流出来的大部分资金再次进入了银行。投资国债、金融债券、企业债券和证券投资基金的总量尽管同比有较大幅度上升,但占资金运用的比重仍然较低。同时,主要的投资品种如协议存款、债券投资、资金市场投资的收益率不平衡。

从协议存款看,2003年前三个季度银行资金来源充足,对资金需求不旺,导致协议存款利率创历史低位,最低至2.9%。但协议存款余额仍然大幅上升,主要原因:一是协议存款期限在五年左右,可与现行的分红保险实现较好的匹配;二是协议存款的利率为浮动利率,可以规避利率变化的风险;三是协议存款的收益较为稳定,利率高于同期国债的收益率;四是协议存款为非公开交易品种,不受市场交易价格影响,可避免会计核算问题对保险公司投资收益核算产生的不利影响。虽然2003年协议存款利率下降,但前几年的协议存款利率曾达7.5%,2002年也在4%~5%之间。因此,2003年年末协议存款收益对保险资金运用收益的贡献度(该品种收益占收益总额的比重)为44.76%,仅比2002年的46.8%略有下降。

从债券市场看,2003年我国经济继续保持了较强的增长势头,物价指数随之上升,为防止货币信贷的超常扩张可能导致的通货膨胀和系统性金融风险,人民银行在2003年下半年采取了一系列的紧缩措施。在这些因素的共同作用下,债券市场在8~10月份出现下跌,上证国债指数一度跌到96.93的最低点,与年初相比跌幅达3.7%,与年内最高点相比跌幅接近5%。面对严峻的市场环境,各家保险公司都加强了对宏观经济、货币政策和债券市场的研究,积极调整债券投资结构,降低整体债券组合的平均期限,扩大企业债和金融债的投资比例,适当

降低国债投资比例。受市场影响,保险资金 2003 年债券投资收益率为 3.12%,比 2002 年有较大幅度下降。

从基金市场看,尽管 2003 年上证指数创近 3 年以来的新低(1307 点),但基金的价值投资理念得到市场的认同,基金的净值表现要好于股票市场。保险资金投资于基金市场的收益率为 1.77%,而 2002 年仅为 0.05%。

从近三年保险业投资收益率总体情况看,保险资金的平均投资回报波动较大,而且整体收益率水平不理想。一方面,由于保险资金的投资渠道较为有限,投资组合较为集中,个别品种投资收益的变化会对整个组合的收益产生显著影响,投资收益的稳定性不能得到有效保证;另一方面,由于整个组合绝大部分是与利率挂钩,而近几年利率一直处于较低水平,是造成投资收益率较低的主要原因。

2.2.2 资金运用管理体制改革取得突破

2003 年,我国保险业在保险资金运用管理体制改革方面取得了突破,特别是针对保险业承保利润挖潜方面的压力,把资金运用收益放到更加重要的战略地位加以考虑,改革了资金运用模式和运行机制。我国以前开展保险投资业务基本上都是在保险公司内部设立投资部门,从事资金运用管理。这种管理模式对于资金规模不大的保险公司来说,具有易于监控、成本低和更好地贯彻公司投资战略的优势。但面对我国保险资金的快速增长和资金规模的迅速扩大,加之市场竞争的加剧,以及投资环境和投资领域的发展变化,其无论在组织架构上,还是在专业化投资等方面已经不能满足保险资产管理业务进一步发展的需要。尽管近年来许多保险公司对资产管理体制作了较大的改进,但由于资产管理部门仍作为保险公司的一个内设部门,与专业化的管理模式相比较仍存在着决策定位、责权界定不清晰、投资收益率较低等问题。

目前国外保险公司存在三种不同的资金管理模式:(1)保险公司设立投资管理中心或投资部,专门负责保险资金的运用;(2)保险资金委托其他机构如证券公司或基金管理公司管理;(3)由保险公司发起设立专门的保险资产管理公司进行经营管理。目前,大型寿险公司较普遍采用第三种资金管理模式。

2003 年中国保监会针对保险资金运用工作中存在的问题,借鉴国际经验,采取了一系列措施,其中重要的一条就是推进保险资金管理体制改革。2003 年全国保险工作会议指出:“要改革保险资金的管理体制和运作机制,按照集中统一和专业化管理要求,完善保险资金管理体制,做到保险业务与投资业务相分离”,

"建立健全投资决策、投资操作、风险评估与内控监督相互制约的保险资金管理机制,有条件的公司还可以成立保险资产管理公司"。2003 年 7 月,中国人保资产管理公司成立,中国人寿资产管理公司也获批准,标志着我国保险资金管理体制改革取得重大突破,保险公司内部的保险业务与投资业务正式分开,使保险资金管理业务向专业化的模式和方向迈进。这对推进我国保险投资尽快建立新的决策体系和运行机制,有效提高投资收益和控制投资风险具有重要的意义:一是有效解决了保险业务与投资业务的专业化经营问题,使资产管理公司进一步树立科学的投资理念,通过规范化的运作、专业化的理财来提高投资收益;二是有利于防范和化解投资风险。保险公司是经营风险的企业,资金来源绝大部分是负债,在经营过程中面临着资产风险、产品定价风险、利率风险、汇率风险、经营运作风险以及其他各种各样的政治、经济和法律等方面的风险。通过专业化的资产管理公司,可以从法人治理结构、投资决策体制、风险控制机制等方面保证资金的安全性和流动性;三是通过规范化的公司运作模式,不仅有利于提升保险公司的声誉和地位,也有利于解决我国保险业的粗放经营问题,提高保险业在国民经济中的地位和影响力。

2.2.3 保险公司的投资管理制度得到完善

由于保险资金运用的重要性越来越突出,在保监会的指导下,2003 年各家保险公司进一步加强了内部投资管理制度的建设,努力提高投资管理水平。

在投资决策和业务流程方面,各公司成立了由公司高级管理层及精算、财务、投资等多方面专业人员参加的投资决策委员会,从战略性资产配置层面保证了资产组合构建的合理性;在战术性资产配置层面,建立了投资品种部门与资产组合管理部门、研究部门分工合作的运作体系。在风险管理体系方面,各公司建立了严格、透明的授权授信制度,实行投资业务前台、中台、后台操作相互分离、相互制约的制度,有的成立了独立的风险控制部门。在人才队伍和专业经验方面,各公司吸纳和培养了一批有管理能力和专业知识的投资人才,主要从业人员均具有证券从业资格和多年的证券从业经验,通过基金投资业务的实践,积累了大量风险投资管理经验。

2.2.4 资金运用渠道有所拓宽

2003 年我国保险资金运用渠道有所拓宽,6 月 2 日《保险公司投资企业债券管理暂行规定》颁布,保险公司可投资于信用评级在AA级以上的所有企业债券;同时,保险公司投资企业债券的比例限制也由原来的10%提升到20%。保险资金投资债券的范围和比例都得到扩大。7月,保监会允许保险公司投资央行票据,标志着保险公司短期资金运用范围扩大。

2.3 存在的问题

2.3.1 资金运用渠道总体上仍然较窄

目前,发达国家的保险公司在国际金融市场上管理着规模庞大的投资资产,涉及广泛的投资领域,包括债券、股票、房地产、抵押或担保贷款、外汇以及各种金融衍生产品等。与发达国家相比,我国保险资金运用渠道总的看仍然比较狭窄,只有银行存款、买卖政府债券、金融债券和国务院规定的其他资金运用形式。我国保险资金运用还存在着粗放性问题。一是资金运用主要限于银行存款。保险业从居民储蓄中分流出来的一半以上的资金又重新回到银行,需要通过银行进行"二次交易"后再融资出去,增加了交易成本,降低了金融资源的配置效率。二是在证券市场上,保险公司只进行了基金投资。三是尽管中国人民银行正式批准保险公司进入全国同业拆借市场,从事债券买卖业务,但有的寿险公司没有开展国债业务,加上我国同业拆借市场本身不完善、不活跃,没有给保险公司带来理想的效益。

我国保险资金运用渠道比较狭窄的主要原因有以下几点:

一是保险资金大部分是保费收入,是"负债"资产,在保证安全性需要的前提下,很多保险机构优先选择了银行存款这一投资渠道。二是由于我国现代保险业发展时间不长,资金运用的风险控制能力和水平相对较低,加上上世纪90年代初期保险资金盲目投资于第三产业的教训,导致很多保险机构不得不把银行存款作为处置保险资金的主要方式。三是目前保险资金运用监管框架刚刚开始建立,在坚持审慎监管、有效防范风险原则的前提下,争取放宽保险资金运用渠道工作只能循序渐进。四是我国金融市场本身尚不完善,特别是资本市场体系不健全,投资品种较少,存在一些深层次问题和结构性矛盾,影响了保险资金投资渠道的多元化进程。

2.3.2 资金运用收益率较低

从全球保险业发展态势看,承保的综合成本率将不断上升,承保利润逐步下降，承保亏损逐步成为保险公司的普遍现象。目前欧洲与北美的很多保险公司的承保综合成本率已经超过100%，随着我国保险市场对外开放的不断深入、市场竞争的不断增强，承保利润也会逐步下降，如果不努力提高保险资金投资收益率，势必影响保险业的长远可持续发展。2003年我国保险资金收益率仅为2.68%。美国、英国等西方保险业1975年至1992年的保险资金年平均投资收益率在8%~12%之间。如荷兰国际(ING)从1993年到2001年的保险资金年平均投资收益率为9.73%；林肯国民增长型投资账户1994年到2000年的年平均投资收益率为15.4%，平衡型投资账户的年平均收益率为9.5%。不尽快提高投资收益率，我国保险业发展与发达国家的差距就会越来越大，对核心竞争力将会带来不利影响。

2.3.3 资金运用存在结构性问题

一是资产与负债不相匹配。尽管近几年保险公司对资产负债管理越来越重视，但保险公司资产负债不匹配问题仍未得到有效解决。产险公司的负债基本为短期，资产负债匹配上不存在大的问题；主要问题集中于寿险公司，其原因有两点：其一，金融市场存在结构性缺陷。债券市场可提供的长期债券很少，期限在20年以上的债券更少，导致保险公司根本无法对长期负债特别是20年以上负债进行匹配。其二，部分保险公司在当前利率上升环境下主动进行缺口管理。国际上的资产负债管理并不要求实现100%的匹配，公司一般保有适当的资产与负债之间的期限缺口，以便在承担适度风险的前提下提高投资收益率。二是资金运用的集中度尚待提高。尽管近几年来保险业加大了资金运用的集中化、专业化管理力度，但总的看资金运用集中程度需要进一步提高。如2003年有的公司资金集中度只有60%甚至更低。大量资金闲置于非专业资金运用部门，不利于提高公司的整体收益水平，也不利于提高公司的偿付能力。三是保险长期投资呈现“短期化”。目前保险投资适用的是金融企业会计准则，没有单独针对保险公司的会计准则。在利率上升的情况下，保险公司出于资产负债匹配策略购买的长期债券将低于成本价。按照金融企业会计准则关于“长期投资”的会计处理规定，当债券价格连续两年在会计核算日低于成本价，需要计提减值准备，减值准备作为利润的扣减项直接计入当期损益。保险公司采取资产负债匹配管理策略是为了保持收益和财务的稳定，结果却造成财务利润的波动。保险公司出于防止财务利润波动的需要，将减少以资产负债匹配为目的的长期投资，更加注重短期化投资。

2.3.4 保险资金运用的一些基础性工作尚待加强

一是缺少全面反映保险资金运用状况的统一指标体系。目前,保险监管报表不能全面反映保险资金运用和保险资产负债匹配的整体情况,缺少统一指标体系,主要体现在以下方面:各家公司的收益率计算口径不一样,对浮盈或浮亏的确认情况各不相同;缺少反映保险负债的实际分布状况的指标;对资金运用的期限、资产负债匹配等风险揭示不够;缺乏反映保险公司战略配置情况的报告制度。这些因素的缺失,使得我们无法全面、准确揭示全行业的资产负债匹配、资金运用收益及风险状况,也无法客观地比较各家公司的资金运用状况。二是保险资产管理公司与原公司之间关系尚未理顺。首先是保险公司与资产管理公司之间在资金运用中的角色划分不清,保险公司过多介入资产管理公司日常的投资管理业务,而不是定位于以资产负债匹配管理为原则的战略性资产配置;其次是保险公司为资产管理公司确定的管理费率过低,难以保证资产管理公司的专业化经营和未来的健康发展;再次是一些保险公司有片面追求高投资收益率的倾向,没有根据谨慎的资金运用原则提出切合实际的投资收益率目标;最后,保险公司、保险资产管理公司、托管方之间还没有明确的法律规范进行界定。三是投资管理能力尚待提高。通过近几年的专业化建设,保险资金运用行业的投资管理水平得到较大提升,但是与国内外的先进水平相比还存在较大差距,表现在:部分保险公司由于内部管理脱节,保险业务部门与资金运用部门没有建立有效的沟通机制,致使资金运用与保险公司的资产战略配置要求相脱节;缺乏专门针对保险资金运用特点的投资管理技术,对资产负债管理还只侧重于简单的期限匹配,没有根据保单负债的精算数据实施精确的缺口管理和投资风险控制;风险管理技术和手段还较为落后,大多数公司还未建立系统的数量化指标体系和分析软件系统;保险资金运用部门或资产管理公司还未在资产管理行业建立自己的核心竞争优势等。

3. 我国保险资金运用的前景展望

3.1 保险资金运用面临的环境分析

当前的宏观经济政策对保险资金运用十分有利,保险资金运用面临着难得的机遇。一是十六届三中全会《决定》明确提出,大力发展机构投资者,拓宽合规资金入市渠道;建立健全货币市场、资本市场、保险市场有机结合、协调发展的机制,维护金融运行和金融市场整体稳定,防范系统性风险。这些宏观政策措施为保险业拓宽资金运用渠道,扩大资金运用规模,提高投资收益率创造了十分有利的条件。二是随着保险业可运用资金大量增加,国务院开始逐步放宽保险资金运用渠道。在银行存款、买卖政府债券和金融债券等资金运用渠道的基础上,又允许保险公司进入全国银行间同业拆借市场,从事债券买卖业务,购买 AA 级以上的企业债券,参加证券交易所债券交易,购买证券投资基金等。三是 2003 年底国务院常务会议原则通过的《投资体制改革方案》,提出鼓励和促进保险资金间接投资基础设施,为更好地运用保险资金提供了良好机遇。四是国务院十分重视保险资金运用管理体制改革,原则上同意保险公司只要符合条件,就可设立保险资产管理公司。保监会也将尽快出台《保险资产管理公司管理规定》,加快保险资产管理公司组建步伐。五是随着国民经济的快速增长,大型项目的建设投产,国务院必将支持保险资金以多种方式直接投资资本市场,使基金管理公司和保险公司为主的机构投资者成为资本市场的主导力量,为保险资金发挥更大的作用开辟了新的道路。因此,当前和今后一个时期保险资金运用面临的最关键的问题不是渠道问题,而是能不能有效防范资金运用风险,能不能用好保险资金的问题。

当前宏观经济的走势、货币政策的导向,也有利于保险资金运用工作。尽管经济过热的因素和央行货币政策的调整,有可能导致债券市场的价格下跌,影响债券投资的收益率,但银行协议存款的利率会相应提高;信贷结构的调整会降低银行资金与保险资金的竞争,有利于保险资金投资基础设施建设领域;经济总体上保持较高速度增长,有利于提高证券投资基金的收益率,同时也有利于保持社会对投资的强劲需求。

3.2 今后一个时期保险资金运用的趋势

3.2.1 投资领域将进一步拓宽

《保险法》规定,除法律明确规定的保险资金运用形式以外,保险资金运用渠道的放宽由国务院规定。保监会将按照国家的宏观经济政策和有关法律法规的规定,根据市场的需要和相关工作的准备情况,及时提出拓宽保险资金运用渠道的具体落实方案并上报国务院审批。近些年,保险资金运用渠道得到了一定程度的拓宽，今后一个时期必将进一步拓宽。

关于保险资金直接进入资本市场。保险资金运用的基本原则是安全性、流动性和收益性，而资本市场能够提供与之相匹配的、能同时满足“三性”要求的投资工具，因此保险资金必须进入资本市场。1999 年，经国务院批准，保险资金可以通过证券投资基金间接进入资本市场。近几年来，各方面对保险资金直接进入资本市场的呼声比较高。从目前的情况看，保险资金直接进入资本市场的时机和条件基本成熟。但是，保险资金直接入市的时间，取决于研究分析、认识判断风险及风险控制的各方面技术基础能否到位。实施方案将以风险控制为前提，树立价值投资理念，遵循循序渐进的原则。一是必须确立以风险控制为前提，保险资金直接进入资本市场的规模和速度，取决于保险资金运用中风险控制的能力和水平，这是主导方向；二是树立价值投资理念，保险资金作为一种长期投资的基金追求的是一种稳定的回报，而不是单纯地只追求高回报；三是遵循循序渐进的原则，根据国际经验，有步骤地逐步提高保险资金直接入市的比例。

关于保险资金投资大型基础设施建设。保险资金特别是寿险资金具有长期性、稳定性等特点，和国家大型基础设施建设的资金需求相匹配。同时，从防范资本市场波动风险、提高保险资金使用效率、直接支持国家经济建设等目的出发，保险资金投资大型基础设施建设都将成为趋势。此外，关于保险资金进行海外投资和直接进行房地产抵押贷款等其他渠道，保监会也正在积极研究之中。

3.2.2 保险资金运用体制改革将进一步深化

一是《保险资产管理公司管理规定》尽快出台，将统一和规范保险资产管理公司的设立、运作和管理行为。二是保险资产管理公司组建步伐将进一步加快，使保险资金运用更加专业、规范和高效。目前，除中国人保控股公司和中国人寿保险集团公司设立的保险资产管理公司已经开业以外，其余几家较大保险公司如太平洋保险(集团)公司、新华人寿保险公司和华泰财产保险股份有限公司已经正式提出设立保险资产管理公司的申请。三是保险业资产负债管理将全面推行。通过推行战略配置、投资交易、资金托管三分离的风险控制模式，提升资金运用的专业化水平和建立有效的防火墙制度。四是保险公司与保险资产管理公司之间的关系将进一步理顺和规范。

3.2.3　资金运用监管工作将进一步加强和改进

保险业发展离不开保险资金的有效运用，保险资金的有效运用离不开监管当局的有效控制。为了防止风险，西方国家制定了严格的防范措施。我们必须借鉴国际先进经验，建立全新的资金运用监管框架。2004年全国保险工作会议提出今后一个时期加强保险资金运用监管的总体思路和措施是：积极探索与保险资金运用渠道相适应的监管方式和手段，建立动态的保险资金运用风险监控模式；全面推行保险业资产负债管理，建立投资决策、投资交易和资金托管三分离的防火墙制度；加强与有关部委和监管部门的交流合作，加大监控力度，切实防范系统性风险。具体讲，今后资金运用监管上将会进一步加强以下工作：

一是制定全行业资金运用风险控制的指引。风险控制是保险资金运用的生命线，是确保保险公司财务稳健和偿付能力的基础。为此，保监会将尽快出台《保险资金运用风险控制指引》，建立更加严格的行业内控标准，推动保险公司实行战略配置、投资交易、资金托管相分离的管理模式，促使保险公司苦练内功，促进全行业树立风险控制意识，提高风险管理能力。二是建立资金运用的动态监管体系。动态监管系统有利于监管部门及时全面了解保险业资金运用的风险状况，确保保险资金运用的安全。保监会将在充分调研的基础上，建立与保险业资金运用相适应的动态监管体系，力争使各保险公司将资金运用交易数据与保监会的动态监管系统相连接，从而实现对各保险资金运作机构的资产、交易的实时监控，达到动态监管的目的。三是建立一套全面、客观反映资金运用情况的统一信息报告体系。保险资金运用统一信息报告体系有助于监管部门全面了解各家保险公司的资金运用状况，并在此基础上汇总得出准确的行业数据。保监会正着手研究制定资产战略配置、资产负债匹配、保险投资计划、投资业务总结、风险控制报告等报告制度，拟建立财务资金状况表、投资业务品种明细表、资产结构及损益表等一整套报表体系，定期收集和汇总相关信息，以全面、整体、客观地了解保险资产负债匹配、资金运用风险和收益情况。四是加强对保险公司和保险资产管理公司违规运用资金的检查和处罚力度，防止出现重大的资金运用违规行为和出现重大风险。五是保监会将加强与有关部委和监管部门的交流合作，加大监控力度，切实防范系统性风险。

中国保险业发展改革报告

（1979～2003）

第十章

人力资源篇

保险业是知识技术密集型产业，能否拥有优秀人才，决定着保险行业的兴衰。人才是保险业发展的第一资源，起着基础性、战略性、决定性作用。保险业发展的实践证明，在保险业高速发展中，最根本的制约因素不是资金、管理或市场，而是人力资源的储备和管理。实际上，在推动保险业发展的诸要素中，无论是知识，还是技术，也都是以人力资源作为载体的，这些要素作用的发挥也依赖于人的积极性、创造性和协作性。保险企业的竞争，是产品的竞争、科技的竞争、服务的竞争，但最终是人才的竞争。

1. 我国保险业人力资源状况

改革开放以来，我国保险业的人力资源作为支撑保险业改革发展的基础力量，其自身建设获得了长足发展。

1.1 保险人才队伍不断发展壮大

我国保险业务恢复之初，保险经营主体不多，业务规模不大，因此保险从业人员数量较少。随着保险业的不断发展，保险人才队伍不断发展壮大。目前，中国保险业共有从业人员 150 多万人，其中，经营管理类人员 10 多万人，保险营销员 140 万人。保险业人才队伍的壮大主要有以下几条发展途径：一是较早的一批保险从业人员在长期的工作经历中积累了丰富的保险工作经验，锻炼了管理能力，逐步走上领导岗位，成为保险公司高级管理人员中的主要组成部分。二是保险业蓬勃的发展形势和保险公司较为灵活的人事薪酬制度，吸引了一批其他行业的人才进入到保险业来，迅速壮大了保险业的人才队伍。三是随着保险高等教育的快速发展，越来越多受过专业保险教育的保险人才进入保险业，不断为保险人才队伍补充新鲜血液。四是随着保险业对外开放的扩大，一些外国保险人才随着外资公司的成立进入我国保险业。同时，我国保险业发展的良好前景也吸引了一批有海外工作经历的人才进入我国保险业。五是随着保险经营管理水平的提高和保险业务的技术含量增加,培养了一支保险精算、核保、理赔、投资、财务和信息技术等方面的专业人才队伍。

1.2 保险人才管理制度不断健全

我国的保险人才管理制度既有按照国家人事管理制度要求的共性的方面,如有关人才流动、劳动保障、工资福利等,特别是国有保险公司的人才管理,必须遵循国家劳动人事方面的一系列规定和要求。同时,作为金融行业,保险业的人才管理制度又具有不同于其他行业甚至其他金融行业的个性的一面。随着保险人才队伍的扩大,我国的保险人才管理制度不断健全,改革不断深化。

在劳动保障和工资福利制度方面,各保险公司制定了大量的内部制度,这些制度细化了国家有关劳动人事方面的规定,确保了国家劳动人事法律法规在保险业得到有效的贯彻执行。与此同时,保险业在各行各业中较早实行了人事制度方面的改革,特别是在保险营销员的管理方面,各寿险公司自 1992 年起,相继打破过去的终身雇佣制,并在薪酬方面采取了比较彻底的按劳取酬的佣金管理机制。这项改革极大地激发了保险营销员的工作积极性,使保险业尤其是寿险业获得了大发展。

保险业是金融行业,按照审慎经营审慎监管的理念,实行了较为严格的任职资格管理和从业资格管理。保险监管机构为此制定了一系列的监管规章制度,建立起一套较为完善的任职和执业资格管理制度体系。在高级管理任职资格管理方面,除《保险法》的原则规定之外,保监会在人民银行相关规定的基础之上,于 1999 年制定了《保险机构高级管理人员任职资格管理暂行规定》,2002 年对其进行了修改,更名为《保险公司高级管理人员任职资格管理规定》,2003 年又根据形势发展的需要对其进行了再次修改。在该规定实施的过程中,保监会又先后下发了 6 个规范性文件,指导任职资格管理的实施操作。此外,《保险代理机构管理规定》、《保险经纪公司管理规定》和《保险公估机构管理规定》等规章也对保险中介机构高级管理人员的任职资格作了相应的要求。在执业资格管理方面,保监会在有关保险产品审批备案管理、保险精算和保险中介管理等相关规章制度中,从执业资格考试、执业资格认定、执业资格证和执业许可证的发放、执业纪律和执业道德规范等方面初步建立了保险业的从业人员管理制度体系。

1.3 人才流动性加大，增强了保险市场活力

我国保险业人才流动的最大动因是市场主体，包括分支机构的增加。20 世纪 90 年代前期，中国保险市场只有中国人保一家主体，新设立的股份制保险公司、外资公司或代表机构主要是从人保寻求相关专业人才。这些公司以较高的薪酬待遇和灵活的人事用工制度，吸引了一大批中国人保高级管理和经营人才。据不完全统计，当时新成立保险机构的高级管理者和骨干力量有一半以上来自中国人保。

进入新世纪以来，我国保险人才流动更为频繁。2001 年底，保监会加快批准股份制保险公司设立分支机构步伐。2002 年底，保监会加快保险中介机构审批。与此同时，随着中国加入世贸组织，外资保险公司进入中国市场的速度加快。新的市场主体进一步促进了保险人才的流动。“跳槽”、“挖人”等字眼成为保险业热门话题。平安、太平洋公司等新发展起来的公司也开始大量向其他新成立公司输送人才。

总体看来，我国保险业的人才流动表现为四个趋势：一是从国有保险公司向股份制保险公司流动。二是从老公司向新成立保险公司流动。三是从中资保险公司向外资保险公司流动。四是从保险公司向保险中介公司流动。

1.4 人才教育培训工作不断加强

我国保险人才的教育培训形式不断丰富。按照不同的分类标准，可以分为脱产培训与在职培训，学历教育与职称教育，高校培训与企业内部培训等。

1.4.1 保险从业资格考试

中国保监会提供的从业资格考试有四种：保险代理人资格考试、保险经纪人资格考试、保险公估人资格考试和精算师资格考试。

保险代理人考试制度从 1996 年开始实行，至今全国已有 100 多万人参加考试并获得资格证书。从 2003 年 2 月起，调整报名条件，允许完成国家九年制义务教育以上的人员参加保险代理从业人员基本资格考试。2003 年 8 月，深圳保险从业人员资格考试改革听证会达成协议同意试行保险代理人分级分类考试。2003 年 12 月，广东省正式启动保险代理人电子化考试，合格的考生当场可以取得保险代理人从业资格。

1999 年 5 月，第一届保险经纪人资格考试正式举行，考试报名条件为具备大专以上学历。保险经纪人考试每年举行两次，目前约有 1.5 万人参加考试。

保监会于 2000 年 12 月举行了第一次保险公估人资格考试。参加考试的资格为，具有大学本科以上学历并从事相关专业工作五年以上，或者具有中级以上技术职称。目前约有 1.5 万人参加考试，取得保险公估资格证书者人。

保监会于 1999 年 10 月，组织了中国首次精算师资格考试。精算师资格考试的报名条件为具备大学本科以上学历。考试分为两个层次：准精算师考试和精算师考试。目前，共有 43 人通过精算师资格考试获得中国精算师资格，79 人通过准精算师资格考试获得准精算师资格。

1.4.2 国际专业机构的资格考试与教育培训

目前，北美精算学会、英国精算学会、美国财产和意外险注册承保师学会、英国皇家特许保险学会、美国人寿保险管理学会等国际性专业机构在中国提供了相关的专业资格考试。这些考试包括北美精算学会精算师资格考试、英国精算学会精算师资格考试、美国财产和意外险注册承保师资格考试(CPCU)、英国皇家特许保险学会会员资格考试(ACII)、美国人寿保险管理师资格考试(LOMA)、美国医疗保险协会资格考试(HIAA)等。

1.4.3 高等教育培训

为适应保险业发展需要，我国 1980 年在南开大学、武汉大学等 24 所高校设立了第一批保险专业。当前开设保险专业的高等院校达到 50 余家，有正副教授 340 多人。高等院校在开展各层次保险学位教育的同时，积极支持了对企业的保险教育培训。

在我国保险高等教育的发展过程中，得到了国内外保险企业的大力支持。为扩大影响，多家国际保险企业通过设立奖学金、帮助培训人才、提供专业教材和资助课题研究等方式，与我国高等院校开展了各种形式的合作。如美国林肯集团、英国商联保险集团、美国利保集团等分别与北京大学、南开大学、西南财经大学等国内高校建立了合作关系。

1.4.4 企业内部教育培训

我国保险企业内部的教育培训主要包括在职培训和脱产培训。各保险公司都已逐步认识到建立和完善培训体系的重要性，不断加大教育培训力度，努力形成自己的"造血机制"。

中国保险管理干部学院是最早设立的专门保险培训机构，当时主要服务于人保集团的员工培训。2003年被教育部授予普通高校学历教育资格，更名为保险职业学院。学院股东单位为中国人寿保险公司和中国再保险公司。保险职业学院把自己的发展目标定位为四个中心：保险员工培训中心、保险职业教育中心、保险科研中心、保险资格考试中心。

为加强员工培训，国内的保险企业开始寻求同专业机构和保险院校合作进行员工教育培训。太平洋保险公司、平安保险公司、泰康人寿保险公司、新华人寿出资保险公司都在积极建立企业大学，打造科学化、系统化、专业化的内部培训体系。为加强保险研究工作，中国人保、中国人寿、平安保险公司还分别建立了企业博士后流动站。

2. 保险业人力资源建设中存在的主要问题

中国保险业人力资源尽管取得了长足发展，但是在人才总量、人才流动、人员素质、管理体制、激励机制等多个方面仍然不同程度地存在一些问题。

2.1 人才总量不足

目前，人才紧缺在保险业是一个普遍现象，公司的高级管理人员、高绩效的销售人员和各种专业技术人员，如精算师、财务分析师、营销培训师、人力资源管理师、应用软件开发工程师、信息项目管理师等都有较大的需求缺口。调查数据表明，保险业的人才供需严重失衡，供和需之间的比例约1∶4。形成我国保险业人才总量不足的原因主要在于：第一，我国保险业没有人才储备。国内保险业停业近20年，人才断层难以在短期内迅速弥补。第二，改革开放以来，我国保险业发展迅速，对人才的需求也较大。第三，随着保险业快速发展，保险业务创新大量涌现，保险的技术含量不断提高，需要大量的专业技术人才，如寿险新型产品的开发和保险投资业务的发展加大了对保险投资人才的需求。

2.2 人才流动不规范

随着保险业的快速发展和保险市场新的主体的进入，保险业人才流动是必然的，是符合建立社会主义市场经济体制的要求的，也有利于中国保险业的长远健康发展。但人才的无序、不规范流动也会损害行业的健康发展。这种不规范主要表现在：部分保险公司采取不正当手段挖角；部分人员频繁“跳槽”，形成大量孤儿保单，造成整个行业的服务水平下降；在人员流动过程中带走原来公司的产品、管理制度，泄露原公司商业秘密等。

2.3 人员整体素质不高

我国保险业发展历史不长，保险业员工的从业时间普遍较短，缺乏相关经验的积累和实践的锻炼。特别是一些专业的部门和岗位，对人员要求较高，人才在短时间内难以成长起来。其次，在保险业发展的初级阶段，保险公司多采取以粗放经营为特征的经营思想和策略，实行人海战术，对从业人员的教育培训重视不够，导致人员素质参差不齐。第三，我国保险教育在师资状况、教学计划、课程设置、教材质量和教学手段方面不能完全满足保险人才培养的需要。人员素质不高的直接结果就是我国保险业的经营管理水平、服务水平和监管水平不能适应保险业发展需要，甚至出现欺骗、误导客户等短期行为，损害保险业的整体信誉和形象。

2.4 体制改革有待深入

我国保险业从计划经济体制的大背景下发展起来，保险业的人才管理体制也是逐渐由计划体制向市场经济体制过渡。计划经济条件下形成的所有制分割、地区分割、身份分割还在一定程度上存在，保险业选人的视野仍比较局限。其次，优胜劣汰的竞争机制尚未完全形成，不利于优秀人才脱颖而出。第三，市场配置人才资源的基础性作用发挥不够。国有保险企业人事管理的行政色彩依然较重。

2.5 激励约束机制不健全

这种情况在国有保险公司和股份制保险公司均存在，但具体表现又有所不同。在国有保险公司，特别是改制前，员工的劳动投入和收入报酬没有形成合理的对应关系，各种奖金、津贴很大程度上是平均主义分配，绩效考核的比重较低。领导干部能上不能下，职工能进不能出。在股份制保险公司，存在的主要问题是薪酬激励体系注重于聘任期之内的考察，容易导致各级分支机构和员工的短期行为，背离企业的长期利益。

3. 我国保险业人力资源建设工作展望

3.1 我国保险业人力资源建设的总体目标

保险业要服务好全面建设小康社会的大局，必须紧紧抓住本世纪头 20 年的重要战略机遇期，加快发展、尽快做大做强。实现这一目标，人才是关键。我国保险业人力资源建设的总体目标是：认真贯彻落实全国人才工作会议精神，用“三个代表”重要思想统领保险业人才工作，坚持以人为本，关心人才、尊重人才，紧紧抓住吸引、培养、用好人才三个环节，努力造就一支适应保险业改革发展需要、素质优良、结构合理、作风过硬的人才队伍，形成保险业人才辈出、群星灿烂的良好局面，大力提升我国保险业的核心竞争力和整体实力，为加快保险业发展，实现保险业做大做强提供坚强的人才保证和广泛的智力支持。

3.1.1 建设数量充足、结构合理的保险业人才队伍

保险业是一个朝阳行业，改革发展很快，对人才的要求较高。保险业的人才队伍建设，不仅要满足当前发展的需要，还要着眼于保险业长远发展的需要。既要培养高级经营管理人才，也要注重各级后备干部队伍的储备。既要培养专业化的精算、投资、核保、核赔人才，也要培养复合型人才。既要促进东部沿海地区保险人才的建设，也要做好西部和广大农村地区保险业人才的培养。

3.1.2 打造适应国际化趋势要求的保险人才队伍

随着经济全球化和经济金融一体化的发展，特别是在中国加入世界贸易组织后，中国保险市场逐渐与国际市场融合。到 2004 年底，中国保险业将基本上实现全面对外开放，国内市场竞争的国际化是必然趋势。而且，要真正实现与国际接轨，中国保险业不仅要“引进来”，还要实施“走出去”战略。中资保险公司也要争取到国际资本市场融资，参与国际资本运作，要去努力开拓国际市场，主动参与国际竞争。保险业的国际化趋势，要求培养足够的具有国际意识和国际经营能力的员工。

3.1.3 培养具有创新精神和良好职业素养的保险人才队伍

创新是一个民族进步的灵魂，是一个行业发展的根本。保险人才队伍是否具有创新精神，是决定保险业人才工作好坏的重要指标，是保险业核心竞争力的决定因素。同时，保险是一个高技术含量和讲诚信的行业，对从业人员的基本素质和职业道德水平要求较高。要把人力资源能力建设作为保险业人才培养的核心，在提高保险业人员整体素质的基础上，重点培养各类人才的学习能力、实践能力，着力提高人的创新能力。围绕创新能力建设，根据各类人才的特点，研究制定人力资源能力建设标准。要通过大力倡导诚信观念，提高保险从业人员的职业道德水平，使诚实守信成为保险从业人员的自觉行动。

3.2 我国保险业人力资源建设的基本原则

实现保险业做大做强的目标，必须把保险人才工作纳入保险业改革发展的总体规划，大力开发保险人力资源，实施保险业人才战略。要着眼于人才总量的增长和人才素质的提高，大力加强保险业人力资源建设。要不断完善体制和机制，使优秀人才脱颖而出、健康成长。要以培养造就高层次人才来带动整个保险业人才队伍建设，促进各类保险人才协调发展。

3.2.1 用“三个代表”重要思想统领保险人才工作

“三个代表”重要思想是推进新世纪新阶段人才工作的根本指针。实施保险业人才战略，必须以邓小平理论和“三个代表”重要思想为指导，按照发展先进生产力、先进文化和实现最广大人民群众根本利益的要求，坚持以人为本，坚持尊重劳动、尊重知识、尊重人才、尊重创造的方针，把“三个代表”重要思想贯穿于保险人才工作的全过程，努力开创保险人才工作的新局面。

3.2.2 把促进发展作为保险人才工作的根本出发点

发展是我们党执政兴国的第一要务。树立和落实科学发展观，促进保险业全面、协调、可持续发展是保险业当前的首要任务。保险业人才工作的目标任务要围绕发展来确立，保险人才工作的政策措施要根据发展来制定，保险工作的成效要用发展来检验。

3.2.3　树立科学的人才观

人才存在于人民群众之中。我国搞改革开放，走中国特色的社会主义道路，当初大家都没有经验，就是靠在实践中摸索，在实践中培养人才。我国保险业从小到大，绝大部分人才也是在实践中培养的。保险业发展的过程，就是培养人才的过程。发展我国保险业，始终要靠到群众中去发现人才，在实践中培养人才，在发展中造就人才。

3.3　我国保险业人力资源建设的主要任务

3.3.1　更新观念，以人为本，建立科学的人才选拔机制

随着社会主义市场经济体制和现代企业制度的逐步建立，必须打破传统的选人用人观念。牢固树立人才资源是第一资源的观念，充分发挥人才资源开发在保险业发展中的基础性、战略性、决定性作用。把促进人才健康成长和充分发挥人才作用放在首要位置，努力营造鼓励人才干事业、支持人才干成事业、帮助人才干好事业的良好环境。要建立制度化的人才选拔机制。在保险业中建立以公开、平等、竞争、择优为导向，有利于优秀人才脱颖而出、充分施展才能的选拔机制，不拘一格选拔人才。努力做到人尽其才，才尽其用，用当其时。

3.3.2　大力培养和引进人才

大力培养人才是保险业人力资源建设的首要任务。采取学历教育与在职教育相结合的方式，多渠道培养人才。重视和加强职工在职培训，针对不同的专业岗位需求进行不同层次的应用技能培训，更新知识，提高职工的业务技能；选派有培养前途的业务骨干出国培训。

通过吸收引进可以聚集人才。坚持按需引进、突出重点、讲求实效的思路，广开进贤之路，大力引进聚集各个行业和境内外的优秀人才到保险业来，让一切有利于保险业快速发展的知识、技术和管理等生产要素充分发挥作用。从境外引进精算、投资等专业人才和管理、计算机等保险相关人才，充实到我国保险业急需的岗位上来；采取优惠措施，吸引海外学子到保险机构包括保险监管部门任职。

3.3.3　建立和完善保险人才市场体系，促进人才合理规范流动

要进一步发挥市场在保险人才资源配置中的基础性作用，建立完善保险人

才市场服务体系，形成促进保险人才合理流动的机制。进一步消除保险业吸纳社会人才的行业壁垒，注意从各行各业引进适合保险业发展需要的各类人才。建立健全保险人才流动的规章制度，实现人才的合理配置。加强人才流动中对公司商业秘密的保护，依法维护用人单位和各类人才的合法权益，保证人才流动的开放性和有序性。

3.3.4　加大对人才的有效激励和保障

积极探索各种要素参与分配的办法，将经营管理人才与各类专业人才的贡献、风险、责任和分配联系在一起。建立起能够调动员工积极性，反映企业经营效益和发展状况的分配制度，充分激发各类保险人才干事创业的积极性。健全保险业的现代产权制度，探索产权激励机制。鼓励有条件的保险公司对作出突出贡献的经营管理人才、专业技术人才实行期权、股权激励。

3.3.5　建立科学的从业人员考试制度

将保险从业人员考试职能逐步向行业协会或学会转移，通过发挥协会、学会的作用，建立科学的从业人员考试制度，激励保险从业人员适应保险业改革发展，不断加强学习，不断提高专业素质和职业道德素质。

继续完善强制性保险从业人员考试和资格核准程序。对涉及专业技能、影响公共利益、直接关系保险业信誉、负有社会责任的从业人员，如保险销售人员、保险经纪从业人员强制要求参加从业资格考试。

建立资格认证考试制度。鼓励保险和保险中介行业性组织或保险学会性组织建立专业的保险会员资格考试，鼓励保险从业人员自愿参加，不作强制规定。主要是保险专业资格认证，包括承保师、理赔师的资格认证考试等。

建立保险从业人员继续教育制度。借鉴香港、台湾保险从业人员继续教育制度，鼓励保险行业协会和保险中介行业协会建立保险销售人员的继续教育制度，如保险公司和保险中介机构向协会提交公司培训计划以及每个业务员参加培训情况；销售人员每年应接受所属公司最低时限的教育培训；离开保险行业三年后，再从业的，应重新参加相应的资格考试等。

后 记

在现代经济社会中，行业是构成国民经济的重要子系统。由于行业之间成长的非均衡性及其对经济社会发展的影响日益明显，因此，各行业的发展状况及变化趋势，越来越受到人们的普遍关注和重视。及时准确的行业信息和客观深入的行业分析，不仅可以为政府宏观经济决策提供重要依据，而且对社会投资以及企业经营活动也将产生积极的导向作用。为适应这一需要，各行各业在年末或年初对本行业一年来发展的情况进行回顾总结，系统记录行业发展和成长的轨迹，并对未来发展趋势进行展望，已蔚然成为一种潮流，这便出台了许多不同类别的行业年度发展报告。行业年度发展报告在国际上通常俗称为行业发展蓝皮书。

保险业是现代经济的重要领域。在我国，保险业作为新兴行业，其高速成长及巨大的发展潜力引起了国内外同行和社会各界的广泛关注。近年来，随着我国保险业的快速发展和保险业市场化水平的提高，一些国外保险机构、国内保险公司及有关研究机构开始注重对保险行业信息的收集、分析和利用。但是至今为止，全面概要介绍我国保险业发展状况、深入分析保险业发展特点和趋势、准确反映保险市场发展政策导向的行业年度发展改革报告仍然是一个空白。已有的一些报告，或者不能全面反映保险业的发展状况，或者不能反映保险市场运行特点，或者过于庞杂，难于适应新形势下我国保险业发展的需要。为了及时、准确、全面地反映当年保险市场的运行状况和特点，反映保险业改革发展进程中的重大政策和事件，更好地宣传保险业的改革发展成就，向社会各界提供一个了解保险业发展的窗口，向保险行业提供一个权威性、宏观性和综合性的便捷信息平台，从今年开始，中国保监会着手编写出版《中国保险业发展改革报告》(以下简称《报告》)，并打算以后根据保险市场发展的情况，每年定期出版一本保险行业发展蓝皮书，以便更好地服务和促进我国保险业的发展。

本《报告》是由中国保监会发展改革部牵头组织编写，会机关相关部门积极协助，得以完成的。参加编写的人员主要有：中国保监会发展改革部阎波、严振华、贲奔、舒高勇、罗胜、刘俊、魏国强、姜勇、马兵、李芸，江西保监局余祖典、湖北保监局周红雨、广东保监局尹江鳌、四川保监局刘燕宁，中国人民大学研究生徐亚男、范龙弋，北京大学研究生黄驰云、雷蕾等。在报告编写过程中曾先后组织了多次讨论，并数易其稿，在完成初稿的基础上，最后由周道许负责全书的总纂和定稿。需要提及的是，中国经济出版社毛增余副总编为本书的顺利出版，给予了大力帮助，彭彩霞同志为本书的编辑工作，付出了辛勤的劳动，在此，一并谨致谢意。

万事开头难。编写出版我国保险行业发展蓝皮书是第一次尝试和探索，由于编者水平有限，再加上编写时间比较仓促，本书肯定存在许多不完善的地方，缺点和错误也在所难免，真诚地欢迎广大读者，尤其是从事保险工作的同仁，提出宝贵意见和建议，以便我们在今后的工作中予以改进，进一步提高保险行业发展蓝皮书的编写水平和质量。

编者

2004 年 6 月